同济大学经济与管理学院资助出版

同济经管
TONGJI SEM

# 基于定量模型的
# 企事业单位风险管理应用研究

张　敏　胡嘉捷　刘荣凡　著

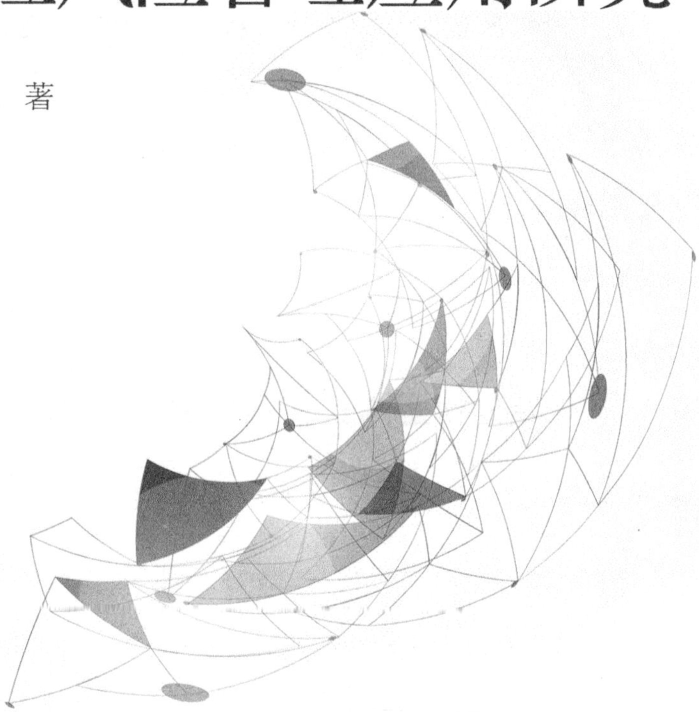



同济大学出版社
TONGJI UNIVERSITY PRESS
·上海·

**图书在版编目(CIP)数据**

基于定量模型的企事业单位风险管理应用研究 / 张敏，胡嘉捷，刘荣凡著.—上海：同济大学出版社，2023.3

ISBN 978－7－5765－0580－1

Ⅰ.①基… Ⅱ.①张… ②胡… ③刘… Ⅲ.①企业融资—风险管理—研究 Ⅳ.①F275.1

中国国家版本馆 CIP 数据核字(2023)第 002363 号

---

**基于定量模型的企事业单位风险管理应用研究**

张　敏　胡嘉捷　刘荣凡　著

责任编辑　尚来彬　　　责任校对　徐春莲　　　封面设计　陈益平

---

出版发行　同济大学出版社　www.tongjipress.com.cn
（地址：上海市四平路 1239 号　邮编：200092　电话：021－65985622）
经　　销　全国各地新华书店、网络书店
排版制作　北京华艺世纪缘图文设计公司
印　　刷　江苏凤凰数码印务有限公司
开　　本　710 mm×1000 mm　1/16
印　　张　13.75
字　　数　275 000
版　　次　2023 年 3 月第 1 版
印　　次　2023 年 3 月第 1 次印刷
书　　号　ISBN 978－7－5765－0580－1

---

定　　价　78.00 元

# 前言 FOREWORD

风险管理是指企业或项目如何在有风险的环境里，将风险减至最低的一个管理过程。风险管理作为企业管理活动，起源于20世纪50年代的美国。科学技术的进步，在给人类带来巨大利益的同时，也给社会带来了前所未有的风险。目前风险管理已经成为世界范围内企业管理中的重要研究领域之一，和企业的经营管理、战略管理一样，具有十分重要的研究意义。风险管理的过程一般包括风险识别、风险分析、风险计划、风险跟踪和风险应对等环节。

本书以风险管理的最新行业应用为题。收录了同济大学优秀学位论文3篇，内容涉及风险管理在各个行业当中的最新应用，分别对医院、重装箱班轮和汽车供应链金融等领域的风险管理问题进行了研究。

第一篇作者为同济大学经济与管理学院工业工程专业的胡嘉捷。失效模式与效应分析(Failure Mode Effects and Analysis, FMEA)是一种风险分析管理方法，最初用于设计、制造流程中用以预防、避免潜在的失效模式造成的损害。近年来国际上已经逐步将FMEA应用到医疗风险管理上，用于事前预防、避免产生医疗风险和减少医疗风险所导致的伤害。该文通过尝试使用FMEA等风险控制工具应用于上海一家医院临床检验实验室，以降低其可能因发布错误报告所导致的风险。该文首先介绍了医院检验科室的基本概况，在组建团队后以 FMEA 联合流程图法展开分析，并制作了包含所有失效模式的总失效模式表，将所有失效模式赋予积分后，确定了 13 项易引起高风险的、需要高优先行动级改进的失效模式。通过使用根本原因分析法、鱼骨图法、头脑风暴法与五问分析法，最终确定了高优先行动级失效模式的根本原因。通过归并与调整，科室设计了五项改进方案并实施。通过研究结果可得出，将 FMEA 用于该医院医学检验科室日常工作的风险控制后效果显著，有效降低了医学检验科室日常工作的不良事件发生率，减少了检验工作的差错率，保障了患者的医疗安全。

第二篇作者为同济大学经济与管理学院管理科学与工程专业的刘荣凡。在全球海运市场中，超过 50%的货物都通过集装箱运输。集装箱班轮运输优化一直是船运公司的决策重点之一。该文考虑需求分布已知，假设为正态分布或者均匀分布，建立模型，使用样本平均近似(SAA)算法求解。并采用 K－means 和 K－means++ 两种聚类方法增强 SAA 算法效果，即 eSAA。文章还从需求分布模糊(已知均值和方差)出发建立模型，采用两种方法近似机会约束，即基于马尔可夫不等式(AMI)方法和混合整数二阶锥规划(MI－SOCP)；由于上述模型都未曾考虑风险规避，即风险中性模型，该模型在极端情况下可能会提供极差的解决方案，会给企业带来巨大的损失。为降低损失，该文提出了风险规避模型，该模型采用条件风险值(CVaR)的方法来衡量风险。实验结果表明：从可靠度来看，四种方法由高到低排序为 AMI、MI－SOCP、eSAA、SAA，无分布下所求得的解决方案更加保守；在风险规避模型中，在置信水平和风险水平较高的情况下，得到更加保守的解决方案；二氧化合物排放成本与总成本都随着需求满足概率增大而增大。该文对船运公司具有一定的实际意义，管理者可以依据自身需求的不同，选择不同的优化方法和参数组合，最大限度降低公司的运营成本，提高企业核心竞争力。

第三篇作者为同济大学经济与管理学院管理科学与工程专业的张敏。基于供应链成员企业之间大量应收账款、预付账款、库存等可供盘活的资产，以及核心企业的信用背书，服务于供应链上下游企业的供应链金融业务应运而生。关于供应链金融风险的度量，我国起步较晚，且大部分研究是以单个融资企业为研究对象。研究融资企业组合的信用风险，关键在于合理刻画企业之间的违约依赖结构。该文从商业银行角度出发，选取了汽车供应链中16家企业，包括零部件供应商、核心制造企业和经销商。从2006年4月1日至2019年9月30日的股票收盘价、总股本数、流动负债、长期负债等多项数据，研究企业的融资信用风险。结果表明，修正的KMV模型能够很好地度量我国金融市场中单个融资企业的信用风险，Copula函数也能够很好地刻画融资企业之间的违约依赖结构，从而实现对融资企业组合信用风险的度量。该文对有关供应链金融风险的研究作出了一定贡献，能够给商业银行等金融机构提供一定的建议和参考。

本书各篇选取了风险管理在近期的行业应用进行研究，在有效识别企业面临风险的基础上给予了算法设计。这些研究成果将对相关行业的风险管理实践起到极有价值的指导和参考作用。

# 目录 CONTENTS

# 第一篇

## FMEA 在上海某医院临床检验实验室风险控制中的应用研究

胡嘉捷

# 第1章　引　　言

## 1.1　研究背景

现代医疗行业中的临床医学检验技术是运用物理及化学方法、手段，对取自人体的材料进行医学检验，从而为预防、诊断、医治人体疾病和评估人体健康提供信息的一门技术科学。临床医学检验能够在基础科学和临床医学之间起沟通作用，从而促使二者结合并不断发展[1]。医学检验技术的应用范围相当广泛，随着近年来医疗技术的不断进步，医学检验技术也随之不断拓展，从原先的生物化学检验、微生物检验、免疫学检验、寄生虫检验、血清学检验及形态学检验基础上广泛地向临床医学渗透[2]。

临床医学检验与疾病的诊断、治疗、预后、预防有密切的关系，因为检验结果可以支持临床诊断与鉴别诊断，甚至是明确的诊断依据[3]，所以临床检验实验室出具的检验报告一定程度上决定了门、急诊及住院医师对疾病的判断，其准确性显得尤为重要。正因如此，临床检验医学不断向机械化、自动化、简易化方向发展，许多大型综合医院的检验实验室都配备了高精密度、高科技含量的检验仪器与设备，与这些仪器对应的配套试剂使用也更加方便、快速，其性能也更加稳定、高效，大大提高了检测报告的准确性。

尽管临床检验科学技术已发展到一个新高度，但是仍然需要检验技术工作人员正确使用并妥善储存检测试剂，正确操作、使用检测仪器，因此在日常临床检验中难免会出现人为因素导致的风险。比如：搞错患者的检测样本、检验报告输入错误、检测项目遗漏或检错项目，甚至出现因种种原因无法发出报告而随意填写检测结果的“假报告”等极不负责任的行为现象。这些就是以人为因素为主的主观因素引起的风险。

除了检验人员的人为因素外，检验的整个过程也充满了各种各样的风险。整个检验过程按时间顺序可分为三个过程，分别是分析前、分析中和分析后。分析前样本采集的错误会致使检测结果出现偏差，常见的主要有采血部位不当、全血抗凝样本存在问题、血清样本溶血、检测试剂存放温度与时间不符合要求、样本空气中暴露过久、送检不及时等[4]。在分析中，仪器的故障会导致样本错检或漏检;仪器的自洁净系统及温度控制故障会产生结果的偏离;校准品、质控品失效却未察觉等,这些错误皆可能导致样本检测准确性降低甚至结果失真,如果未能在报告发布之前发现并修正错误将直接导致医师对患者的病情判断错误、治疗选择错误,患者会有受到伤害的风险。即使在分析后,也可能会存在报告数据与原始结果由于系统传输错误而导致未能正确传输,或检验结果未能得到有效的审核便直接发布,或急重症患者检测结果传报不及时等风险,严重的甚至会直接威胁患者生命。

随着患者维权意识的显著提高,对医疗质量的要求也提升到新高度,医疗部门的医学风险问题也在不断凸显。虽然医疗纠纷案件中,由医学检验实验室工作错误直接导致医疗纠纷的案件并不多见,但是检验报告往往会在纠纷案件的解决中起到一定的促进作用,一些看似细微的问题却可以成为整个案件的关键点。例如由于患者信息系统报告输入中检验样本种类会默认为血清,检验人员收到脑脊液样本时由于疏忽未改写样本种类,出现纠纷后患者对于检测报告结果数据不认可,会使医院在纠纷诉讼中陷于被动状态,因此医学检验实验室有必要加强对实验室风险管理、风险控制的认识。以上海市某三级乙等医院临床医学检验实验室为例,该科室由于自身管理问题、人员配备问题、设备老化等缺陷,时常发生检验结果发布时间过长,样本与检测报告会受到医师的质疑,甚至患者因此受到错误治疗的伤害等一系列风险。然而在这些潜在的风险发生后,科室普遍采取事后处理模式,比如寻找相关责任人处罚、赔偿患者损失等,但不会寻找风险发生的根本原因,也没有采取有效的措施及早发现未发生的风险。简单地修正表面原因、处罚当事人并不能有效地规避风险的产生,反而只会使风险积累得更多,危险系数更大。

本文将以该院医学检验实验室作为研究对象,尝试引入失效模式与效应分析(Failure Mode Effects and Analysis,FMEA)等方法,结合在校学习期间掌握的质量管理学、运营学、技术创新与管理等基础学科,对如何降低该院检验实验室潜在风险问题展开研究;以提高该院检验实验室的质量控制水平,避免发布错误报告所导致的风险。

## 1.2 国内外研究现状

### 1.2.1 FMEA在国内外发展历程

FMEA在国外的发展很迅速。20世纪50年代初,美国格鲁门飞机公司第一次将 FMEA 思想用于战斗机主操作系统的设计分析，虽然当时只进行了 FMA 未进行 FEA，但也取得了良好效果。60 年代中期，美国航空航天局将 FMEA 技术正式用于航天工业（“阿波罗”计划）。1976 年，美国国防部颁布了 FMEA 的军用标准，但仅限于设计方面。70 年代，美军的《实施失效模式影响及危害性分析的程序》(MIL-STD-1629)颁布。80 年代中期，汽车制造企业开始应用 FMEA 并确认其制造过程。1988 年，美国联邦航空局发布咨询通报要求所有航空系统的设计及分析都必须使用 FMEA。1991 年，ISO－9000 推荐使用 FMEA 提高产品和过程的设计。1994 年，FMEA 又成为 QS－9000 的认证要求。此外，美国汽车工业行动集团（AIAG)将 FMEA 作为其认证要求之一，德国汽车工业联合会（VDA）也将 FMEA 融入 VDA6.1 质量体系审核。目前，FMEA 在国外工程实践中已形成了一套科学而完整的分析方法。

在我国，FMEA 起步较晚。20 世纪 80 年代初期，FMEA 的概念和方法开始引入我国。1985 年 10 月，国防科学技术工业委员会颁发《航空技术装备寿命和可靠性工作暂行规定（试用）》，肯定了 FMEA 的重要性。1987 年和 1992 年我国相继颁布了相应的国家标准（GB/T 7826）和国家军用标准（GJB1391）。1987 年中国国家标准局等采用了 IEC812－1985 技术标准，并在此基础上制定了国家标准《系统可靠性分析技术失效模式和效应分析（FMEA）程序》(GB/T 7826－1987)。经过长期发展和完善，FMEA 技术方法在我国的实际应用中已日益成熟，在军工业等行业被广泛应用，取得了良好效果，并已成为在各种研究工作中必不可少的一项可靠性分析技术。

而在民用方面，2000 年开始，我国学者对 FMEA 进行了各项研究，取得的成果大部分应用在工程技术、信息技术、经济管理等民用方面。

### 1.2.2　FMEA 在国外医疗行业研究现状

在美国，从 20 世纪 60 年代 FMEA 开始被广泛应用于工程建设、生产建造等各个行业，且表现优异。21 世纪初期，美国医疗机构联合评审委员会（Joint Commission for Accreditation of Healthcare Organization，JCAHO）要求每家评审合格的医院以该委员会定期公布的经常性发生的警戒事件为蓝本，在此基础上每年至少进行一次风险性评估，其中就提到了推荐使用 FMEA 等风险分析方法，以鼓励各医院实行以患者安全为优先的管理方法[5]。其后，美国国家病人安全基金会（National Patient Safety Foundation，NPSF）、美国退役军人事务局（United States Department of Veterans Affairs，VA）也相继支持开展 FMEA

的研究，并在传统 FMEA 的基础上加以改进，形成了更适合医疗服务行业的 HFMEA 模式。

在用药安全方面，Adachi 等[6]介绍了其所在医院成立的一个药物安全管理小组，该小组由医院多学科多领域的专家组成，共同开展了一项依靠 FMEA 来识别和减少常见的给药差错和用药剂量差错的研究，在 1 年的数据跟踪后显示，与剂量相关的用药错误明显下降。Apkon 等[7]在某儿童医院重症监护室应用了 HFMEA 后有效提高了用药安全性，并由此监测输液流程的可靠性，将输液流程标准化后执行输液流程将更严谨和流畅；Nguyen 等[8]应用 HFMEA 在儿科用药流程中确定了 53 个失效模式，修正后提高了用药流程的安全性。Vélez 等[9]也发现应用 HFMEA 能够促进医院提高识别用药错误动作的概率，从而减少药物在处方、确认和分配过程中的差错率。

在手术室工作流程安全方面，Cronrath 等[10]应用 FMEA 减少术后病人麻醉后过度镇静事件，在实施一年后，发现 16 个评分在 16 分及以上的失效模式达到过度镇静事件减少 50%的既定目标。在急诊室工作流程安全方面，Redfern 等[11]应用 FMEA 对急诊室的薄弱环节进行了风险评估，发现关于患者情况的信息沟通是急诊室危险性最大的一个失效模式；在制定并执行相应的改进措施后，该失效模式得到有效控制。Nickerson 等[12]应用 FMEA 对急诊室影响患者安全的 31 个高风险系数(risk priority number，RPN)失效模式进行改善，结果发现这 31 个失效模式的 RPN 总分从 1 268 分下降至 133 分。

在其他医疗工作流程安全方面，Bonfant 等[13]为了提高透析患者的安全性，在慢性透析门诊执行 HFMEA，对“医患沟通”和“人员组织配备”这 2 个高风险度的失效模式采取改善措施后，同样取得了一定的成效。此外，Chadwick 等[14]对一家大型综合医院在放疗病人的主动分析记录系统中应用 HFMEA 方法，对未来 HFMEA 的研究方法及 HFMEA 决策树的重新设计提出合理建议。

### 1.2.3 FMEA 在国内医疗行业研究现状

在国内，FMEA 在医疗行业的起步较晚，进展也相对较慢。2005 年，刘碧瑶等[15]分析了 FMEA 在美国医疗风险管理中的应用，并对其不足与局限性进行了分析。徐玉红[16]结合医院药品风险管理的实践，对药品使用风险识别及分析评价方法进行了初步研究，采用 FMEA 对某医疗机构的门诊病人药品使用风险进行了实证分析。最后为医院药品的风险管理提供对策。陆群[17]分析了 FMEA 在医疗风险管理中应用的可行性，并通过 FMEA 的实际运用，降低了手术部位感染的风险、降低医疗风险、提高患者对医院的信赖度。朱玲凤等[18]利用FMEA控制给药差错对病人造成的医疗伤害，提高用药安全，保障医疗质量。冯雁等[19]使用FMEA方法对减少ICU呼吸机相关性肺炎发生的状况进行了研究，发现该应用将年发生率从40.12%降低至19.27%。伍永慧等[20]分析了FMEA在护理风险管理中的现状，并建议护理部门运用FMEA降低护理风险，提高患者安全。董美丽[21]运用FMEA找出手术体位产生风险的主要原因，并通过持续改进降低了手术体位风险，提高患者的舒适度和手术医师的满意度，再次验证了运用FMEA降低医疗护理风险确实是有效、可行、值得推广的。余惠等[22]运用FMEA对院前急救出车流程进行改进，以缩短院前急救出车时间。

随着FMEA逐步深入医疗行业，相关的研究也开始增多。赵娟等[23]运用FMEA改进了采集血标本流程，降低了操作中护理差错的发生率。邓晨晖等[24]运用FMEA提高了感染切口样本和脓性样本的阳性检出率。黄颖等[25]、张幸国等[26]和王欲清[27]先后分析了FMEA在降低患者风险管理的应用，明确FMEA降低医疗风险的可行性。孔群容等[28]运用FMEA对住院患者静脉采血流程进行了改造，减少静脉采血缺陷的发生。张琼等[29]运用FMEA对患者麻醉复苏期医疗处置流程进行分析，实施改进措施1年，结果麻醉复苏期患者医疗风险危机值(RPN)由改进前的1721降至357。吴玮哲等[30]用FMEA优化住院患者静脉用药流程，找到40项容易导致用药错误的高风险因素，并对高风险流程优化改造，促进用药安全。张金凤[31]进行了灾害脆弱性分析与FMEA的联合应用，降低了某三级医院消毒供应中心的风险，保障医院质量与安全。其中提出的量化风险、改进与评估等各方法值得各医院的消毒供应中心学习、借鉴。

近两年来，FMEA在医疗护理行业的研究价值明显提高。李学文等[32]、万丽贤[33]、石芬芬等[34]、李莉[35]以及司帷[36]皆明确FMEA在医疗护理行业的实用价值及贡献。在医学技术方面，陈松宽等[37]运用FMEA与根本原因分析法对放射科DR辐射风险进行综合管理，降低了DR辐射风险与废弃影像发生率，提高受试者的安全性。在医学检验方面，将FMEA融入日常检验工作的研究经验与护理方面的研究经验相比相对较少。2012年，康凤凤等[38]探讨了FMEA在减少医学检验差错中的运用，通过运用FMEA识别医学检验失效模式完成风险分析，减少不良事件发生率，通过有效地减少检验医学的差错，保证患者的医疗安全性。董海静等[39]、吴少霞等[40]、潘映霞等[41]、刘淼等[42]相继提出运用

FMEA 提高血标本检验分析前质量、缩短检验标本运送时间、降低检验标本采集的不合格率。2017 年，蔡玉婵等[43]运用 FMEA 评估尿干化学 12 项及有形成分 7 项的风险等级，利用头脑风暴法制定改进对策，有效将尿液常规分析中的蛋白质和管型检测控制在尽可能低的程度。王志等[44]使用 FMEA 分析方法改进了危急值报告与处理流程，提升了报告准确率和医生处理的及时率。同年，胡晓波[45]呼吁正确应用风险管理技术融入日常检验工作中，旨在有效识别潜在风险，并对识别出的风险采取针对性措施，预防并控制检验风险。

### 1.2.4 医学检验实验室风险控制现状

通过对文献的查阅可发现，目前国外将 FMEA 运用于医疗企业已经日趋成熟，FMEA 在医疗企业的各个领域都颇有建树。国内医疗企业对 FMEA 的运用起步较晚，最早 FMEA 在国内医疗企业的运用体现在给药流程的改进与再造上。随着近年来医疗行业不断重视 FMEA 的作用，将 FMEA 应用于降低护理流程风险、手术前后风险和患者院内外运输风险等相关研究逐渐出现，特别是在护理领域相关的研究逐年增多，但在临床检验技术方面的相关研究依然较少。相关专家虽然不断呼吁重视临床检验实验室完整日常工作中所面临的风险，但医学检验实验室运用 FMEA 的研究往往止步于分析前，而忽略了分析中和分析后。

目前很多医院检验实验室对于检验报告的风险处理方法多选择事后处理，这种措施极其被动。很多风险事件发生后往往无法采取积极有效的应对措施，仅在失效事件发生后消耗大量人力、物力来制定补救措施，而在匆忙中制定的补救措施又往往只能针对表面现象而不是从根本上解决问题。这种情况下，风险产生后只是一味寻找责任人的过失和补偿方案显然是错误的。虽然人是执行医疗行为的主体，一旦产生错误，便会认为是个人行为上的差错，但是这种风险事后处理的方案不仅无效，而且同类型的错误通常会重复发生。研究表明，产生高风险的真正原因大多是由于系统不够完善或工作流程不合理，从而造成行为偏差[46-47]，所以本文选用针对系统和工作流程的 FMEA 并联合运用流程图法、根本原因分析法、头脑风暴法、鱼骨图法和 5 问分析法，寻找日常检验工作中高风险度的失效模式，寻找可能造成失效的根本原因。通过集思广益设计改进方案，旨在减少医院检验实验室日常工作中潜在的风险；通过降低风险、降低成本、增加绩效，确保患者就医人身安全。

## 1.3 研究内容和思路

第 1 章:引言

本章介绍了国内外有关应用 FMEA 进行风险控制的相关文献,以及 FMEA 和医疗风险管理的发展过程,阐述了现代医学检验的风险控制方法现状及所存在的问题,讨论了应用 FMEA 进行检验实验室风险控制的意义。

第 2 章:相关理论基础

本章介绍 FMEA 理论基础和基本步骤,以及与 FMEA 联合实施的多种管理方法,例如流程图分析法、根本原因分析法、鱼骨图法、头脑风暴法以及 5 问分析法。

第 3 章:上海市某三级医院的临床检验实验室的风险控制现状

本章介绍本次研究的实验对象,即上海市某三级医院临床检验科检验实验室的风险控制现状,包括该科室的人员配置情况、实验室仪器配置情况、保存样本试剂的低温储存设施、检验流程、信息系统以及质量控制方案。通过对以上信息数据的梳理并结合实验前期所积累的风险信息,阐释了该院检验科开展 FMEA 的必要性。

第 4 章:FMEA 临床医学检验实验室应用

本章阐述 FMEA 在该医院临床医学检验实验室应用的实验过程。首先,根据 FMEA 特点和要求组建团队进行流程图分析,然后开展 FMEA。当发现潜在的失效模式后运用合理、客观的评分标准将失效模式排序,甄选出具有高风险、高优先改进权的失效模式,使用根本原因分析法、鱼骨图法、头脑风暴法以及5 问分析法寻找失效模式发生的根本原因,并通过讨论后实施改进方法、优化流程,在验证改进后的方法、流程确实有效后,将其文件化。

第 5 章:结论与展望

本章通过 FMEA 在该医院检验实验室的实施,得出如下结论:将 FMEA 应用于医疗风险控制中可有效地达到事前预防,能有效降低检验报告错误、检验安全危害以及患者受到医疗伤害的风险,并归纳出此次实施 FMEA 的不足之处及对未来的展望。

图 1.1 是本文研究思路图。

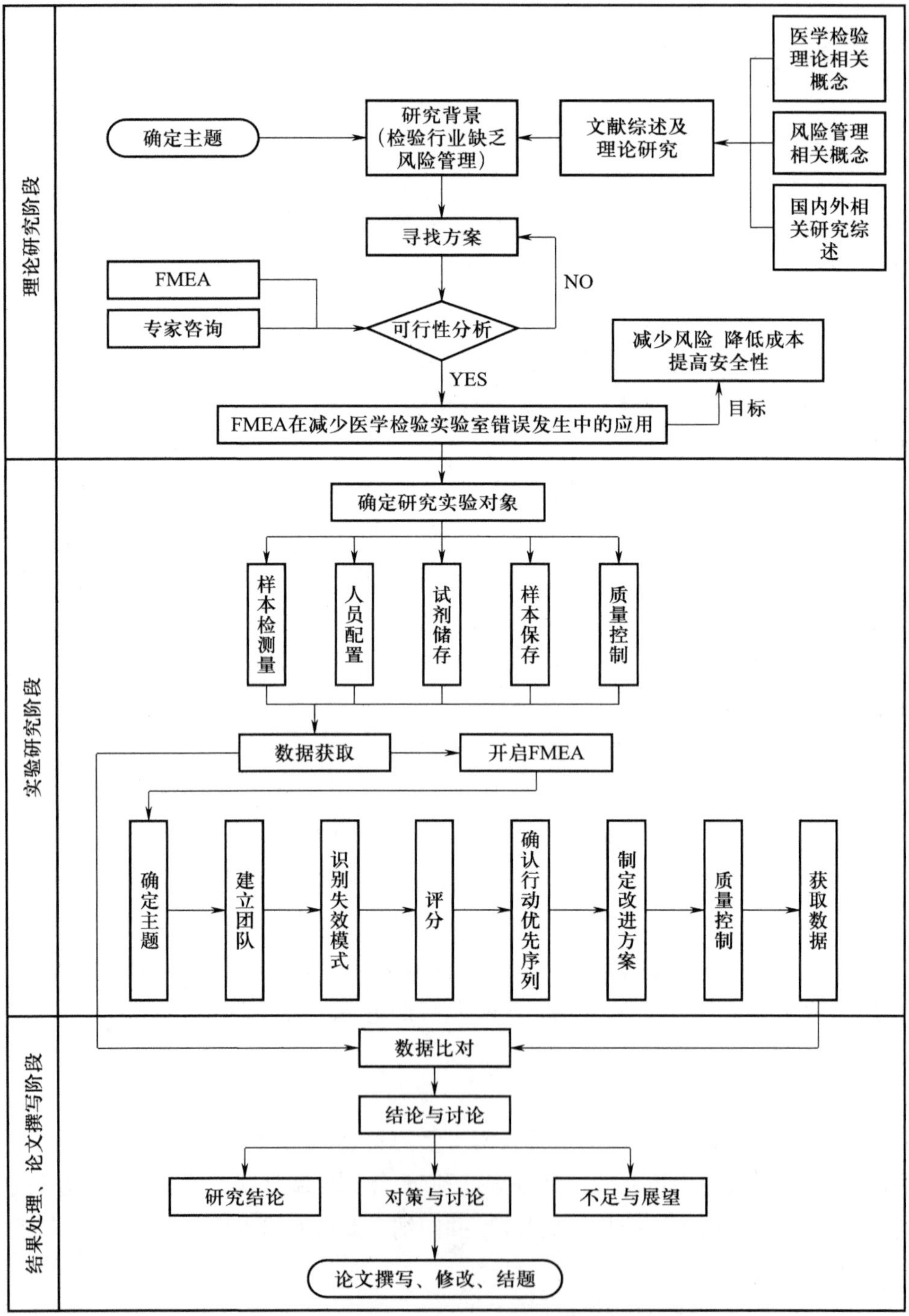
理论研究阶段
确定主题
研究背景（检验行业缺乏风险管理）
文献综述及理论研究
医学检验理论相关概念
风险管理相关概念
国内外相关研究综述
寻找方案
NO
FMEA
专家咨询
可行性分析
YES
减少风险 降低成本 提高安全性
目标
FMEA在减少医学检验实验室错误发生中的应用
实验研究阶段
确定研究实验对象
样本检测量
人员配置
试剂储存
样本保存
质量控制
数据获取
开启FMEA
确定主题
建立团队
识别失效模式
评分
确认行动优先序列
制定改进方案
质量控制
获取数据
结果处理、论文撰写阶段
数据比对
结论与讨论
研究结论
对策与讨论
不足与展望
论文撰写、修改、结题

**图 1.1　研究思路图**

# 第2章　相关理论基础

本章介绍 FMEA 与联合其运用方法、工具的理论基础。首先，介绍了 FMEA 定义、目的、适用范围、分类及特点。其次，介绍了实施 FMEA 的基本步骤，包括实验前期准备，团队组建，列举失效模式，严重度、探测度、发生频度的评价标准，行动优先级分析，改进与评估改进方案。最后，在开展 FMEA 时，同时需要联合运用流程图法、根本原因分析法、头脑风暴法、鱼骨图法和 5 问分析法，多种方法相互依存、紧密耦合，FMEA 才能完整开展并具备有效性和可靠性。

## 2.1　失效模式与效应分析理论基础

### 2.1.1　失效模式与效应分析定义

失效模式与效应分析(FMEA)是指在生产产品的设计阶段和过程阶段，对构成产品的零部件、子系统或者构成生产过程的每一个工序逐一分析，找出其所有潜在可能的失效模式，并分析其可能造成的后果，从而预先采取必要措施加以改进、修复、完善，以提高产品质量和可靠性，使产品趋于最佳效益的一种系统化的活动。可见 FMEA 是一个“事发前的行为”，而不是“后见之明的行动”，所以“时间性”非常重要。因此，为了能够达到最佳效益，FMEA 往往需要在启动生产运作之前进行。

### 2.1.2　实施 FMEA 的目的、适用范围与分类

实施 FMEA 主要目的在于找出、识别产品或过程中潜在的失效模式和后果；确定能够避免或减少这些潜在失效发生的关键特性与重要特性以预防问题再次发生；将全部过程进行书面总结并文件化以做到持续改进。

FMEA 的适用范围非常广泛，可适用于各行业各领域的生产过程、产品与服务过程中。FMEA 也可被用在产品或服务的任意阶段，当某项产品或者服务处在设计初期或重复设计时，以及设计完成后，皆可使用 FMEA 进行评估及纠正。对于现有的过程、产品或服务在进行改进的时候亦可使用 FMEA，其中还

包括对现有的过程、产品或服务控制方法改进，分析现有过程、产品或服务的失效原因等。

FMEA 实质上是一组系统化的活动。首先，通过小组会议等方法列举生产过程、产品、服务等流程中可能会产生的所有的失效模式；其次，根据指导性文件的评分标准和计算方式将所有的失效模式赋予分值；再次，根据其严重程度、发生概率和是否可被有效探测枚举出需要优先改进流程；最后，可采取重复 FMEA 以证明改进的有效性或寻找新的可能引起高风险的失效模式并加以改进[48]。近年来，由于 FMEA 飞速发展，其分类已经多达十几种。本文使用的是更适合医疗服务行业的 HFMEA。

### 2.1.3 FMEA 分析的特点

（1）系统性

FMEA 是一项系统的、全面的、有组织的活动，具有宏观看待问题或事件的特点。

（2）规范性

FMEA 具有规范的格式和程序，且不断更新、补充和完善。

（3）预见性

基于过程数据，可通过 FMEA 预测可能的失效模式，识别其是否会导致设备失效、计划外的中断或人员受到伤害等。

（4）时间性

在过程或产品正式定型之前就要开启 FMEA 寻找潜在的失效模式从而避免过程或产品确定后可能会产生的失效。

（5）动态性

FMEA 会随过程设计、过程中的信息不断改变而改变，需要 FMEA 小组不断及时修改，使 FMEA 实时有效。

（6）复杂性

FMEA 的要求很高，对 FMEA 小组而言该系统庞大、复杂且工作量大。

（7）协同性

不能只依靠 FMEA 小组完成整个 FMEA 过程，需要对应系统的有关人员，特别是一线工作者和有关专业人士共同合作才能完成。

## 2.2　实施 FMEA 的基本步骤

FMEA 是一项比较庞大的系统工程，仅仅靠个人或某一个部门去实施很难达到预期效果，所以一般应根据需求组织一个跨部门小组来保证 FMEA 实施效率和效果。FMEA 的基本分析步骤如图 2.1 所示

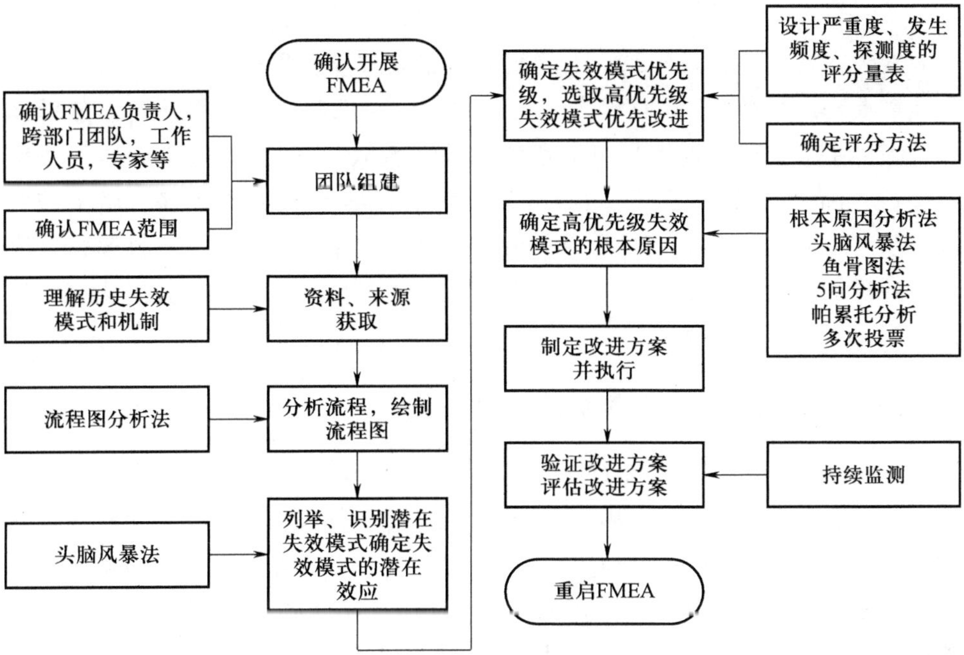


**图 2.1　FMEA 基本分析步骤流程图**

### 2.2.1　实施前准备

首先需要组建 FMEA 团队，该团队需要由对应系统的有关领导、一线工作者和跨部门的相关专业人士组成，并在初期集结展开 FMEA 培训。在 FMEA 实施前需要收集各项要求、实际故障发生种类，对分析对象有全面深入的了解。在 FMEA 中，列举失效模式是最重要的基石，团队中分析人员如果对各分析对象缺乏系统、深入的了解，其列举的失效模式将对改善没有显著帮助。同时，分析人员在对分析对象实施 FMEA 前，对产品各项规格、使用条件、可靠性、维护

性和法律要求等对象进行全面理解和考量。

当FMEA团队组建完毕以及经过必要培训后，需要团队成员通过对整个FMEA目标流程进行审查，同时绘制流程图。FMEA步骤中需要使用流程图来确定某产品零件、过程或服务的流程，同时为了不致引起混乱，需要将各个系统的构成要素根据功能逐层表示，避免不同等级的构成要素处于同一层次。

### 2.2.2 列举失效模式

发生在构成要素或子系统上的故障状态或故障现象称为失效模式。分析人员需要理解分析目标、收集失效模式、确定FMEA分析层面并建立分析体制。在列举失效模式时要尽可能避免漏掉关键故障，需要通过头脑风暴法集思广益、全面列举失效模式，然后将各失效模式填入FMEA表格。由于需要进一步对所有失效模式进行量化并赋予分值，对高优先级别的失效模式采取优先处理的方法，因此，过多地列举失效模式并不会对分析、识别、优化等措施造成影响。

### 2.2.3 严重度、发生频度、探测度分析

不同失效模式，其严重度（Severity，S）、发生频度（Occurrence，O）和探测度（Detection，D）是不同的，其中根据三组数据的量化结果得出的分值将直接影响该失效模式是否需要被优先纠正，而正确量化过程和客观量化分值将决定此次FMEA能否将最需要优先被改进的多项失效模式成功识别。因此，FMEA小组组员要在尽可能完全列举失效模式后，通过对功能、可靠性、维护性、公共安全、修复性和环境安全等方面综合考量后进行严重度分析。然后根据该失效模式的发生频率和现行控制状态下能否被自动或人工探测而展开发生频度和探测度的分析。具体严重度评分标准见表2.1，发生频度的评分标准见表2.2，探测度的评分标准见表2.3。严重度、发生频度和探测度的数值决定了该失效模式需要被优先改进的程度。依据三者评分标准，严重度、发生频度和探测度的最高分值均为10，最低分值均为1。按照组员提交的各积分计算平均值后纳入FMEA表格。

表2.1　严重度(S)评价标准[①]

| 后　果 | 评定标准:后果的严重程度 | 严重度(S) |
|---|---|---|
| 极端严重危害 | 非常严重的失效模式,没有任何预兆下发生的,危害安全或违反有关法规 | 10 |
| 严重危害 | 非常严重的失效模式,具有某种预兆或前提下发生的,危害安全或违反法规 | 9 |
| 非常高 | 系统将停止运行或丧失基本功能,产品将全部报废 | 8 |
| 高 | 造成系统严重破坏,大部分产品报废 | 7 |
| 中等 | 造成系统轻微破坏,部分产品报废 | 6 |
| 低 | 造成系统轻微破坏,全部产品需要返工 | 5 |
| 很低 | 造成系统轻微破坏,大部分产品返工 | 4 |
| 轻微 | 部分项目不合格,少部分产品返工 | 3 |
| 很轻微 | 部分项目不合格,少量产品返工 | 2 |
| 无 | 对产品、顾客、操作员无影响 | 1 |

表2.2　发生频度(O)评价标准[②]

| 发生频度 | 评定标准:发生的可能性 | 发生频度(O) | PPM | CPK |
|---|---|---|---|---|
| 不可避免 | 相似过程无法避免失效 | 10 | 100 000 | <0.55 |
| 很高 | 相似过程无法避免失效 | 9 | 50 000 | ≥0.65 |
| 高 | 相似过程经常出现失效 | 8 | 20 000 | ≥0.77 |
| 反复出现 | 相似过程反复出现失效 | 7 | 10 000 | ≥0.85 |
| 偶尔 | 相似过程偶尔失效,但比例不大 | 6 | 5 000 | ≥0.93 |
| 偶尔 | 相似过程偶尔失效,但比例不大 | 5 | 2 000 | ≥1.03 |
| 偶尔 | 相似过程偶尔失效,但比例不大 | 4 | 1 000 | ≥1.1 |
| 低 | 相似过程有很少几次失效 | 3 | 67 | ≥1.33 |
| 很低 | 不太可能发生失效;几乎相似过程从未发生过失效 | 2 | 6.8 | ≥1.5 |
| 罕见 | 不太可能发生失效;相似过程从未发生过失效 | 1 | 0.67 | ≥1.67 |

注:(1) PPM(part per million)表示百万分之。1PPM即为百万分之一。
(2) CPK(process capability index)为过程能力指数,是指在一定时间里处于控制状态(稳定状态)下的实际加工能力。CPK越大表示品质越佳。

---

① 资料来源:戴姆勒-克莱斯勒、福特和通用汽车公司FMEA工作组编写的《潜在失效模式和后果分析参考手册(第三版)》2001年,第19～27页。

② 同上。

**表 2.3 探测度(D)评价标准①**

| 探测可能度 | 评定标准:发生的可能性 | 探测度(D) |
|---|---|---|
| 不可能 | 无现行控制或现行控制方法不能探测出失效原因或模式 | 10 |
| 很微小 | 现行控制不太可能探测出失效模式,＜25%,目测 | 9 |
| 微小 | 现行控制不太可能探测出失效模式,＜40%,目测 | 8 |
| 很低 | 现行控制可能探测出失效模式,＞40%,测量不方便,未应用 SPC | 7 |
| 低 | 现行控制可能探测出失效模式,＞50%,测量不方便,未应用 SPC | 6 |
| 中 | 现行控制可能探测出失效模式,＞60%,测量不方便,应用 SPC | 5 |
| 中上 | 现行控制能很有效探测失效模式,＞70%,测量方便,应用 SPC | 4 |
| 高 | 现行控制能有效探测失效模式,80%～100%自动检测 | 3 |
| 很高 | 现行控制能有效探测失效模式,90%～100%自动检测 | 2 |
| 肯定 | 现行控制能 100%探测失效,没理由漏掉缺陷 | 1 |

注:SPC(Statistical Process Control)为统计过程控制。

### 2.2.4 行动优先级分析

根据美国汽车工业行动集团(Automotive Industry Action Group,AIAG)和德国汽车工业联合会(Verband der Automobilindustrie,VDA)2017 年 11 月颁布的新版(第五版)FMEA 报告书的建议,使用行动优先级(Action Priority,AP)分析代替风险系数(Risk Priority Number, RPN)进行行动优先分析,识别出高优先需求改进的失效模式。按照严重度、发生频度、探测度的评分,在行动优先逻辑表格中找出相应的行动优先级别,将级别填入 FMEA 表格。行动优先逻辑表格见表 2.4。AP 主要分 3 个级别,分别为高优先级别(Highest priority for action),中优先级别(Medium priority for action)和低优先级别(Low priority for action),分别用 H、M 和 L 表示。优先级别越高,出现失效的风险度就越高,该失效模式需要进行改进的优先权也越高。

---

① 同 P15 注释①。

**表 2.4　FMEA行动优先逻辑表**

| S | O | D | AP | 优先级说明 |
|---|---|---|---|---|
| 1 | 1-10 | 1-10 | L | 低优先级别，严重性低，没有明显影响 |
| 2-10 | 1 | 1 | L | 低优先级别，严重性可能高，但可被有效控制 |
| 2-4 | 1-3 | 7-10 | M | 由于无法被探测引起的中等优先级别 |
| 2-4 | 1-3 | 5-6 | L | 低优先级别，无有效探测，但严重性低，发生概率低 |
| 2-4 | 1-3 | 1-4 | L | 低优先级别，严重性低，发生概率低，可被有效探测 |
| 2-4 | 6-7 | 1-4 | M | 由于中等概率发生引起的中等优先级别 |
| 2-4 | 4-5 | 7-10 | H | 由于中等概率发生、无法被探测引起的高优先级别 |
| 2-4 | 4-5 | 5-6 | M | 由于中等概率发生、无有效探测引起的中等优先级别 |
| 2-4 | 4-5 | 1-4 | L | 低优先级别，中等概率发生但严重性低，可被有效探测 |
| 2-4 | 8-10 | 1-10 | H | 由于高概率发生引起的高优先级别 |
| 2-4 | 6-7 | 7-10 | H | 由于中等概率发生、无法被探测引起的高优先级别 |
| 2-4 | 6-7 | 5-6 | H | 由于中等概率发生、无有效探测引起的高优先级别 |
| 5-8 | 1-3 | 7-10 | M | 由于中等严重性、无法被探测引起的中等优先级别 |
| 5-8 | 1-3 | 5-6 | M | 由于中等严重性、无有效探测引起的中等优先级别 |
| 5-8 | 1-3 | 1-4 | L | 低优先级别，中等严重性但发生概率低，可被有效探测 |
| 5-8 | 4-5 | 7-10 | H | 由于中等严重性、中等概率发生、无法被探测引起的高优先级别 |
| 5-8 | 4-5 | 5-6 | H | 由于中等严重性、中等概率发生、无有效探测引起的高优先级别 |
| 5-8 | 4-5 | 1-4 | M | 由于中等严重性、中等概率发生、可有效探测引起的中等优先级别 |
| 5-8 | 8-10 | 1-10 | H | 由于高发生率引起的高优先级别 |
| 5-8 | 6-7 | 7-10 | H | 由于无法被探测引起的高优先级别 |
| 5-8 | 6-7 | 5-6 | H | 由于中等严重性、中等概率发生、无有效探测引起的高优先级别 |
| 5-8 | 6-7 | 1-4 | M | 由于中等严重性、中等概率发生、可有效探测引起的中等优先级别 |

续 表

| S | O | D | AP | 优先级说明 |
|---|---|---|---|---|
| 9－10 | 1－3 | 7－10 | H | 由于高严重性和无法被探测引起的高优先级别 |
| 9－10 | 1－3 | 5－6 | M | 由于高严重性和中等探测率引起的中等优先级别 |
| 9－10 | 1－3 | 1－4 | L | 低优先级别，高严重性但低发生率，可被有效探测 |
| 9－10 | 6－10 | 1－10 | H | 由于高严重性引起的高优先级别 |
| 9－10 | 4－5 | 7－10 | H | 由于高严重性和无法被探测引起的高优先级别 |
| 9－10 | 4－5 | 5－6 | H | 由于高严重性引起的高优先级别 |
| 9－10 | 4－5 | 1－4 | M | 由于高严重性和中等发生率引起的中等优先级别 |

资料来源：Failure Mode Effects and Analysis：Design FMEA and Process FMEA Handbook，1st Edition. 2017.

### 2.2.5 改进与改进结果评估

分析后的改进措施优先程度由优先级别排序决定，对高优先级别的失效模式采取全部设立改进措施，通过使用根本原因分析法找到该失效模式的根本原因，并结合 FMEA 小组、操作员、组长及各部门负责人的优化建议，确定有效的优化方案并即刻执行。失效模式优化改进后需要重新评估，原失效模式评估后的效果为改进显著或有效的，建立作业指导书、程序文件等进行风险控制，再重启 FMEA 确定新的需要优先改进的失效模式进行优化改进，从而达到持续的过程改进。

## 2.3 与 FMEA 联合应用的方法概述

虽然 FMEA 是一种极强的前瞻性的评估和降低风险的方法，但其并不是一个万能的问题解决工具。完整的 FMEA 流程需要多种工具、方法的联合参与才能确保 FMEA 的有效性。比如在 FMEA 团队组建后，团队小组需要将目标流程每一个关键步骤逐一梳理并制作流程图，帮助小组成员确定流程的冗余步骤、低效步骤和决策点等，而这些都可能造成流程失效。当确认需要优先改进的失效模式后，在开展改进行动消除或减少该失效模式导致的后果前，则需要运用根本原因分析法以逐步分析导致该失效模式发生的最深层次的原因。在执行根本原因分析时，小组则需要用到头脑风暴法、鱼骨图分析法、5 问分析法确保完成一次彻底的根本原因分析。所以只有将多种工具、方法的联合运用到 FMEA 内，FMEA 才会是有效的、可靠的。

### 2.3.1 流程图分析法

流程图分析法(Flow Charts Analysis，FCA)是识别危险的一种方法。即通过图形化的方法分析生产流程过程，以便发现企业所面临的风险。在开启 FMEA 前首先需要实施流程图分析法，其主要实施步骤包括：① 根据实际流程绘制流程图，以便反映真实的情况。② 识别流程图上各节点的风险因素，并予以重点关注。③ 针对风险及产生原因，提出监控和预防的方法。

流程图分析法的优点是：可以清晰地展现流程中每个步骤且易于操作，还可直观地找到工作流程中冗余步骤、低效步骤和决策点等，更易于进行流程改进与优化。

### 2.3.2 根本原因分析法

根本原因分析法(Root Cause Analysis，RCA)是一项结构化的问题处理法，也是与 FMEA 相互关联的一种方法。RCA 的最终目标是逐步找出问题的根本原因并加以解决，避免因关注问题的表征而忽视造成该表征背后的真正原因。

根本原因分析是一个系统化的问题处理过程，包括确定和分析问题原因，找出问题解决办法，并制定问题预防措施。在组织管理领域内，根本原因分析能够帮助利益相关者发现组织问题的症结，并制定根本性的解决方案。

为防止类似错误事件发生，检验科室 FMEA 小组必须进行根本原因分析，对已发生的事件进行深入调查，查明、了解和强调不良事件的潜在原因，如文化教育、职工教育和人员编制、信息管理、沟通、环境等。改善一味使用“事后处理”的惯性思维，治标的同时也要治本，找出检验科室在检验流程和检验系统中设计和运行上的缺点和可能产生的风险，积极采取纠正和预防措施，有效预防不良事件发生，逐步积累风险预防的经验并互相分享，使大家互相学习、参考分析后的经验和文件，并据此构建完整的资料库。

实施根本原因分析法的主要步骤包括以下 4 个：① 明确案例发生过程。通过描述记录时间序列、人物关系表格等详细还原事件发生始末。② 找出近端原因。可使用流程图或整理时间线，以更细致、更具体的方式叙述事情发生的经过，列出可能造成事件的人为因素、设备因素、可控与不可控的环境因素及其他因素。③ 确认根本原因。可以使用鱼骨图、5 问分析法、推移图和头脑风暴法等，列出与事件相关的组织以及系统分类，从系统因素中筛选出根本原因并确认根本原因间的关系。④ 发展改善行动。基于已确认的根本原因，制定可行的改进计划并贯彻实施。

常用的根本原因分析法主要有鱼骨图分析法、头脑风暴法和 5 问分析法。

(1) 鱼骨图分析法

鱼骨图（又名因果图、石川图），是一种通过使用类似鱼骨的树杈状图形，以“将问题图形化”从而发现问题“根本原因”的分析方法。执行鱼骨图分析法的主要步骤包括以下 4 个：① 明确问题的特性。小组成员首先需要明确工作的结果或需要解决的问题，将此作为“鱼头”。② 明确主骨。在执行鱼骨图分析时小组通常需要考量 5 个大要因，即从“人力、机械、物料、方法、环境”方面着手，并将此记录为“主骨”。③ 完善中骨、小骨。通过小组成员头脑风暴会议与 5 问法，尽可能多地找到引起大要因发生的中要因和小要因，并确保中、小要因与大要因间有直接的原因联系，同时将中、小要因记录为“中骨”和“小骨”。④ 识别关键要因。小组成员需要考虑主要因产生影响的大小和可能，深究造成问题的关键要因，通常该过程需要全员讨论并投票决定。

鱼骨图的主要类型包括 3 种：① 问题型。问题型鱼骨图主要寻找结构构成关系。② 原因型。寻找根本原因而使用的原因型鱼骨图其鱼头在右侧。③ 对策型。寻找解决方案与对策的对策型鱼骨图其鱼头在左侧。

(2) 头脑风暴法

头脑风暴法，由美国 BBDO 广告公司的奥斯本首创。该方法主要由目标小组人员以会议形式进行讨论，积极思考，畅所欲言，充分发表看法，并要求头脑风暴会议在相互尊重、融洽的基础上进行。

头脑风暴法的基本原理是在不受限制的情况下，组员专心提出构想且不加评价，通过自由发言、相互影响来激发组员热情，突破固有思维、形成新的观念，创造更多解决问题的可能性。

头脑风暴法顺利进行需要遵守以下原则：① 在评估阶段才可评价。② 叙述能想到的任何见解。③ 重数量而非质量。④ 鼓励在他人见解上进行拓展。

(3) 5 问分析法

5 问分析法即“5why 分析法”，是一种诊断性的技术方法，首创自日本丰田公司的大野耐一。5 问分析法通常被用来识别和说明因果关系链，有助于解决零星的缺陷引发的问题。在 FMEA 和根本原因分析法中，小组成员需要通过不断提问前一个事件为何会发生，直到无法回答理由或寻找到一个新的失效模式时才停止提问。5 问分析法的关键在于要避开主观的假设和逻辑陷阱，从结果着手，沿着因果关系链顺藤摸瓜，直至找出问题的根本原因。

# 第3章　某医院临床检验实验室风险控制现状分析

本文所研究的科室为上海市某三级乙等综合性医院检验科。该科室拥有当代主流的各种检测设备，设有免疫室、生化室、微生物室、临检及门急诊检验室，各组室均拥有大型检测设备与冷藏设备群，检测项目达400余项，科室成员合计34名。科室实行电脑联网化管理，提高了报告准确率。面向门诊、急诊的部分检测项目，检验报告立等可取，为疾病诊断、治疗提供了迅速、准确和可靠的依据及资料。通过走访、搜寻、汇总等方法，本文收集了该院检验科部分资料，以下将逐一介绍该院临床检验科室的概况，并结合往年产生高风险的失效模式阐述该院检验科室开展FMEA的必要性。

## 3.1　某三级医院临床检验科室概况

### 3.1.1　人员配置

该院检验科实验室工作人员总共34名，包含高级职称3名，硕士导师1名，年龄最大46岁，最小21岁。配置见表3.1。

**表3.1　科室人员配置表**

| 组　室 | 人　数 | 职　称 | | |
|---|---|---|---|---|
| | | 高　级 | 中　级 | 初　级 |
| 临检组 | 11 | — | 5 | 6 |
| 生化组 | 8 | — | 3 | 5 |
| 免疫组 | 7 | 1 | 2 | 4 |
| 微生物组 | 7 | 1 | 2 | 4 |
| 科主任 | 1 | 1 | — | — |
| 合计 | 34 | 3 | 12 | 19 |

### 3.1.2　实验室仪器配置

该院检验科所使用仪器和试剂都具有相应生产企业的生产许可证、医疗器械注册证或国食药准字号、经营许可证。所有仪器均在该院设备科留存各项购买备案和维护记录,检验试剂均通过设备科相关负责人统一采购,由生产企业负责依照运送标准妥善运送至检验科保存。

### 3.1.3　样本与试剂保存

样本与试剂保存设施为检验科批量采购冷藏设备,其中工作温度低于-10℃超低温冰箱有4件,详细清单见表3.2。

**表3.2　冷冻、冷藏存储设备表**

| 设　　备 | 品　　牌 | 型　　号 | 工作温度 | 数量 | 储存种类 |
|---|---|---|---|---|---|
| 超低温保存箱 | 海尔 | DW-86L728J | -80℃～10℃ | 2 | 样本 |
| | | DW-40L348J | -20℃～-40℃ | 1 | 试剂 |
| | 赛默飞世尔 | 7320V | -10℃～-40℃ | 1 | 试剂 |
| 医用冷藏箱 | 海尔 | HYC-360 | 2℃～8℃ | 4 | 样本、试剂 |
| | | HYC-940 | 2℃～8℃ | 1 | 试剂 |
| | 容声 | BYY-300 | 2℃～8℃ | 2 | 样本、试剂 |
| | | BYY-660 | 2℃～8℃ | 1 | 试剂 |
| | 赛默飞世尔 | PLR1006 | 1℃～12℃ | 1 | 试剂 |

检验科现有冷藏冰箱都可以直接显示当前温度,以便工作人员查阅,但科室无冰箱温度人工监测程序,冷藏、冷冻冰箱经常在温度严重失控报警后才会有科室人员紧急处理,一旦报警系统故障或被意外关闭将不利于部分对温度十分敏感的检测试剂的保存,可能造成极大的风险。

### 3.1.4　检验流程

在开展FMEA实验前,检验科负责人员提供了该院检验实验室的日常检验工作流程图,即图3.1。

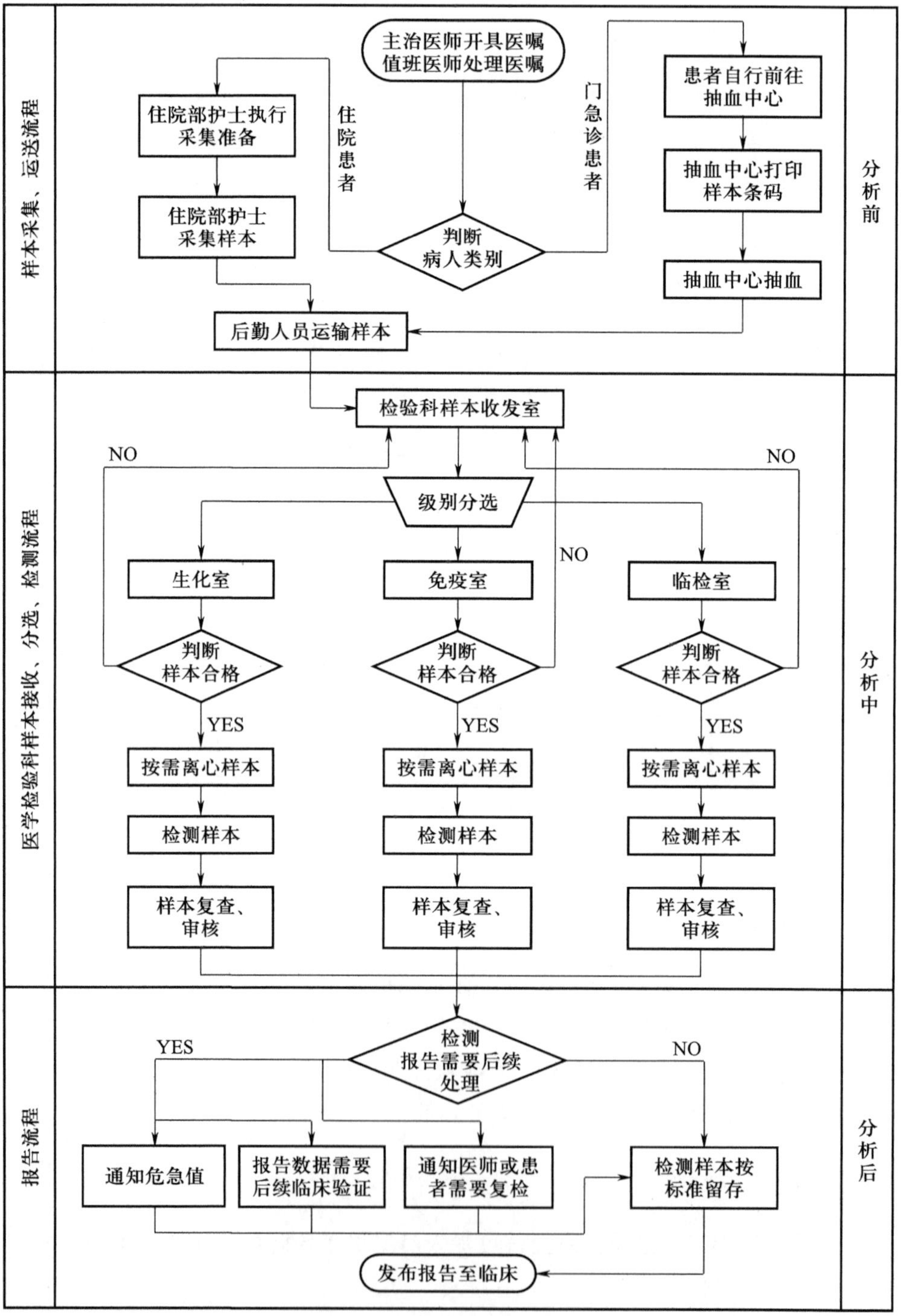


**图 3.1　检验实验室日常工作流程**

从流程图上，可以观察到收发室将样本分发至各组室后，各组室判断样本是否合格，这与离心样本的流程是重复的，这样不但增加了各组室样本前处理工作量，也可能压缩检测流程应给予的时间，增加风险隐患。

#### 3.1.5　信息系统与质量控制

检验实验室所使用的检验系统为金仕达卫宁公司提供的临床检验室信息系统（Laboratory Information System，LIS）可通过扫码自动输入绑定条码的病人信息与检测项目、自动接收各项仪器的检验数据、打印检验报告、保存检验信息等，通过与医院信息系统（Hospital Information System，HIS）、体检系统等无缝对接，可实现信息共享。

检验科有完整的内部质量控制程序，分别从范围、职责、工作程序等几个方面，参考美国国会颁布临床实验室修正案 CLIA′88 修正案（能力比对检验分析质量要求）进行修改并建立。其中明确了标本前处理、检验过程、室内质量控制等一系列控制程序并要求检验人员按照程序开展日常工作。质控检测的结果均输入 LIS 系统的质控功能模块，系统能及时报警以便查找、分析质控的失控原因。

### 3.2　检验科室风险控制现状分析

通过前期对检验实验室的数据采集与分析，该院检验实验室在开启 FMEA 前的风险控制效果可以通过以下几个方面来体现：检测仪器设备与冷藏仪器设备、样本检测流程、检测人员工作方面以及检验后结果处理。

由于检验医学发展迅速，来医院检查治疗的患者也逐年增多，该院检验科室主要仪器设备近几年一直处于满负荷运转状态，样本量与日俱增导致检测仪器故障时有发生。由于该科室内并无留存检测仪器故障记录及故障后处理记录，导致近两年科室仪器故障数据无从查证。为此，需要查阅院设备科留存的检验科检测仪器故障维修记录。据记录显示，2018 年 1 月至 6 月，检验科共发生检测仪器紧急维修共计 15 次，按仪器分类后如表 3.3 所示。从表 3.3 可得出分析结论：仪器故障主要集中发生在生化检测仪、放射免疫检测仪与血细胞分析仪上，这与该仪器需检测的样本数量较高有关。

同时，科室所拥有的冷藏设备也无相应的温度失控与报警记录，无专人管理与记录温度，因为没有有效的管理方案，其风险必然会发生。2017 年 8 月，某科员在下班补充试剂后未有效关闭冷藏冰箱门，冰箱报警一整晚，但无人知晓或处理，导致冰箱内检测试剂在不合格的温度下放置了约 14 个小时。在检验人员经过质控比对后，确认试剂由于不稳定已经无法适用于临床检测，使得与该批试剂有关的仪器都无法正常运作，该批项目都只能由科室人员运送到急诊组室检测。通过统计该事件造成的直接与间接损失达到了 17 000 余元。

**表 3.3　2018 年 1～6 月仪器月度维修统计表**

| 组　　室 | 仪 器 名 称 | 维 修 次 数 |
|---|---|---|
| 临检组 | 血细胞分析仪 | 3 |
| | 凝血检测仪 | 2 |
| 生化组 | 生化检测仪 | 5 |
| | 放射免疫检测仪 | 4 |
| 免疫组 | 免疫检测仪 | 1 |
| 合计 | | 15 |

在样本检测前，由于样本采集需要医师、护理人员和样本运输人员等多方协作，导致送到检验科收发室的样本经常处于多原因造成的无法检测状态。比如抗凝血采集管内血液有凝块、抽错抗凝管、血液样本溶血、体液样本有污染等。据文献统计，位于意大利的帕多瓦大学医院检验科总共 40 490 个检验分析中，确定了 189 个实验室错误，其中分析前错误共占 68.2%，分析时错误和分析后错误分别为 13.3%和 18.5%[49]。由此可见，分析前不良事件发生概率往往会较分析中和分析后大。这是由于检验师与医师、护理人员缺乏沟通、宣教不到位或认识程度不足等原因造成的，导致检测样本在检验前便处于失效状态，增加了风险与成本。为此，通过统计该院检验科实验室临检组、生化组、免疫组自 2018 年 1 月至 2018 年 6 月的住院患者和门诊患者的检验项目，期间共收取静脉抽血项目总数为 5 920 698 项，合计 398 376 件。其中不合格样本数为 302 件，占总件数的 0.76‰。各项目分布占比见表 3.4，按照月份统计为图 3.2。

**表 3.4　2018 年 1～6 月检验项目统计表**

| 组　　室 | 项目总数(项) | 件　数　(件) | 不合格件数(件) | 千　分　比 |
|---|---|---|---|---|
| 临检组 | 2 348 539 | 146 497 | 182 | 1.24‰ |
| 生化组 | 2 622 182 | 153 927 | 79 | 0.51‰ |
| 免疫组 | 949 977 | 97 952 | 41 | 0.42‰ |
| 合计 | 5 920 698 | 398 376 | 302 | 0.76‰ |

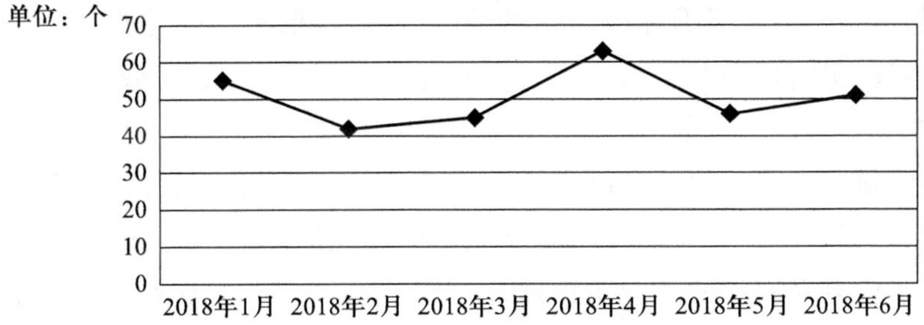


**图 3.2 2018 年 1～6 月不合格样本数趋势图**

通过表 3.4 可发现，检验科临检组收到的静脉血检测项目不合格率远高于生化组和免疫组，通过图 3.2 可发现 2018 年上半年每月不合格样本数均处于较高状态，初步判断这可能是由于静脉血抽血人员没有很好地执行标准抽血程序、不了解静脉血采集管的相应要求等原因造成，同时检验科相关负责人员也没有做到广泛宣教静脉血采集管的采集要求，导致溶血、血内凝块、抽错抗凝管等失效现象产生。

同时，由于检验科检验流程未得到有效优化，在收发室将样本分发至各组室后，由各组室判断样本与执行样本离心的流程是重复的，不但增加了各组室样本前处理工作量，也会压缩检测流程应给予的时间，增加了风险隐患。可替换为收发室收样同时判断样本是否合格，并按要求执行样本离心，离心后的样本由组员分发至各科室，这样可减少冗余的步骤，增加效率，减少风险。

另外，该科室人员配备正处于新老交替阶段，经调查，2018 年 1 月至 2018 年 6 月因产生错误而被患者投诉的医疗纠纷共发生 6 起，分别为：患者信息录入错误 1 起，检测报告时间过长（包括遗漏检测）2 起，样本丢失 2 起，样本检测错误 1 起，初步分析可能由于年轻检验员的经验相对不足、工作态度不认真造成。其中较为严重的事故 1 起，因工作人员将门诊患者信息录入仪器时出错，导致两名患者结果混淆。其中一名患者对检测结果意见较大，前往其他医院检测后发现结果有较大出入，后来院投诉。万幸的是，另一名患者由于各种原因没有立刻领取报告，这两名患者虽然并没有因报告归属错误而受到错误治疗，但是检验科室还是向患者道了歉并予以经济赔偿，最终取得了患者的谅解，涉事检验员受到内部处罚。但在处罚员工、赔偿患者后，科室并没有分析造成此类问题的根本原因，因此，就难以避免类似风险的再次发生。

在样本检测结果发布后，检验人员的工作还没有因此结束，该院检验科对检测结果的危急值报告制度在管理方面较为薄弱，会出现含有危急值的报告结果遗忘传报或在传报后没有相应记录的情况；同时检验科人员也没有很好地和临床医师沟通，患者检验结果与临床疾病的符合性也没有得到有效评估，检验分析后的重要性经常被检验科员忽视，这间接导致了检验风险的提升。

综上，该院检验科风险控制意识非常薄弱，而风险管理方案运用了“事后处理”的模式，即在问题发生后进行责任人追责与赔偿，并没有寻找风险发生的根本原因，也没有采取有效的预防措施及时发现潜在风险，一味被动处理的后果造成了近年来财产的损失和患者的不信任。

## 3.3 该院检验科开展 FMEA 的必要性

FMEA 是一种前瞻性、系统性的风险控制方法，如果正确地将 FMEA 运用于该科室的医疗服务中，对服务系统流程或各个服务环节进行潜在的失效模式分析，同时量化各个失效模式的风险程度，可以对危害程度最大的、最危急的或最常发生的风险进行事前干预，便可做到防患于未然。由于 FMEA 的流程是持续性、循环性的，将干预后的失效模式重新纳入分析系统重新评估，便可确定潜在的失效模式是否真正得以解决，达到预期的效果后便可进行下一步缺陷分析，从而实现医疗质量持续改进的目标。然而，该院检验科依然运用传统的事后处理模式，采取处罚加赔偿的被动方案而不是查找产生失效模式的根本原因加以纠正，与 FMEA 方法相比将付出更多的成本与人力，而且会严重影响医疗企业的服务口碑、群众的信任度等，所以有必要运用 FMEA 减少该检验科失效模式的产生与降低其导致的风险程度，从而减少甚至消除失效模式造成的损失。

# 第 4 章　FMEA 在医学检验实验室的应用

在获得了检验科人员配置、仪器配置、样本与试剂保存设施、日常工作流程信息系统、质量控制方案等信息后，通过联合检验科、护理部、设备科以及后勤管理处，协同成立 FMEA 小组，并由笔者担任协调员工作。首先，用该检验科所提供的流程图作为初稿，再按照分析前、分析时、分析后为时间顺序分为三个部分，针对住院患者血液样本的采集、收送、前处理、检测、报告审核、危急值上报、样本复检、报告发布等流程重新制作工作流程图，用以识别关键流程并展开 FMEA 实验。同时，应用第 3 章获取的各项数据，使用头脑风暴法并以流程图为基础进行失效模式识别，将可能产生风险的所有失效模式一一列出，再按照自行设计的严重度、发生频度和探测度评分表格，对所有已识别的失效模式赋予分值。通过行动优先级别分析，选择出高风险或非常薄弱的环节进行 RCA，同时运用头脑风暴法、鱼骨图法和 5 问分析法分析造成失效模式的根本原因。在确定根本原因后将对高优先级别的失效模式优先采取纠正措施予以改进，并评估改进方案以确保改进方案的有效性、可靠性和可持续性，文件化后予以保存。

由于其他原因，微生物组和急诊检验组不参加实验，故 FMEA 实验在临床检验组、生物化学组和医学免疫检验组中联合开展。

## 4.1　FMEA 实验前期准备

### 4.1.1　组建团队

FMEA 团队的组建是整个 FMEA 流程的最关键步骤之一，如果没有合适的团队成员协同工作，FMEA 将可能失效。FMEA 团队应由跨学科组员构成，以确保将不同的视角或观点融入失效模式以探测和改进流程。据此要求，团队成员应具备多样化知识结构，所以需要至少一名拥有决策权的领导者以及对预期流程变革实施起关键作用的人员，多名流程中拥有基础知识的一线工作人员，还需要包括可能直接或间接受流程变革影响的、在重新设计流程过程中能给予支持的各领域代表。

笔者以此为团队组建筛选条件，并在院各部门配合下成立了检验科 FMEA 小组，小组包括检验科副主任 1 名、组长 1 名、检验科一线工作员 5 名、护理部工作人员 1 名、设备科工作人员 1 名、后勤管理处工作人员 1 名共 10 人。其中高级职称 1 人，中级职称 2 人，初级职称 5 人。笔者在团队中担任协调员，负责协调和组织 FMEA 流程的各项工作。在团队成功组建后，团队成员接受了为期四周的 FMEA 知识培训，团队中每人对研究检验风险的流程以及 FMEA 相关知识都能很好地掌握。

### 4.1.2 流程图记录与要求识别

通过学习与记录，按照流程图分析法将检验科日常工作流程逐一开展，汇总组员相关业务知识，制作该院检验科室的工作流程图，并按分析前、分析时、分析后分为三个部分。依照《FMEA 参考手册(第四版)》的要求，流程图的范围包含了从主治医师开具检验医嘱开始至检验报告发布的所有流程，并使用连续性的过程编号体制将过程流程按一定顺序进行排序，确保过程之间的联系和可追溯性。此外，还需要识别每个过程的操作步骤的相关要求并达到绩效的描述，提供给小组用以识别潜在的失效模式。

小组制作了 3 个流程图和 1 个流程要求表，分别为图 4.1 分析前流程图、图 4.2 分析中流程图、图 4.3 分析后流程图以及流程要求表(见附录 A)。流程图制作后小组成员对各流程进行了查访与验证，通过多次跟踪明确流程的实际执行状况，并按照 FMEA 的要求确保每个步骤都是必需的、简化过和真实有效的。同时，对科室原流程进行了改进，将样本离心流程与判断样本是否合格的流程交于收发室。

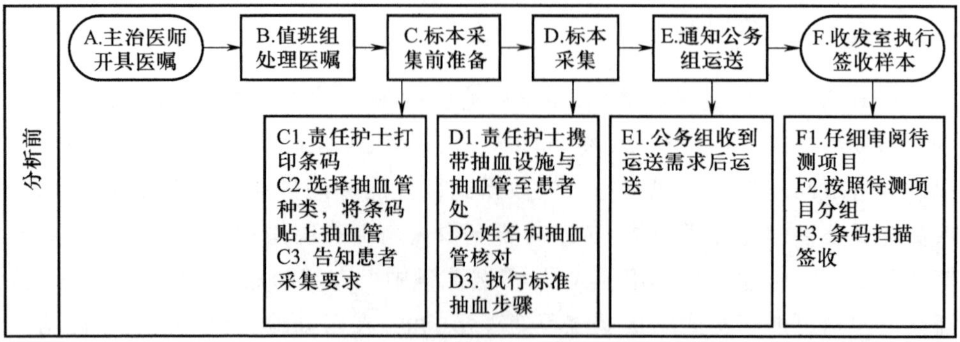


**图 4.1 检验科住院患者血液检测分析前流程图**

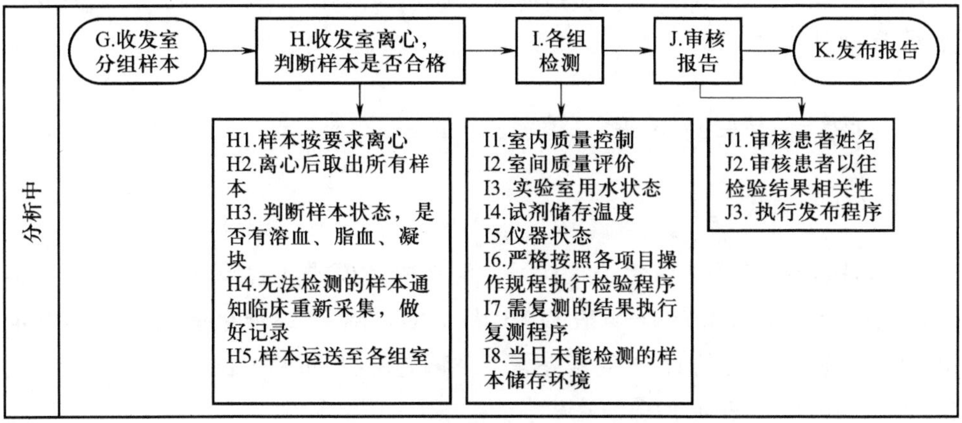


**图 4.2　检验科住院患者血液检测分析中流程图**

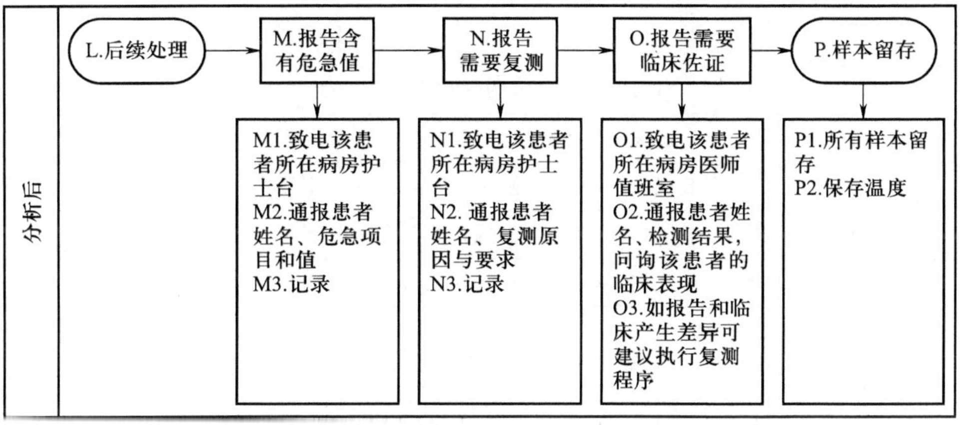


**图 4.3　检验科住院患者血液检测分析后流程图**

## 4.2　发现潜在失效模式

小组经过调查走访，在验证了以上流程图均真实有效后，笔者开始主持小组开展识别失效模式的工作。根据《FMEA 参考手册(第四版)》的要求，潜在失效模式的定义为：不符合过程要求。我们针对所有流程进行多次头脑风暴会议，将假设三个部分可能会发生但不一定会发生的潜在失效模式一一列举。

每一子流程可以存在多种失效模式，每一失效模式都存在相应潜在失效后果，潜在失效后果按照《FMEA 参考手册(第四版)》要求定义为：患者(顾客)察觉的失效模式后果。在识别潜在失效模式后，小组按照患者主视角确定失效模式可能产生潜在后果的影响。将所有失效模式与潜在后果影响制作为总失效模式表，详细见附录 B。

## 4.3 评分确定失效模式

### 4.3.1 制定定量表

针对医疗行业的特殊性，通过学习《潜在失效模式和后果分析参考手册（第四版）中文版》，在评分标准表（表 2.1～表 2.3）基础上，结合专业临床经验，制定用于医疗检验项目的评分定量参考表格，包括严重度（表 4.1）、发生频度（表 4.2）、探测度（表 4.3）分析指标。

**表 4.1 严重度(S)评分标准**

| 分值 | 分级定义 |
|---|---|
| 1～2 | 未造成影响或造成的影响不需要处理 |
| 3～4 | 未造成临床治疗失效，简单处理后患者无影响 |
| 5～6 | 造成临床治疗失效，患者需及时进行相关检查治疗 |
| 7～8 | 造成临床治疗错误，患者需及时进行相关检查治疗 |
| 9～10 | 造成临床治疗严重错误，患者永久性功能丧失或死亡 |

**表 4.2 发生频度(O)评分标准**

| 分值 | 分级定义 |
|---|---|
| 1 | 每两年及以上发生一次 |
| 2 | 每年发生一次 |
| 3 | 每半年发生一次 |
| 4 | 每季度发生一次 |
| 5 | 每两个月发生一次 |
| 6 | 每月发生一次 |
| 7 | 每 15 天发生一次 |
| 8 | 每周发生一次 |
| 9 | 每周发生多次 |
| 10 | 每天发生多次 |

**表 4.3　探测度(D)评分标准**

| 分　　值 | 分 级 定 义 |
| --- | --- |
| 1～2 | 有系统自动或有效人工探测措施，90%及以上能被探测 |
| 3～4 | 有人工探测措施，70%～89%能被探测 |
| 5～6 | 人工探测措施，40%～69%能被探测 |
| 7～8 | 无探测措施，21%～39%能被探测 |
| 9～10 | 20%及以下能被探测或无法探测 |

其中，在设计发生频度表格时，由于考虑到医师每日开具检验医嘱和每日收取血液样本数量具有不确定性，也考虑到失效模式频度单位无法统一，即使用百万机会缺陷数(Defects Per Million Opportunities, DPMO)来度量，也难以使用生产企业常用的发生频度评分标准。依据《失效模式与效应分析参考手册(第四版)》关于发生频度的建议，应使用一致的发生率排序体系确保连贯性，所以经过会议讨论确定将发生频度计量单位统一为固定日期发生次数，即"×次/×日"。

### 4.3.2　评分与排序

小组每名成员依照评分定量参考表格对每项潜在失效模式进行严重度、发生频度、探测度的评分，评分结果经过汇总后计算平均分(四舍五入取整数)。根据 AIAG 和 VDA 预颁布的 FMEA 手册的建议，使用行动优先权(AP)代替 RPN 计算，确认行动优先顺序，因此依据 FMEA 行动逻辑优先表进行潜在失效模式的最终行动优先级别确认。

1) 评分

首先按照预先设置的评分计量表(即表 4.1、表 4.2 和表 4.3)和评定方法给每项潜在失效模式的严重度、发生频度、探测度赋予分值，分值取平均数后四舍五入取整计入表格，再按照 FMEA 行动逻辑优先表(表 2.4)查找该分值的行动优先权，所得结果皆计入 FMEA 行动优先级表，详细结果见附录 C，表中以 L 代表低优先级行动，M 代表中优先级行动，而 H 代表高优先级行动。

2) 排序

然后，按照行动优先逻辑，从 FMEA 行动优先级表(附录 C)中筛选出所有的高优先级别的潜在失效模式，选取结果如表 4.4。根据 FMEA 优先行动原则，本次 FMEA 所有高优先级失效模式需要优先进行改进与纠正。

**表 4.4 FMEA 高优先行动级统计表**

| 工作流程 | 潜在失效模式 | S | O | D | AP |
|---|---|---|---|---|---|
| C2. 选择试管贴条码 | 试管选择错误 | 4 | 9 | 2 | H |
| D3. 护士抽血 | 未完全混匀 | 3 | 8 | 5 | H |
| | 静脉穿刺失败 | 3 | 10 | 3 | H |
| E1. 公务组运送 | 运送箱内温度过高 | 3 | 4 | 7 | H |
| | 样本遗失 1 | 4 | 4 | 7 | H |
| I3. 水质 | 水质监测系统故障 | 5 | 4 | 6 | H |
| I4. 试剂与耗材 | 温度或湿度过高或过低 | 5 | 5 | 7 | H |
| I5. 仪器状态 | 仪器故障已报警 | 6 | 9 | 1 | H |
| | 仪器错误未报警 | 7 | 4 | 6 | H |
| | 仪器未维护 | 5 | 5 | 5 | H |
| I6. 操作规程 | 未按操作规程处理样本 | 8 | 6 | 5 | H |
| I8. 样本保存 | 保存温度过高或过低 | 6 | 5 | 7 | H |
| M1. 危急值通报 | 未致电 | 8 | 4 | 7 | H |

## 4.4 确认失效模式的根本原因

在选取高优先级别的潜在失效模式后，我们使用根本原因分析法发掘引起失效的根本原因。下面以工作流程“C2.选择试管贴条码”的潜在失效模式“试管选择错误”为例展开根本原因分析。

### 4.4.1 制作鱼骨图

小组全员通过主题为“确认试管选择错误的根本原因”会议，运用头脑风暴法集思广益，运用 5 问分析法深究问题发生的原因，将容易导致护理人员在抽血前选择错误抽血管的原因进行列举，图 4.4 为 5 问分析法思维举例。将 5 问分析后所得各项问题分组为物品因素、管理因素、行为因素、认知因素以及环境因素，并赋予序号将其制作成鱼骨图，即图 4.5。

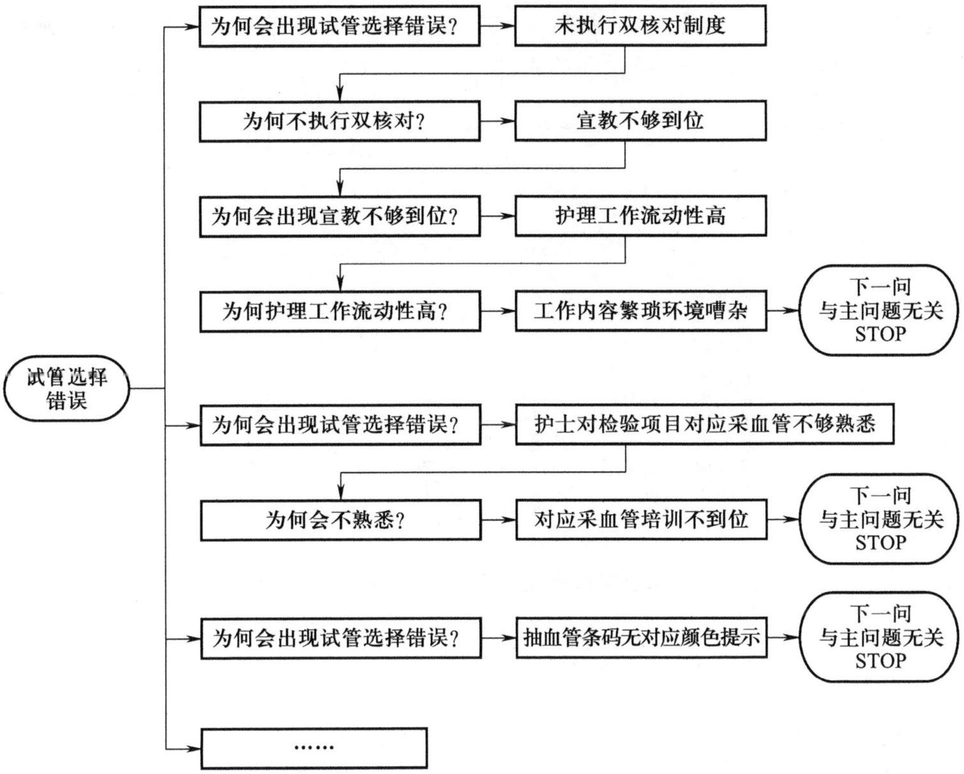


图 4.4　5 问分析法思维图

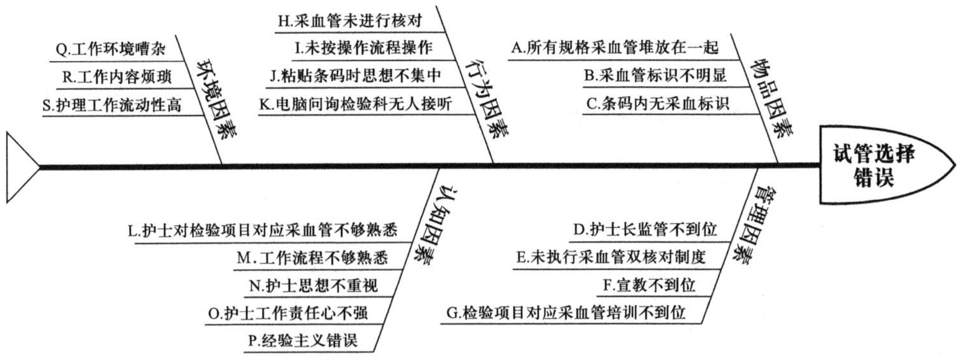


图 4.5　试管选择错误的根原因分析鱼骨图

### 4.4.2 多次投票和帕累托分析

小组成员采用多次投票确定引起失效模式的原因。每名小组成员有 3 票可投给相同或不同的项目，总计票数 30 票，通过最后投票结果制作帕累托分析图（图 4.6）以选取引起失效模式的根本原因。

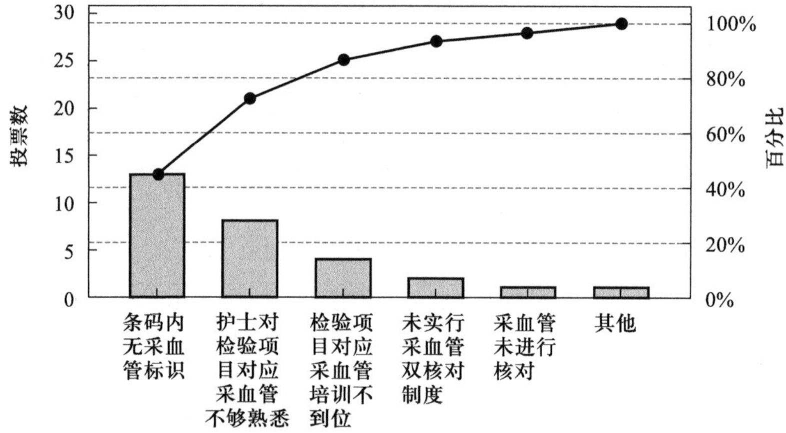


图 4.6 试管选择错误的根本原因分析——帕累托图

### 4.4.3 确定失效模式的根本原因

根据投票结果制作的帕累托分析图（图 4.6）可见，“条码内无采血管标识”这项原因获得了 13 分，“护士对检验项目对应采血管不够熟悉”获得了 8 分。根据帕累托法则，可将“至关重要的少数”“条码内无采血管标识”与“护士对检验项目对应采血管不够熟悉”选为引起“试管选择错误”失效模式的根本原因。

## 4.5 改进方案的制定、执行与评估

### 4.5.1 制定改进方案

在多次制作鱼骨图以及多次投票后，我们确定了各项高优先级失效模式的根本原因，而后经过多次会议讨论确定了改进方案的策略，即通过策略设计进而改进方案。

改进策略以该失效模式的 S、O、D 为评判切入点，将某一失效模式的 S、O、

D单指标评分≥5的，以策略表格为基础寻找可实行的改进策略，同时结合FMEA参考手册(第四版)的要求提出以下4个原则：① 所有策略需做到包含可靠性在内的各要求得以达成。② 可立即执行的，可即刻生效的。③ 多改进方案中选择成本低的。④ 可以自动化设备代替人工的优先选择。改进策略表详细见表4.5。

**表4.5　高优先级失效模式改进策略表**

| 改进策略 | 处理方案 |
| --- | --- |
| 策略1：该失效模式可能导致严重后果 | 建立早期预警机制 |
| | 训练以获得察觉能力 |
| | 如发生可立即获得咨询与资源 |
| 策略2：该失效模式很可能会发生 | 找寻原因评估能否排除失效 |
| | 优先使用防错法 |
| | 修改根本原因相关的流程 |
| 策略3：该失效模式不易察觉 | 建立失效前易显现的标识 |
| | 改善前置流程使其容易显现 |
| | 可加入警告标识或信号 |

在进行多次有效的头脑风暴会议后，对每项高优先级失效模式提出改进方案，记录于高优先级失效模式根本原因和改进方案汇总表，详细见附录D。

### 4.5.2　执行改进方案

经过小组讨论后，即刻开始改进方案执行。

(1) 首先购买海尔YB-HC004-00智能温度采集设备，如图4.7 A部分所示，绑定科室每一个在用冷藏设施，连接服务器后进行冷藏设施实时温度监控，并设立冷藏设施负责人，由该负责人处理每日温度控制、记录报警以及执行维护、维修操作。将人工监测转换为自动辅助监测后将有效降低样本、试剂储存温度失控的风险。

(2) 购买样本运送保温箱供中心调度室分发至运送样本人员使用，保温箱、冰袋以及试管架如图4.7 B部分所示。同时要求中心调度室增强业务培训宣教，从而降低在样本运输过程中样本温度失控或样本丢失的风险。

(3) 在检验条码上固定区域设置打印格式，增加抽血管颜色标识与是否需要颠倒混匀标识，如图 4.7 C 部分所示。另制作一批宣教材料，详细阐述抗凝抽血管在抽血后的混匀方式以及次数，抽血管的颜色区别和对应的项目，并通知护理部门分发。同时与护理部门沟通希望能加强新进护理人员的培训与考核，提高血液样本采集熟练程度。在抽血中心与病房醒目位置粘贴检验科项目与抽血管颜色对照表以便临时知晓。

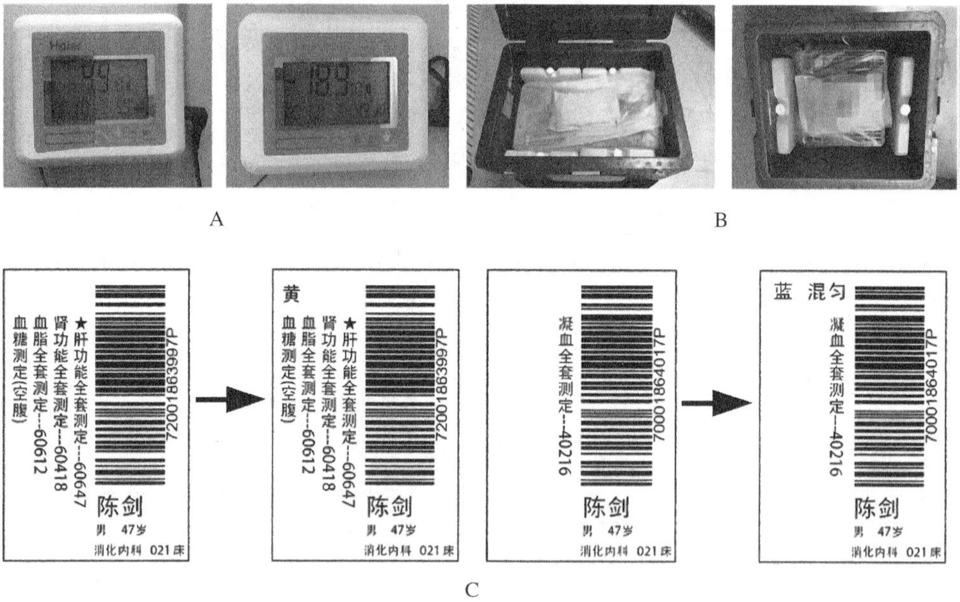


**图 4.7 改进方案示例图**

（4）与院设备科积极沟通协商，购买水处理设施与重要检验仪器的保养、维修服务，执行定期保养计划，降低各设备、仪器故障所带来的风险。同时要求相关设备、仪器的维护、维修厂家按需尽快提供服务。

（5）加强检验科内部会议宣教，增加培训项目，完善奖惩措施以督促检验人员严格按照操作规程执行，对未按照操作规程执行而引起医疗纠纷的检验人员进行严格惩处。建立复检通报、危急值通报的双人登记制度，在原先登记记录检验日期、姓名、性别、年龄、送检科室、床号、申请医师、危急值项目、检验结果、复查结果、检验者、审核者、传达人、接收人、联系时间的基础上，增加登记核对人员的工号记录。在复检或危急值通报后由科室组长或副组长进行工号登记，如因遗忘或错误导致了纠纷，组长或副组长将负有连带责任。

### 4.5.3 评估改进方案

在改进方案执行60天后，通过一段时间的观察与走访，小组执行了为期14天的评估改进方案活动。得出结论：改进方案经过评估确可以有效降低高优先级风险。

第一，海尔YB－HC004－00智能温度采集设备通过内部的无线AP模块与专属服务器互相连接，信号稳定且测温准确灵敏。与在冷藏、冷冻冰箱温度严重失控报警后才会有科室人员紧急处理的方案相比较，温度采集设备可以做到实时监控冰箱温度，并可按设置要求的时间点记录每次温度数值以便日后查阅。在门诊检验部门下班后，如遇到冰箱温度失控的情况，系统会自动发送警告信息给各组室冷藏设置管理人员，以避免管理人员因某些原因无法接收信息，同时管理人员需及时前往医院查看情况或让急诊组值班组员代为处理。

第二，通过调度中心的多次统一培训，参与运送样本的工作人员能基本了解运送血液样本的要求以及样本运送箱的使用、保养，并购买了多个配套冰袋在室外气温最高、温度高于25℃时开始使用，通过多个冰袋的周转蓄温以确保每个运送箱内温度不高于10℃。每个样本运送箱都附带了一个样本量记录本，调度中心要求每名样本运送人员在接收样本后对样本数量进行记录。在送达检验科收发室时对样本数量进行核对，最大限度避免产生样本丢失的风险，同时也间接提高样本运送人员的工作责任心。

第三，科室内部自行编写宣教材料，并通过护理部同意与指示，下发给每个住院组护士台。经过护理部门的宣教与强调，护理人员对血液样本的采集管有更进一步的认识。在医务处负责人员的同意和监督下，信息科按检验科的要求修改了抽血管条码格式，在增加了颜色标识与混匀标识后，护理人员皆可以通过标识简单明了地处理一些不常见的检验项目抽血操作。这样不但节省了护理人员打电话确认的时间，还降低了各检验项目抽错抽血试管、因混匀失当导致血标本无效的风险程度。另外，不少临床组室护士人员还将宣教材料张贴在醒目位置以便新进护士学习。在护理人员多方面的配合下，不合格样本数量有了明显的下降，不但降低了抽错采集管引起的风险，还减少了病患的二次伤害与相应的投诉。

第四，与院设备科沟通后，设备科同意将尽快购买水处理设施的保养服务，启动包括2台血细胞分析仪、1台尿液细胞分析仪、1台凝血检测仪、2台生化检测仪、1台放射免疫检测仪、3台免疫检测仪，共计10台重要仪器的保养、维修服务合同的协商与购买程序。通过签订购买、保养、维修服务合同与执行定期保养计划，可有效降低各设备、仪器故障所带来的风险。

第五，检验科以原有的奖惩措施为模板，细化内部奖惩措施。如果检验人员未严格按照操作规程执行，例如发生随意更改操作流程、责任意识淡薄、违反劳动纪律、造成检测错误且对患者健康造成损害等不合格态度行为，将采取一定的处罚措施。对工作表现突出、承担业务学习讲课、参与科室管理且提出合理化建议、完成科研成果等的人员，需要给予一定的奖励措施。通过合理的奖惩措施提高检验人员工作责任心、使命感和荣誉感，以最大限度降低由检验人员个人原因所造成的检验风险。

## 4.6 改进前后结果比较与绩效统计

### 4.6.1 冷藏系统报警处理统计

由于该科室进行FMEA实验前无冷藏设施温度失控与报警记录，故无法统计2018年6月之前的冷藏设施温度失控与报警记录。

在改进措施开始实施的8月至12月30日，智能温度采集设备共提供报警4次。其中1次由于冰箱压缩机故障不制冷而导致的温度失控报警发生在非工作时间，有效报警信息推送使该组室的冷藏设备管理人员30分钟内到达科室，在初步确定故障后将故障冰箱内的所有试剂转移至正常冰箱，避免了科室经济损失，也有效降低了温度失控带来更多的风险。

### 4.6.2 不合格样本统计

在执行改进方案后，笔者统计了2018年全年的不合格样本数，通过连续对比2018年1月至7月与2018年8月至12月不合格样本总数，随着改进方案的逐步推进，检验科收发室接收到的不合格样本数量已呈现出明显下降趋势(图4.8)。

### 4.6.3 样本遗失统计

我们统计了2018年全年的样本遗失数，在执行改进方案后的下半年内未发现样本遗失(图4.9)。

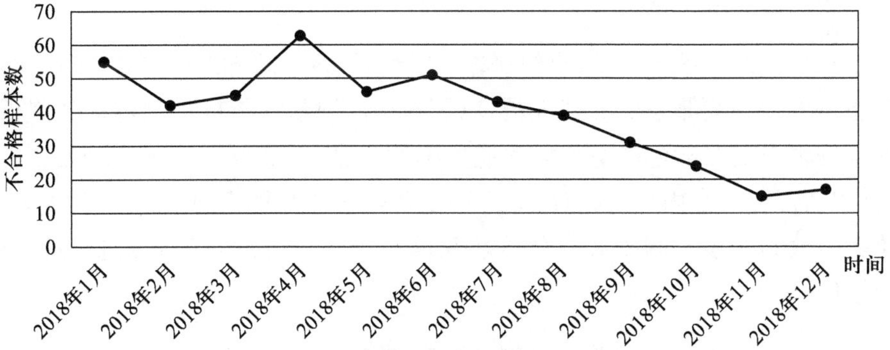


**图 4.8　2018 年不合格样本数趋势图**

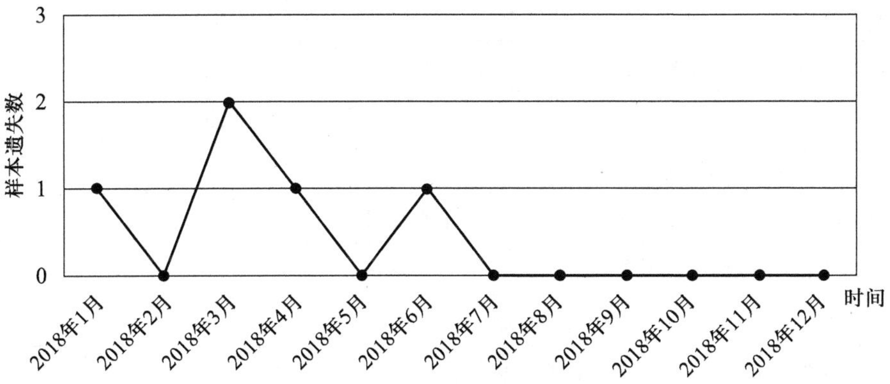


**图 4.9　2018 年样本遗失数趋势图**

### 4.6.4　仪器故障统计

通过调阅该院设备科留存信息显示，2018 年 1 月至 7 月检验科共发生检测仪器紧急维修共计 15 次，其中包括血细胞分析仪 3 次、凝血检测仪 2 次、生化检测仪 5 次、放射免疫检测仪 4 次、免疫检测仪 1 次。执行改进措施时通过一个月内的集中保养，在 2018 年 8 月至 12 月，检验科共发生检测仪器紧急维修共计3 次，包括生化检测仪 1 次、放射免疫检测仪 1 次、免疫检测仪 1 次。降低了仪器故障所导致无法发布报告的风险，也降低了潜在患者不满意度及相应风险。

### 4.6.5 调查问卷

在执行首次改进方案后，小组制作了“检验科改进后满意度调查表”问卷，该表格将分发给住院部一线护理人员，以获得检验科该次 FMEA 后对于“降低静脉血液样本采集的不合格率和样本遗失率的改进”的满意率。表格分发至感染科、儿科、普外科、心内科等共计 13 个科室，91 份调查表，回收 87 份，其中 87 份表格为有效调查表。调查表样例内容见附录 E。小组对回收的调查表进行统计，统计结果见表 4.6。

**表 4.6 调查问卷结果数据详表**

<table>
<tr><td colspan="12">1. 改进工作前，血液采集管采集要求知晓程度</td></tr>
<tr><td colspan="4">非常熟悉(55)</td><td colspan="4">基本熟悉(27)</td><td colspan="4">不熟悉(5)</td></tr>
<tr><td colspan="12">2. 改进工作前，血液采集管颜色区别对应检验项目知晓程度</td></tr>
<tr><td colspan="4">非常熟悉(60)</td><td colspan="4">基本熟悉(20)</td><td colspan="4">不熟悉(7)</td></tr>
<tr><td colspan="12">3. 改进工作前，如何确定未知采集管</td></tr>
<tr><td colspan="3">致电(48)</td><td colspan="3">问询(38)</td><td colspan="3">查找(1)</td><td colspan="3">其他(0)</td></tr>
<tr><td colspan="12">4. 改进工作后，血液采集管采集要求知晓程度</td></tr>
<tr><td colspan="4">非常熟悉(87)</td><td colspan="4">基本熟悉(0)</td><td colspan="4">不熟悉(0)</td></tr>
<tr><td colspan="12">5. 改进工作后，血液采集管颜色区别对应检验项目知晓程度</td></tr>
<tr><td colspan="4">非常熟悉(87)</td><td colspan="4">基本熟悉(0)</td><td colspan="4">不熟悉(0)</td></tr>
<tr><td colspan="12">6. 改进工作后，颜色标识是否明显</td></tr>
<tr><td colspan="6">是(87)</td><td colspan="6">否(0)</td></tr>
<tr><td colspan="12">7. 改进工作后，样本运送人员是否及时接收样本</td></tr>
<tr><td colspan="6">是(87)</td><td colspan="6">否(0)</td></tr>
<tr><td colspan="12">8. 改进工作后，样本运送人员是否携带保温运送箱、冰袋和温度计</td></tr>
<tr><td colspan="6">是(87)</td><td colspan="6">否(0)</td></tr>
<tr><td colspan="12">9. 是否影响工作</td></tr>
<tr><td colspan="6">是(0)</td><td colspan="6">否(87)</td></tr>
<tr><td colspan="12">10. 改进工作是否满意</td></tr>
<tr><td colspan="4">满意(87)</td><td colspan="4">一般(0)</td><td colspan="4">不满意(0)</td></tr>
</table>

通过统计调查表可证实：本次 FMEA 改进后降低了静脉血液样本采集的不合格率，护理人员相关知识的完善程度提高了 39%（$P<0.01$），血液采集管颜色区别对应检验项目知晓程度也提高了 36%（$P<0.01$），标识明显，工作效率提高，差错率减少；样本运送人员 100%携带运送箱、冰袋和温度计并按时接收样本；100%未对护理人员的工作造成影响；满意度 100%。

### 4.6.6　首次 FMEA 总成本支出

实验后，我们统计了本次 FMEA 后的改进方案中，由科室额外承担的改进成本费用，如表 4.7 所示。

**表 4.7　首次 FMEA 成本支出表**

| | 品　　牌 | 型　　号 | 数　　量 | 价　格　（元） |
|---|---|---|---|---|
| 智能温度采集设备 | 海尔 | YB－HC004－00 | 13 | 27 300 |
| 服务器 | 联想 | Think Server | 1 | 4 300 |
| 泡沫保温运送箱 | 好乐康 | 大号 | 4 | 1 000 |
| | 好乐康 | 中号 | 3 | 400 |
| 冰袋 | 好乐康 | 520g | 30 | 700 |
| 电子温度计 | 上海精创 | DS－1 | 10 | 200 |
| 合计 | | | | 33 900 |

## 4.7　结果评估

在对比首次 FMEA 执行的改进措施与改进前的各项数据后，得出结论：首次 FMEA 后执行的改进措施是合理、有效的。改进措施降低了低温与超低温存储设备的不可控风险，有效减少了科室额外风险成本；降低了因运送样本导致样本遗失、样本损毁和因温度不可控导致的样本不合格率；降低了护理人员静脉血液样本采集时的不合格率，完善护理人员的专业知识，提高工作效率；通过积极保养、维护和维修，减少了因设备故障、水处理设备故障风险的发生；同时，科室开展严格的绩效考核和奖惩制度，激励科室人员严格按照操作流程工作，提高检验人员工作责任心、使命感和荣誉感，降低了由检验人员个人原因所造成的检验风险。

在改进措施产生成效的同时，小组成员再次对高优先级失效模式的严重度、发生频度、探测度予以评分。由表 4.8 可见，所有需要高优先级改进的失效模式均已得到有效控制，优先级别均已降低至低优先级或中优先级。

**表 4.8　高优先级改进后二次 FMEA 表**

| 工 作 流 程 | 潜在失效模式 | S | O | D | AP |
|---|---|---|---|---|---|
| C2. 选择试管贴条码 | 试管选择错误 | 4 | 1 | 2 | L |
| D3. 护士抽血 | 未完全混匀 | 3 | 2 | 3 | L |
| | 静脉穿刺失败 | 3 | 4 | 3 | L |
| E1. 公务组运送 | 运送箱内温度过高 | 3 | 2 | 2 | L |
| | 样本遗失 1 | 4 | 2 | 4 | L |
| I3. 水质 | 水质监测系统故障 | 5 | 1 | 5 | M |
| I4. 试剂与耗材 | 温度或湿度过高或过低 | 5 | 3 | 1 | L |
| I5. 仪器状态 | 仪器故障已报警 | 6 | 3 | 1 | L |
| | 仪器错误未报警 | 7 | 3 | 3 | L |
| | 仪器未维护 | 5 | 1 | 2 | L |
| I6. 操作规程 | 未按操作规程处理样本 | 8 | 2 | 5 | M |
| I8. 样本保存 | 保存温度过高或过低 | 6 | 3 | 1 | L |
| M1. 危急值通报 | 未致电 | 8 | 2 | 2 | L |

## 4.8　质量控制与重启 FMEA

在完成首次 FMEA 后，为了提供未来用于探索进一步流程变化需求的工具，同时需要记录改进流程的图形、非图形描述，需要将整个 FMEA 的结果记录进文档表格并妥善留存。表格按照《潜在失效模式和后果分析参考手册（第四版）中文版》中建议的标准表格制作，附录 F 的 FMEA 标准表格是以工作流程“C2. 选择试管贴条码”举例。

完成 FMEA 标准表格制作后，需要对改进措施时刻保持警觉，随时监测改进措施完成效率以及定期向参与改进的各部、各组室人员提供反馈渠道，以降低非频繁发生的失效模式的可能性为首要目标。之后，将在一定缓冲期后重新启动新一轮 FMEA 过程，缓冲期一般不超过三个月。缓冲期内，小组成员需要进行 FMEA 文档的整理和记录，加强改进方案的监测力度，如有需要随时调整改进方案以获得最小的失效模式风险发生度。其间还需总结在改进过程中另外发现的问题并将其记录入下一次 FMEA 的失效模式中，完成后重启新一轮 FMEA 工作。

# 第 5 章　结论与展望

## 5.1　结论

FMEA 是一种前瞻性的风险控制模式，医疗机构需要开展 FMEA 的根本原因在于 FMEA 已被证实是能够有效降低错误风险并提高过程绩效的一种方法。在医疗领域，这意味着需要付出一定成本来降低发生错误的可能性，提高安全性，但对于接受照护、治疗和服务的患者个体，他们的生命安全是无法用金钱来衡量的，患者安全应该是所有医疗机构关注的重点。本文旨在通过使用 FMEA 构建可适用于临床医学检验科室的风险控制方案，并将之运用于临床检验工作分析前、分析中和分析后，达到降低临床检验科室日常工作风险的要求，进一步保障患者的人身安全。

本文通过预先调研确定了研究主题，并寻求使用 FMEA、RCA、鱼骨图等在工程领域颇有建树的风险控制方法融合入医学检验领域。在构建医学检验的 FMEA 模式的前期准备阶段，对相关理论进行大量研究，并针对研究目的进行人员培训，要求实验人员具有科学态度严肃、业务知识丰富、职业道德良好，最终通过筛选成立了包含一线工作人员及领导层的 10 人建立了 FMEA 小组，同时开启实验。我们以临床检验实验室日常工作流程为中心，展开后进行逐一分析。通过协调开展每一次会议，经过小组内一线工作人员和专家们充分讨论、分析，将日常工作的每一项失效模式的严重度、发生度和探测度分别予以量化，最终确定了 13 项容易引起风险的、需要高优先行动级改进的失效模式，并对该 13 项失效模式分类后，提出 5 项整合后的改进措施并积极实施。实施后 13 项失效模式中 11 项评级由高优先行动级别减少到低优先行动级，2 项由高优先行动级别减少到中优先行动级，通过数据比对以及满意度调查可确认该首次 FMEA 实验后的改进措施获得了良好效果。

首次 FMEA 的改进措施降低了低温与超低温存储设备的不可控风险，科室单方面一次性投入了 31 600 元的改进成本，将温控设施进行信息化、自动化升级，可有效避免由于科室低温与超低温存储设备温度控制失当所导致的样本、试剂作废的风险；科室单方面一次性投入了 2 300 元，并配合调度中心对样本运送人员进行培训和宣教，运送人员做到了携带温度控制设施的样本运送箱按时运送样本，有效降低了因运输温度不可控导致潜在的样本不合格的风险；通过增加抽血管颜色标识、改进业务流程，降低了护理人员静脉血液样本采集时的不合格率，护理人员相关知识的完善程度提高了 39%，血液采集管颜色区别对应检验项目知晓程度也提高了 36%，通过完善护理人员的专业知识，提高了护理人员的工作效率与操作正确率，此改进措施可有效降低住院患者的不满意度与相关投诉的风险产生。在院级领导的积极配合下，科室通过积极保养、维护和维修，减少因设备故障、水处理设备故障所导致的风险发生率，保障患者样本的检测报告能按时保质地发布，提高患者满意度和信任度；而科室开展的绩效考核和奖惩制度可降低由检验人员个人原因所造成的检验风险。如将 FMEA 根据医学检验工作的风险特点进行调整，FMEA 便可以应用于医学检验科室日常工作的风险控制中，有效降低医学检验科室日常工作风险的发生。

## 5.2　不足与展望

本文尝试将 FMEA 运用于医学检验科室的日常工作的风险控制中，并针对医学检验工作的风险控制特点进行了一些调整，使其能跟适应日常检验工作风险预防，虽然证明了 FMEA 可用于日常医学检验工作的风险控制，但由于受到时间和人力等方面的限制，本文尚存在一些不足。

(1) 样本统计范围有限

本文统计的样本均为住院患者的静脉采集血液样本，由于是初次尝试运用 FMEA，经过协商决定优先将目标设定为比较稳定的住院患者的血液样本，而尿液、粪便、痰以及脑脊液等体液样本由于采集方法多变或标准不统一，难以统计或改进，需要更多时间去摸索实践方式、方法以及需要更多人力、物力的配合，以便在今后的工作中逐步加入。

(2) 没有可参照的标准评分表

FMEA 目前应用在工程领域较广且 FMEA 的标准行动指南也是由美国汽车工业行动集团和德国汽车工业联合会联合颁布的，经过多年来的发展已经衍生出多种类别。由于其在医疗行业的应用刚刚起步，并没有适用于检验行业的标准评分表或推荐评分表，相关研究和文献最多的护理行业的 FMEA 评分表也是由研究小组讨论后暂定的，希望我国 HFMEA 蓬勃发展后能有标准评分表推出，这将能使 HFMEA 的使用更便捷、更客观。

(3) 流程改进监测时间较短

由于实验时间较短、流程紧凑且为第一次尝试,小组所做到的监测时间较短。更长时间的检测可不断将数据和经验完善,还可以使每个服务流程更便捷、高效。故还需要小组成员在今后的工作中不断完善以提高 FMEA 在医学检验实验室中风险控制的价值。

相信以上三点不足随着时间推移有望获得改进和更新。在实验过程中我们也发现了 FMEA 用于医学检验工作的特殊性。首先,医学检验工作是一系列复杂且可变的流程,比如日常工作结束后的仪器维护中,先回收试剂再执行清洗程序和先执行清洗程序再回收试剂在流程上可认为是非绝对固定流程,这与工业生产等企业的流程相对固化是不同的。而且医疗行业属于特殊服务行业,其提供的服务具有无形性、差异性、伦理性、高风险性等特点,而且随着患者患病严重程度和患病时间,医疗进程会随之变化,这些问题不但是医学检验行业而且是整个医疗领域运用 FMEA 时需要考虑的。其次,FMEA 的过程是由相关工作领域的工作者、专家共同讨论进行的,由于需要进行多次跨行业会议,其中必定会出现意见不一致、观点不统一的情况,特别是无指定标准的医疗服务过程上的差异更明显,在无前车之鉴、无经验数据的情况下,仅依靠头脑风暴等方法讨论后得出的风险评价的效果,无论是客观性、适用性还是真实性都存在不足。所以即使推迟 FMEA 的开启时间,也要将数据获取累积到一定程度再开展 FMEA 流程,因为前期的数据积累非常重要,它可能会直接影响 FMEA 的结果。

总之,将 FMEA 运用于医学检验科室的日常工作的风险控制,降低医学检验科室的日常工作面临的风险是有效的。在医学检验科室的日常工作中面临的风险是复杂的、多方面的,无预料的风险发生往往伴随着患者身心受到伤害,产生的医疗事故、医疗纠纷也往往会将本应该相互信任、合作来共同对抗疾病的患者和医疗单位置于对立面。一旦产生事故、纠纷,医疗单位势必会投入大量的时间、金钱、人力等。每年国家在医疗事故与纠纷赔偿的投入是相当巨大的,这些补救措施非但没有起到很好的效果反而是对国家资源的极大浪费。而作为一定程度上降低潜在风险的管理工具,FMEA 可以有效防止不良事件的发生而波及本该接受治疗、照护或服务的患者,也可以在最坏的情况下减轻因不良事件所造成的伤害,帮助医护人员做到事先预防,提升患者的安全性,进而提高医疗单位的声誉,有效缓解甚至消除医患矛盾,推动我国医疗卫生服务事业健康发展,使患者可以得到更安全、更放心、更优质的医疗服务。

# 参 考 文 献


[1] 谢晖,宁勇.如何提高医学检验在临床诊疗中的地位[J].中国卫生产业,2013,25(12):192,194.

[2] 香忠成,苗生虎.医学检验在临床中的地位及作用[J].中国社区医师(医学专业),2011,31(6):217.

[3] 李蓉,临床医学检验的地位和作用探析[J].工企医刊,2013, 4 (17):366－367.

[4] 洪锡田.临床检验标本的正确采集方法与常见错误[J].中国误诊学杂志,2004,10(4): 1721.

[5] DUWE B, FUCHS B D, HANSEN-FLASCHEN J. Failure mode and effects analysis application to critical care medicine. Crit Care Clin,2005,21(l):21－30.

[6] ADACHI W, LODOLCE A E. Use of failure mode and effects analysis in improving the safety of i.v. drug administration. American Journal of Health-System Pharmacy,2005,62(9): 917－920.

[7] APKON M, LEONARD J, PROBST L,et al. Design of a safer approach to intravenous drug infusions: Failure mode effects analysis[J]. Quality & Safety in Health Care,2004,13(4):265－271.

[8] NGUYEN C, CÔTÉ J, LEBEL D,et al. The AMÉLIE project: failure mode, effects and criticality analysis: a model to evaluate the nurse medication administration process on the floor[J]. Journal of Evaluation in Clincal Practice,2013,19(1):192－199.

[9] VÉLEZ M, DELGADO E,CARRETERO M,et al. Using healthcare failure mode and effect analysis to reduce medication errors in the process of drug prescription, validation and dispensing in hospitalised patients[J].BMJ Quality & Safety,2013,22(1):42－52.

[10] CRONRATH P, LYNCH T W, GILSON L J,et al. PCA oversedation: application of healthcare failure mode effect analysis(HFMEA)[J]. Nursing Economic,2011,29(2):79－87.

[11] REDFERN E, BROWN R, VINCENT C A. Improving communication in the emergency department [J]. Emerg Med J,2009,26(9):653－661.

[12] NICKERSON T, JENKINS M, GREENALL J. Using ISMP Canada's framework for failure mode and effects analysis: a tale of two FMEAs [J]. Healthcare Quarterly,2008,11(Special Issue):40－46.

[13] BONFANT G, BELFANTI P, PATERNOSTER G,et al. Clinical risk analysis with failure mode and effect analysis (FMEA) model in a dialysis unit[J]. J Nephrol,2010,23(1):111－118.

[14] CHADWICK L, FALLON E F. Evaluation and critique of healthcare failure mode and

effect analysis applied in a radiotherapy case study [J]. Human Factors and Ergonomics in Manufacturing & Service Industries,2013,23(2):116-127.

[15] 刘碧瑶,沈毅."失效模式和效果分析"降低医院医疗风险的研究进展[J].国外医学(卫生经济分册),2005(2):73-77.

[16] 徐玉红.医院药品风险识别与分析研究[D].天津:天津大学,2008.

[17] 陆群.FMEA在手术部位感染风险管理中的应用[A].中国医院协会医院感染管理专业委员会.中国医院协会第十六届全国医院感染管理学术年会资料汇编[C].中国医院协会医院感染管理专业委员会,2009:4.

[18] 朱玲凤,项昌富,陈海啸,等.故障模式和影响分析在降低给药风险中应用研究[J].中国农村卫生事业管理,2010,30(8):644-646.

[19] 冯雁,姚小红,周朝阳.失效模式及效应分析在控制ICU呼吸机相关性肺炎中的应用[J].中华医院感染学杂志,2011,21(3):448-450.

[20] 伍永慧,施雁.失效模式与效应分析在护理风险管理中的应用现状[J].解放军护理杂志,2011,28(7):42-44+67.

[21] 董美丽.运用失效模式理论降低手术体位风险的研究[D].青岛:青岛大学,2011.

[22] 余惠,谭惠仪,李书琴,等.失效模式和效应分析在缩短院前急救出车时间中的应用[J].齐鲁护理杂志,2012,18(14):3-5.

[23] 赵娟,谢小筠,匡姣,等.失效模式与效应分析在采集血标本流程改造中的应用[J].临床医学工程,2012,19(10):1778-1780

[24] 邓晨晖,周宇,方素娟,等.FMEA模式在提高感染切口标本采样阳性率脓性标本检测阳性率中的应用[J].国际检验医学杂志,2012,33(14):1786-1788.

[25] 黄颖,张雪梅,彭城,等.失效模式与效应分析应用于患者风险管理的可行性探讨[J].医学与社会,2013,26(10):65-68.

[26] 张幸国,楼燕,羊红玉,等.失效模式与效应分析在医疗风险管理中的应用[J].中国药学杂志,2013,48(10):832-834.

[27] 王欲清.失效模式与效应分析在医疗风险环节管理中的应用[J].天津护理,2013,21(2):167-168.

[28] 孔群容,关日邦,曾桂玲,等.失效模式及效应分析在住院患者静脉采血中的应用[J].当代护士,2014(2):1-3.

[29] 张琼,张际,郑显兰,等.失效模式与效应分析在麻醉复苏期风险管理中的应用[J].护理学杂志,2014,29(20):39-42.

[30] 吴玮哲,岑菡婧,丁春光,等.运用FMEA降低住院患者静脉用药治疗风险[J].中国药房,2014,25(10):938-941.

[31] 张金凤.HVA和FMEA在某三级医院消毒供应中心风险管理中的联合应用[D].南昌:南昌大学,2016.

[32] 李学文,国鹏,孟令伶,等.失效模式与效应分析法在护理安全管理中的应用[J].中国医院管理,2016,36(12):83-85.

[33] 万丽贤.失效模式与效应分析法在防范护理差错事故中的应用[J].护理实践与研究,2016,13(23):94-95.

[34] 石芬芬,许慧慧.失效模式和效应分析理论在护理管理中的运用[J].中医药管理杂志,2016,24(18):50-51.
[35] 李莉.失效模式与效应分析在手术室护理质量安全管理中的应用效果研究[D].济南:山东大学,2017.
[36] 司帷.失效模式与效应分析在静脉血标本采集中的应用研究[D].天津:天津医科大学,2017.
[37] 陈松宽,周煜奇,曹玉林.FMEA与RCA在放射科风险管理中的应用[J].医院管理论坛,2014,31(12);12-15.
[38] 康凤凤,王治国.失效模式和效应分析在减少检验医学差错中的应用[J].中国医院,2012,16(9):37-39.
[39] 董海静,丁海燕,杨玲.失效模式与效应分析在提高血标本检验分析前质量中的应用[J].护理学杂志,2011,26(6):46-49.
[40] 吴少霞,刘真真.FMEA在缩短标本送检时间中的应用[J].当代护士(学术版),2011(9):174-176.
[41] 潘映霞,苏碧齐,麦小兰.失效模式与效应分析在化验标本运送管理中的应用[J].中国护理管理,2012,12(3):84-86.
[42] 刘淼,孔朝红.应用失效模式与效应分析模式降低检验标本采集不合格率的效果[J].临床与病理杂志,2017,37(4):673-677.
[43] 蔡玉婵,王瑞东,李汉华,等.尿液常规检验项目的风险管理[J].检验医学,2017, 32(11):949-953.
[44] 王志,黄良.使用FMEA分析方法改进危急值报告与处理流程[J].实验与检验医学,2017,35(6):950-951+954.
[45] 胡晓波.尿液检验质量的风险管理[J].检验医学,2017(11):947-948.
[46] KOHN L T, CORRIGAN J M, DONALDSON MS. To Err is Human: Building a Safer Health System[M]. Washington DC: National Academy of Sciences,2000.
[47] THOMAS E J, STODDERT D M, BURSTEIN H R, et al. Incidence and types of adverse events and negligent care in Utah and Colorado[J]. MedCare,2000,38(3):261-271.
[48] 质量管理五大工具之三:失效模式和效果分析[J].中国卫生质量管理,2014,21(3):51.
[49] PLEBANI M, CARRARO P. Mistakes in a stat laboratory: types and frequency[J]. Clinical Chemistry,1997,43(1):1348-1351.

# 附　　录

## 附录 A　流程要求表

| 组别 | 工 作 流 程 | 流 程 要 求 |
|---|---|---|
| 分析前 | A. 医师开具医嘱 | 医师开具检验医嘱，医嘱包括患者姓名、性别、年龄、病区、床号、检验项目、样本种类、检验日期、医师科室姓名等信息，开具后转交与值班组确认医嘱 |
| | B. 值班组处理医嘱 | 值班组医师或护士处理及核对检验医嘱，寻找是否存在不合理和错误 |
| | C1. 责任护士打印条码 | 责任护士打印患者须进行检验的全部条码 |
| | C2. 选择试管贴条码 | 选择适当的在有效期内的检测试管，将条码竖向贴于检测试管标签处，需预留空白处观测抽血容量是否达标 |
| | C3. 护士告知患者采集要求 | 抽血工作开始前，护士需要通知患者进行准备，如需采空腹血样本则按需暂缓抽血，达到要求时间后执行抽血流程 |
| | D1. 护士携带设备抽血 | 护士须携带压脉带以及有效期内的碘伏棉签、酒精棉花、采血针、采血试管、无菌输液贴等采血设备 |
| | D2. 姓名与抽血管核对 | 采血前须执行患者姓名、床号、采血管姓名的核对 |
| | D3. 护士抽血 | 护士执行抽血流程，静脉穿刺后管内针需抵住试管内壁，当血液容量到达标准后拔出试管针，抗凝试管需轻柔颠倒混匀 5 次 |
| | E1. 公务组运送 | 公务组接到运送要求后尽快运送样本 |
| | F1. 收发室审阅 | 收发室初审，接受本科室检测样本，其余尽快退回。抗凝试管样本需观察是否存在凝血 |
| | F2. 收发室分组 | 将不同组别的样本分别置于相应分拣框内 |
| | F3. 收发室签收 | 按组别签收所有样本录入信息系统 |

**续 表**

| 组别 | 工 作 流 程 | 流 程 要 求 |
|---|---|---|
| 分析中 | H1. 样本按要求离心 | 将所有需要离心的试管放入离心机内，合上机盖，4 000rpm 离心 5 分钟 |
| | H2. 样本离心后取出 | 将所有样本竖置取出，插入试管架 |
| | H3. 样本判断是否合格 | 观察是否存在严重溶血、严重脂血等无法检测的样本，不合格样本须立即致电相应病区按需重新采样 |
| | H4. 退回样本 | 及时通知样本归属病区护理人员重新取样 |
| | H5. 样本运送至各组室 | 运送样本至各组室 |
| | I1. 质量控制与评价 | 检测仪器开机达到待测定状态后须执行质控操作流程，并按要求执行二次质控 |
| | I2. 室间质评 | 根据临检中心要求参加周期性的室间质评 |
| | I3. 水质 | 水处理系统须正常提供达到标准的纯净水 |
| | I4. 试剂与耗材 | 未使用的试剂与耗材按温度要求存放 |
| | I5. 仪器状态 | 仪器的输入系统、自动清洗系统、进样系统、检测系统、报告系统等子系统应正常，按需进行日保养与维修保养 |
| | I6. 操作规程 | 由科室编制，科主任签字通过的日常操作规程需严格遵守 |
| | I7. 复测样本 | 样本按操作规程要求复测，并填写复测记录 |
| | I8. 未测样本保存 | 当日未检测的样本须封闭状态 4℃保存，保存日期不得超过 3 天 |
| | J1. 样本审核 | 检测管编号、姓名与系统编号、姓名须一致 |
| | J2. 结果审核 | 检测结果须执行人工审核程序，确保无遗漏、无数据错误 |
| | J3. 结果发布 | 信息系统内发布结果 |
| 分析后 | M1. 危急值通报 | 按操作规程尽快通报危急值 |
| | M3. 危急值记录 | 记录内容应该包括报告时间、患者姓名、住院号、病区床号、检测项目、结果、复测结果、报告人、报告发布时间、通报接听人、接听时间等关键信息 |
| | N1. 复测要求通报 | 按操作规程尽快通报复测原因和要求 |

续 表

| 组别 | 工 作 流 程 | 流 程 要 求 |
| --- | --- | --- |
| 分析后 | N3. 复测通告记录 | 记录内容应该包括报告时间、患者姓名、住院号、病区床号、检测项目、结果、复测结果、要求复测原因、报告人、通报接听人、接听时间等关键信息 |
| | P. 样本留存 | 冷藏设施 4℃保存至少一周后按医疗废弃品规格作废弃处理 |

## 附录 B　总失效模式表

| 组别 | 工 作 流 程 | 潜在失效模式 | 说明或示例 | 潜在后果影响 |
| --- | --- | --- | --- | --- |
| 分析前 | A. 医师开具医嘱 | 医嘱未开具 | 医师遗忘开具或开具错误的检验医嘱 | 可能导致漏检，无伤害 |
| | B. 值班组处理医嘱 | 医嘱未处理 | 值班组医师或护士遗忘处理及核对检验医嘱 | 可能导致漏检或错检，无伤害 |
| | | 医嘱遗漏 | 检验医嘱多项项目中存在项目遗漏 | 可能导致漏检，无伤害 |
| | C1. 责任护士打印条码 | 条码未打印 | 护士遗忘打印条码 | 可能导致漏检，无伤害 |
| | | 条码打印错误 | 护士打印的条码上存在错误 | 可能导致漏检或错检，无伤害 |
| | | 条码绑定遗漏 | 绑定患者多项检测的条码中，部分条码绑定医嘱有遗漏 | 可能导致漏检或错检，无伤害 |
| | | 条码信息错误 | 条码绑定的患者信息错误 | 可能导致错检，可能有严重伤害 |
| | | 条码与医嘱未核对 | 执行条码打印时未先执行医嘱核对 | 可能导致漏检，可能有轻微伤害 |

**续　表**

| 组别 | 工作流程 | 潜在失效模式 | 说明或示例 | 潜在后果影响 |
| --- | --- | --- | --- | --- |
| 分析前 | C2. 选择试管贴条码 | 试管选择错误 | 因抗凝管和促凝管分多种规格，分别对应不同的检测项目，护士选择了错误的检测试管 | 需要重新采集样本，有轻微伤害 |
| | | 条码粘贴错误 | 条码漏贴或条码方向粘贴错误 | 可能导致漏检，可能有轻微伤害 |
| | | 试管失效 | 试管内存在负压，漏压、超过有效期等会导致试管失效 | 需重新采集样本，有轻微伤害 |
| | C3. 护士告知患者采集要求 | 未告知 | 护士告知的工作分配错误或未及时告知，导致患者抽血时未达到抽血要求 | 无伤害，报告发布时间可能延长 |
| | | 告知错误或不明确 | 护士告知错误或内容不明确，患者未收到有效告知 | 无伤害，报告发布时间可能延长 |
| | D1. 护士携带设备抽血 | 遗漏抽血管 | 部分抽血管遗漏在护士台导致患者漏检 | 可能导致漏检，可能需要重新采集样本，有轻微伤害 |
| | D2. 姓名与抽血管核对 | 未核对或未有效核对 | 患者信息和抽血管不匹配导致错检 | 可能导致错检，可能有严重伤害 |
| | D3. 护士抽血 | 未混匀 | 抗凝管抽血后未混匀，导致样本有凝块无法检测 | 需要重新采集样本，有轻微伤害 |
| | | 混匀溶血 | 混匀动作过大导致溶血，样本无法检测 | 需要重新采集样本，有轻微伤害 |
| | | 抽血溶血 | 抽血时试管针未按要求紧贴管壁，导致抽血时溶血 | 需要重新采集样本，有轻微伤害 |

**续 表**

| 组别 | 工作流程 | 潜在失效模式 | 说明或示例 | 潜在后果影响 |
|---|---|---|---|---|
| 分析前 |  | 抽血量不足 | 抽血管内负压与抽血量匹配，过早拔出抽血针导致抽血量不足，抗凝剂或促凝剂与血液比例不匹配 | 检验结果不可信，可能造成伤害 |
|  |  | 静脉穿刺失败 | 抽血失败 | 需要重新采集样本，有轻微伤害 |
|  |  | 采血管、针不合格 | 采血管、针不合格导致抽血失败 | 需要重新采集样本，有轻微伤害 |
|  |  | 样本遗失 2 | 样本签收后未妥善送至各组室或发现样本遗失 | 无伤害，报告发布时间可能延长 |
|  | E1. 公务组运送 | 未及时通知公务组 | 护士未及时通知公务组运送样本 | 可能导致漏检或可能需要重新采集样本，可能有轻微伤害 |
|  |  | 公务组到达不及时 | 公务组接到申请后未及时指派公务组组员或公务组组员未及时到达收取地点。 | 可能需要重新采集样本，可能有轻微伤害 |
|  |  | 公务组送达不及时 | 公务组组员未及时到指定送达地点 | 可能需要重新采集样本，可能有轻微伤害 |
|  |  | 运送箱内温度过高 | 气候等原因导致运送时运送箱内温度过高，样本结果会有差异 | 可能需要重新采集样本，可能有轻微伤害 |
|  |  | 运送溶血 | 运送时由于各种原因(应力、震荡、温度等)导致样本溶血 | 可能需要重新采集样本，有轻微伤害 |
|  |  | 样本遗失 1 | 运送途中样本遗失 | 需要重新采集样本，有轻微伤害 |

**续 表**

| 组别 | 工作流程 | 潜在失效模式 | 说明或示例 | 潜在后果影响 |
|---|---|---|---|---|
| 分析前 | F1. 收发室审阅 | 审阅错误 | 未及时发现非本实验室的样本 | 无伤害，报告发布时间可能延长 |
| | F2. 收发室分组 | 分组错误 | 样本组别被分错 | 无伤害 |
| | F3. 收发室签收 | 扫描条码签收错误 | 无法签收或签收错误 | 无伤害，报告发布时间可能延长 |
| | | 扫描器故障 | 扫描器故障无法扫描 | 无伤害，报告发布时间可能延长 |
| | | 电脑故障 | 电脑故障无法扫描 | 无伤害，报告发布时间可能延长 |
| 分析中 | H1. 样本按要求离心 | 离心机故障 | 离心时转速过大或过小，离心的时间过短 | 可能需要重新采集样本，可能有轻微伤害 |
| | H2. 样本离心后取出 | 未取出 | 遗漏样本未取出 | 无伤害，报告发布时间可能延长 |
| | | 样本遗失 3 | 离心过程中样本遗失或损坏 | 需要重新采集样本，有轻微伤害 |
| | H3. 样本判断是否合格 | 不能判断 | 经验不足无法判断 | 检验结果不可信，可能造成伤害 |
| | | 判断后未重视 | 将不合格的样本依然执行检测过程 | 检验结果不可信，可能造成严重伤害 |
| | | 遗忘判断 | 样本遗忘判断其是否合格直接执行检测过程 | 检验结果可能不可信，可能造成严重伤害 |

续 表

| 组别 | 工 作 流 程 | 潜在失效模式 | 说明或示例 | 潜在后果影响 |
| --- | --- | --- | --- | --- |
| 分析中 | H4. 退回样本 | 未及时通知 | 未及时通知样本归属病区护理人员重新取样 | 有轻微伤害，报告发布时间可能延长 |
| | | 通知未留记录 | 已通知样本归属病区护理人员重新取样但未留通知记录。 | 无伤害 |
| | H5. 样本运送至各组室 | 样本遗失 4 | 运送前、运送时样本遗失或损坏 | 需要重新采集样本，有轻微伤害 |
| | I1. 质量控制与评价 | 开机质控流程未进行 | 开机后未执行质控操作流程 | 检验结果可能不可信，可能造成伤害 |
| | | 第二次质控流程未进行 | 第二次质控流程未执行 | 检验结果可能不可信，可能造成伤害 |
| | I2. 室间质评 | 某项目未参加室间质评 | 某检测项目未根据临检中心要求参加周期性的室间质评 | 检验结果可能不可信，可能造成伤害 |
| | I3. 水质 | 水处理设施过期 | 水处理系统耗材过期 | 检验结果可能不可信，可能造成伤害 |
| | | 水质监测系统故障 | 水质监测系统故障导致水质不良却未提示或未报警 | 检验结果可能不可信，可能造成伤害 |
| | I4. 试剂与耗材 | 温度或湿度过高或过低 | 储存温度或湿度未达到指定标准且报警系统未提示 | 检验结果不可信，造成伤害 |
| | | 试剂或耗材过期 | 试剂、耗材过有效使用期限 | 检验结果不可信，造成伤害 |
| | | 试剂或耗材失效 | 试剂、耗材未过有效使用期限却失效，包括保存失当等 | 检验结果不可信，造成伤害 |

续　表

| 组别 | 工作流程 | 潜在失效模式 | 说明或示例 | 潜在后果影响 |
|---|---|---|---|---|
| 分析中 | | 试剂或耗材遗失 | 试剂、耗材未妥善储存或试剂、耗材遗失 | 无伤害，报告发布时间可能延长 |
| | | 试剂或耗材混用 | 试剂、耗材与检测系统不匹配 | 无伤害，报告发布时间可能延长 |
| | | 配置错误 | 需配置的试剂配置错误，试剂浓度不正确 | 检验结果不可信，可能造成伤害 |
| | | 添加错误 | 需另行添加的试剂添加错误 | 检验结果不可信，可能造成伤害 |
| | I5. 仪器状态 | 仪器故障已报警 | 各种原因引起的包括仪器自动清洗系统、进样系统、检测系统、日常保养系统、关机程序等故障，经系统探测后报警 | 无伤害，报告发布时间可能延长 |
| | | 仪器错误未报警 | 各种原因引起的包括仪器自动清洗系统、进样系统、检测系统、日常保养系统、关机程序等故障，系统未报警或无法探测 | 检验结果不可信，可能造成严重伤害 |
| | | 仪器未维护 | 未做仪器日常维护或阶段维护 | 检验结果可能不可信，可能造成伤害 |
| | | LIS系统故障 | LIS系统或电脑故障 | 无伤害，报告发布时间延长 |
| | | 条码读取出错 | LIS系统和检测仪器读取条码出错 | 可能造成伤害，报告发布时间延长 |
| | I6. 操作规程 | 操作规程不明确 | 日常操作规程编写不明确或不完整 | 检验结果不可信，可能造成伤害 |

**续 表**

| 组别 | 工作流程 | 潜在失效模式 | 说明或示例 | 潜在后果影响 |
| --- | --- | --- | --- | --- |
| 分析中 | | 未按操作规程处理样本 | 未根据已编写的日常操作规程处理样本，包括样本前处理、签收入库样本、检测程序、样本报告发布等规程 | 检验结果可能不可信，可能造成伤害 |
| | I7. 复测样本 | 样本遗忘复测 | 样本需要复测却未复测或漏复测 | 检验结果不可信，可能造成伤害 |
| | | 样本复测未记录 | 样本按要求复测后未留下复测记录 | 无伤害 |
| | I8. 未测样本保存 | 样本污染 1 | 当日未检测的样本未封闭保存受到污染 | 检验结果可能不可信，可能造成伤害 |
| | | 保存温度过高或过低 | 储存温度未达到指定标准或报警系统未提 | 检验结果可能不可信，可造成伤害 |
| | J1. 样本审核 | 未执行姓名审核 | 未执行检测管编号、姓名与系统编号、姓名双核对，或执行核对后未纠正错误 | 可能导致错检，造成伤害 |
| | | 未执行项目审核 | 未执行检测管项目与已检测项目核对，或执行核对后未发现错误 | 可能导致漏检，可能造成轻微伤害 |
| | J2. 结果审核 | 检测结果未审核 | 检测结果未执行人工审核程序直接发布 | 检验结果可能不可信，可能造成伤害 |
| | J3. 结果发布 | 结果发布被遗漏 | 遗漏结果发布 | 无伤害，报告发布时间延长 |
| 分析后 | M1. 危急值通报 | 未致电 | 遗忘上报危急值或护士不在岗导致漏接危急值报告电话 | 延误治疗，造成严重伤害 |
| | | 未发现危急值 | 未发现结果含有危急值 | 延误治疗，造成严重伤害 |

续　表

| 组别 | 工作流程 | 潜在失效模式 | 说明或示例 | 潜在后果影响 |
|---|---|---|---|---|
| 分析后 | | 危急值通报不准确 | 打错电话或与护士台交接不准确 | 治疗不及时，可能造成严重伤害 |
| | M3. 危急值记录 | 危急值未记录 | 遗忘记录危急值 | 无伤害 |
| | N1. 复测要求通报 | 未致电 | 遗忘通报或护士不在岗导致漏接通报电话 | 报告发布时间可能延长 |
| | | 复测要求沟通失效 | 复测原因和检测要求沟通失效或不明确 | 治疗不及时，可能有轻微伤害 |
| | N3. 复测通告记录 | 通告未记录 | 遗忘记录通告 | 无伤害 |
| | P. 样本留存 | 留存温度过高 | 未达到留存温度或温控系统未报警 | 无伤害 |
| | | 样本污染 2 | 样本未封闭保存受到污染 | 无伤害 |

## 附录C　FMEA行动优先表

| 组别 | 工作流程 | 潜在失效模式 | S | O | D | AP |
|---|---|---|---|---|---|---|
| 分析前 | A. 医师开具医嘱 | 医嘱未开具 | 1 | 3 | 4 | L |
| | B. 值班组处理医嘱 | 医嘱未处理 | 1 | 3 | 3 | L |
| | | 医嘱遗漏 | 2 | 2 | 3 | L |
| | C1. 责任护士打印条码 | 条码未打印 | 2 | 4 | 5 | M |
| | | 条码打印错误 | 3 | 2 | 4 | L |
| | | 条码绑定遗漏 | 3 | 2 | 7 | M |
| | | 条码信息错误 | 5 | 2 | 3 | L |
| | | 条码与医嘱未核对 | 3 | 2 | 5 | L |
| | C2. 选择试管贴条码 | 试管选择错误 | 4 | 9 | 2 | H |

续 表

| 组别 | 工作流程 | 潜在失效模式 | S | O | D | AP |
|---|---|---|---|---|---|---|
| 分析前 | | 条码粘贴错误 | 4 | 2 | 1 | L |
| | | 试管失效 | 2 | 2 | 2 | L |
| | C3. 护士告知患者采集要求 | 未告知 | 2 | 5 | 4 | L |
| | | 告知错误或不明确 | 2 | 5 | 4 | L |
| | D1. 护士携带设备抽血 | 遗漏抽血管 | 3 | 1 | 3 | L |
| | D2. 姓名与抽血管核对 | 未核对或未有效核对 | 6 | 1 | 7 | M |
| | D3. 护士抽血 | 未完全混匀 | 3 | 8 | 5 | H |
| | | 混匀溶血 | 3 | 4 | 4 | L |
| | | 抽血溶血 | 3 | 4 | 4 | L |
| | | 抽血量不足 | 4 | 5 | 3 | L |
| | | 静脉穿刺失败 | 3 | 10 | 3 | H |
| | | 采血管、针不合格 | 3 | 1 | 3 | L |
| | E1.公务组运送 | 未及时通知公务组 | 3 | 2 | 4 | L |
| | | 公务组到达不及时 | 3 | 3 | 4 | L |
| | | 公务组送达不及时 | 3 | 3 | 3 | L |
| | | 运送箱内温度过高 | 3 | 4 | 7 | H |
| | | 运送溶血 | 3 | 3 | 6 | L |
| | | 样本遗失 1 | 4 | 4 | 7 | H |
| | F1. 收发室审阅 | 审阅错误 | 2 | 1 | 1 | L |
| | F2. 收发室分组 | 分组错误 | 2 | 3 | 1 | L |
| | F3. 收发室签收 | 扫描条码签收错误 | 3 | 1 | 1 | L |
| | | 扫描器故障 | 2 | 1 | 1 | L |
| | | 电脑故障 | 2 | 1 | 1 | L |
| | | 样本遗失 2 | 3 | 2 | 7 | M |
| 分析中 | H1. 样本离心 | 离心机故障 | 4 | 2 | 1 | L |
| | H2. 样本离心后取出 | 未取出 | 3 | 2 | 3 | L |
| | | 样本遗失 3 | 3 | 2 | 7 | M |

续　表

| 组别 | 工 作 流 程 | 潜在失效模式 | S | O | D | AP |
|---|---|---|---|---|---|---|
| 分析中 | H3. 样本判断是否合格 | 不能判断 | 5 | 1 | 6 | M |
| | | 判断后未重视 | 6 | 1 | 7 | M |
| | | 遗忘判断 | 5 | 3 | 4 | L |
| | H4. 退回样本 | 未及时通知 | 4 | 2 | 5 | L |
| | | 通知未留记录 | 1 | 3 | 5 | L |
| | H5. 样本运送至各组室 | 样本遗失 4 | 3 | 2 | 7 | M |
| | I1. 质量控制与评价 | 开机质控流程未进行 | 5 | 1 | 1 | L |
| | | 第二次质控流程未进行 | 5 | 5 | 3 | M |
| | I2. 室间质评 | 某项目未参加室间质评 | 5 | 1 | 1 | L |
| | I3. 水质 | 水处理设施过期 | 5 | 4 | 3 | M |
| | | 水质监测系统故障 | 5 | 4 | 6 | H |
| | I4. 试剂与耗材 | 温度或湿度过高或过低 | 5 | 5 | 7 | H |
| | | 试剂或耗材过期 | 5 | 1 | 3 | L |
| | | 试剂或耗材失效 | 6 | 1 | 7 | M |
| | | 试剂或耗材遗失 | 2 | 1 | 7 | M |
| | | 试剂或耗材混用 | 4 | 1 | 1 | L |
| | | 配置错误 | 6 | 2 | 6 | M |
| | | 添加错误 | 6 | 2 | 4 | L |
| | I5. 仪器状态 | 仪器故障已报警 | 6 | 9 | 1 | H |
| | | 仪器错误未报警 | 7 | 4 | 6 | H |
| | | 仪器未维护 | 5 | 5 | 5 | H |
| | | LIS 系统故障 | 3 | 2 | 1 | L |
| | | 条码读取出错 | 6 | 2 | 5 | M |
| | I6. 操作规程 | 操作规程不明确 | 7 | 1 | 3 | L |
| | | 未按操作规程处理样本 | 8 | 6 | 5 | H |
| | I7. 复测样本 | 样本遗忘复测 | 5 | 3 | 7 | M |
| | | 样本复测未记录 | 2 | 5 | 3 | L |

续 表

| 组别 | 工作流程 | 潜在失效模式 | S | O | D | AP |
|---|---|---|---|---|---|---|
| 分析中 | I8. 样本保存 | 样本污染 1 | 6 | 2 | 9 | M |
| | | 保存温度过高或过低 | 6 | 5 | 7 | H |
| | J1. 样本审核 | 未执行姓名审核 | 6 | 3 | 6 | M |
| | | 未执行项目审核 | 5 | 2 | 1 | L |
| | J2. 结果审核 | 检测结果未审核 | 5 | 1 | 1 | L |
| | J3. 结果发布 | 结果发布被遗漏 | 4 | 3 | 4 | L |
| 分析后 | M1. 危急值通报 | 未致电 | 8 | 4 | 7 | H |
| | | 未发现危急值 | 9 | 2 | 1 | L |
| | | 危急值通报不准确 | 8 | 2 | 3 | L |
| | M3. 危急值记录 | 危急值未记录 | 2 | 2 | 3 | L |
| | N1. 复测要求通报 | 未致电 | 5 | 2 | 5 | M |
| | | 复测要求沟通失效 | 5 | 2 | 3 | L |
| | N3. 复测通告记录 | 通告未记录 | 2 | 5 | 3 | L |
| | P. 样本留存 | 留存温度过高 | 1 | 3 | 3 | L |
| | | 样本污染 2 | 1 | 3 | 3 | L |

## 附录 D　高优先级失效模式根本原因和改进方案汇总表

| 潜在失效模式 | 根本原因 | 改进方案 |
|---|---|---|
| 试管选择错误 | 1. 条码内无采血管标识<br>2. 护士对检验项目对应采血管不够熟悉 | 1. 设置打印条码格式，条码按照抽血管分类分组，在显著位置显示抽血管颜色，如“黄”“蓝”“紫”等<br>2. 增强宣教<br>3. 在抽血中心与病房醒目位置粘贴检验科项目与抽血管颜色对照 |
| 未完全混匀 | 1. 混匀次数不够<br>2. 混匀方式不正确<br>3. 护理人员对血样本要求不够熟悉 | 1. 增强宣教<br>2. 增加培训项目 |

续 表

| 潜在失效模式 | 根本原因 | 改进方案 |
|---|---|---|
| 静脉穿刺失败 | 1. 护理人员技术不熟练<br>2. 训练不足 | 1. 增强宣教<br>2. 增加培训项目 |
| 运送箱内温度过高 | 运送箱无降温措施 | 购买泡沫保温运送箱，高温天气运送箱内使用冰袋进行物理降温 |
| 样本遗失1 | 1. 运送人员对运送试管个数不明确<br>2. 运送箱无锁扣 | 1. 使用有锁扣的运送箱，保证运送途中锁扣处于关闭状态<br>2. 运送箱内放置签收本，记录收到的样本数并在送达后取出样本时清点个数，由收发室专员签收，如遗失需要及时查明原因并上报收发室及相关病房 |
| 水质监测系统故障 | 1. 水过滤系统维护次数较少<br>2. 无人工水质监测程序 | 1. 与院设备科协商购买保养服务，执行定期保养计划，同时要求水处理器生产厂家如需维修需尽快提供维修服务<br>2. 设定负责人员，该员工需定期检查水质监测系统工作是否正常，如发现水质监测系统异常第一时间汇报上级以及设备科 |
| 温度或湿度过高或过低 | 1. 冰箱温度控制<br>2. 冰箱温度人工监测程序执行不到位 | 1. 购买冰箱温度无线监控组件，多个组件可无线连接服务器，如温度有异常便会报警并发送相应信息给负责人员<br>2. 设定每个组室的冰箱负责人员，该员工需定期定时监测冰箱温度，如发现冰箱温度异常第一时间汇报上级以及设备科维修 |
| 仪器故障已报警 | 1. 检测仪器维护次数较少<br>2. 仪器设备部件老化 | 1. 与院设备科协商购买保养服务，执行定期保养计划，同时要求仪器维护，厂家如需维护需尽快提供维护服务<br>2. 与院设备科协商尽快更换急需更换的部件 |

续 表

| 潜在失效模式 | 根本原因 | 改进方案 |
| --- | --- | --- |
| 仪器错误未报警 | 1. 检测仪器维护次数较少<br>2. 检验人员未严格按照操作规程执行 | 1. 与院设备科协商购买保养服务，执行定期保养计划，同时要求仪器维护厂家如需维护需尽快提供维护服务<br>2. 加强宣教，增加培训项目，督促检验人员严格按照操作规程执行，对未按照操作规程执行而引起医疗纠纷的检验人员严格惩处 |
| 仪器未维护 | 1. 检验人员未严格按照操作规程执行<br>2. 检验人员维护意识不够重视 | 1. 加强宣教，增加培训项目，督促检验人员严格按照操作规程执行，对未按照操作规程执行而引起医疗纠纷的检验人员严格惩处 |
| 未按操作规程处理样本 | 1. 检验人员未严格按照操作规程执行<br>2. 检验人员操作意识不够重视 | 1. 加强宣教，增加培训项目，督促检验人员严格按照操作规程执行，对未按照操作规程执行而引起医疗纠纷的检验人员严格惩处 |
| 保存温度过高或过低 | 1. 冰箱温度控制<br>2. 冰箱温度人工监测程序执行不到位 | 1. 购买冰箱温度无线监控组件，多个组件可无线连接服务器，如温度有异常便会报警并发送相应信息给负责人员<br>2. 设定每个组室的冰箱负责人员，该员工需定期定时监测冰箱温度，如发现冰箱温度异常需第一时间汇报给上级以及设备科维修处 |
| 未致电 | 1. 检验人员未严格按照操作规程执行<br>2. 检验人员危急值通报意识不够重视 | 1. 加强宣教，增加培训项目，督促检验人员严格按照操作规程执行，对未及时通报危急值而引起医疗纠纷的检验人员严格惩处 |

## 附录E　检验科改进后满意度调查表

尊敬的临床护理人员：

您好！为了更好地配合您的工作，减少患者的病痛，保证患者的治疗工作安全、顺利地进行，临床医学检验科就“降低静脉血液样本采集的不合格率”进行了一系列的改进，请您在百忙之中抽出时间参与我们的调查，请您在认为合适的地方打“✓”，谢谢您的配合，祝您工作顺利！（本调查表不记名，望如实选择，您的选择对我们很重要！）

1. 在检验科改进工作前，您对血液采集管的采集要求是否知晓？

□ 非常熟悉　　□ 基本熟悉　　□ 不熟悉

2. 在检验科改进工作前，您对血液采集管的颜色区别对应检验项目是否知晓？

□ 非常熟悉　　□ 基本熟悉　　□ 不熟悉

3. 在检验科改进工作前，对于不确定采集管的检验项目，您如何确定该项目对应的采集管？

□ 致电检验科　　□ 问询同事　　□ 查找资料　　□ 其他

4. 在检验科改进工作后，您对血液采集管的要求是否知晓？

□ 非常熟悉　　□ 基本熟悉　　□ 不熟悉

5. 在检验科改进工作后，您对血液采集管的颜色区别对应检验项目是否知晓？

□ 非常熟悉　　□ 基本熟悉　　□ 不熟悉

6. 在检验科改进工作后，血液采集管条码内颜色标识的采集要求是否明显？

□ 是　　□ 否

7. 样本运送人员是否能及时接收样本？

□ 是　　□ 否

8. 样本运送人员是否携带保温运送箱、冰袋和温度计？

□ 是　　□ 否，遗漏了________________

9. 此次检验科的改进工作是否影响到您的正常工作？

□ 影响　　□ 没有影响

10. 您对本次检验科就“降低静脉血液样本采集的不合格率”所进行的改进是否满意？

□ 满意　　□ 一般　　□ 不满意

11. 您对本科室的建议：

________________________________________

# 附录 F　潜在失效模式和效应分析表

项目流程：试管条码粘贴　　　　过程责任：门诊抽血人员及病房护理人员

FMEA 编号：××××××

| 过程功能及要求 | 潜在失效模式 | 潜在失效后果 | 严重度 S | 潜在失效起因/机理 | 频度 O | 现行过程控制预防 | 现行过程控制探测 | 探测度 D | 行动优先 | 建议措施（AP） | 责任及完成日期 | 措施结果 | | | | |
|---|---|---|---|---|---|---|---|---|---|---|---|---|---|---|---|---|
| | | | | | | | | | | | | 采取的措施 | S | O | D | AP |
| C2. 抽血人员选择抽血试管并贴相应患者条码 | 试管选择错误 | 1. 样本无法检测，需要重新采集样本，危重患者将耽误治疗<br>2. 患者将接受二次采样，对诊疗流程不满意 | 4 | 1. 条码内无采血管颜色标识<br>2. 护理人员对检验项目对应采血管不够熟悉 | 9 | | 检验科收发室收取样本时进行检验项目与抽血试管的核对，核对不符将致电退回重新采样 | 2 | H | 1. 设置打印条码格式，条码按照抽血管分类分组，在显著位置标记抽血管颜色名称<br>2. 增强护理人员宣教措施<br>3. 在抽血中心与病房醒目位置粘贴检验科项目与抽血管颜色对照表 | 抽血中心、各病区护理部 2018 年 8 月 | 1. 设置打印条码格式，条码按照抽血管分类分组，在显著位置标记抽血管颜色名称<br>2. 印发宣教单分发<br>3. 在抽血中心与病房醒目位置粘贴检验科项目与抽血管颜色对照表 | 4 | 1 | 3 | L |

续 表

| 过程功能及要求 | 潜在失效模式 | 潜在失效后果 | 严重度S | 潜在失效起因/机理 | 频度O | 现行过程控制预防 | 现行过程控制探测 | 探测度D | 行动优先 | 建议措施（AP） | 责任及完成日期 | 措施结果 | | | | |
| --- | --- | --- | --- | --- | --- | --- | --- | --- | --- | --- | --- | --- | --- | --- | --- | --- |
| | | | | | | | | | | | | 采取的措施 | S | O | D | AP |
| C2. 抽血人员选择抽血试管并贴相应患者条码 | 条码粘贴错误 | 1. 患者条码漏贴<br>2. 条码横向粘贴在试管管壁上 | 4 | 1. 护理人员经验不足<br>2. 护理人员培训不足 | 2 | | 1. 每一位患者抽血前必须执行双核对<br>2. 观察条码状态，如有错误终止抽血过程并纠正 | 1 | L | 无 | | | | | | |

续 表

| 过程功能及要求 | 潜在失效模式 | 潜在失效后果 | 严重度S | 潜在失效起因/机理 | 频度O | 现行过程控制预防 | 现行过程控制探测 | 探测度D | 行动优先 | 建议措施（AP） | 责任及完成日期 | 措施结果 | | | | |
|---|---|---|---|---|---|---|---|---|---|---|---|---|---|---|---|---|
| | | | | | | | | | | | | 采取的措施 | S | O | D | AP |
| C2. 抽血人员选择抽血试管并贴相应患者条码 | 试管失效 | 1. 样本无法检测，需要重新采集样本<br>2. 患者将接受二次采样，对诊疗流程不满意 | 2 | 1. 抽血时误操作导致试管失压<br>2. 部分原因导致试管漏压<br>3. 试管生产厂家质量检测失效 | 2 | 备用抽血管放置在抽血推车专属位置，以便随时取用 | 1. 抽血管开箱启用前确定效期<br>2. 发现漏压立刻更换抽血试管 | 2 | L | 无 | | | | | | |

组别：检验科收发室　　关键日期：××××年×月×日　　共 × 页，第 × 页

FMEA 小组：×××（××部）、×××（××科）、×××（××科）、×××（××科）、×××（××科）、×××（××科）、×××（××科）

FMEA 日期：××××年×月×日

# 第二篇

# 考虑重装箱操作的不确定集装箱班轮运输优化研究

刘荣凡

# 第1章 绪　论

## 1.1 研究背景及意义

### 1.1.1 研究背景

海运在全球交易中占有重要位置，尤其对于大宗商品的全球交易，例如农产品、矿产资源等，大多采用海运的方式，据统计，海运占国际贸易总运量的三分之二以上[1]，而在海运中，集装箱的运输方式超过 50%的份额[2]，由此可见集装箱运输在全球贸易中的重要地位。集装箱运输产生于 20 世纪中叶，因其自身具有特殊优势且发展迅猛，逐渐取代了其他的海运方式。随着全球经济的发展，经济一体化日益明显，海运市场的不断扩大，海运航线也在经历着巨大变化，由原来单一运输航线逐渐发展为运输网络，进而发展为班轮运输。面对竞争越来越激烈的生存环境，集装箱运输企业必须加强优化管理，以提高效率，降低成本，从而增强自身的核心竞争力。本文在现有集装箱班轮运输网络下，旨在寻找合理的运输方案，提高企业的运输效率，降低运营成本。

环境问题一直是当今社会的热点话题，也是众多学者关注的焦点。国际海事组织(IMO)在 2018 年达成减少国际航运的总温室气体(GHG)排放量的协议：到 2050 年，与 2008 年相比，每年二氧化碳总排放量至少降低 50%[3]。清洁生产，降低碳排放是每个企业的社会责任和核心竞争力之一，同时也是响应政府号召的表现，有利于企业的长远发展。然而，只有少量文献将环境因素考虑进集装箱运输问题中。本文在考虑环境问题的情况下，研究集装箱班轮运输问题，参考 Fitzgerald 等[4]所用的衡量方式，以二氧化合物来代表温室气体，其排放量和运输距离正相关，产生相应的排放成本。

集装箱运输的成本主要包括集装箱的处理成本(装卸、转运、装箱)[5]、运输过程中的轮船消耗成本(燃油、排放)[6]以及货物储存成本[7]。国内外对于集装箱的处理、存储成本，班轮消耗成本的研究很多，而对于重装箱操作，国内外学者的研究都较少，该操作是在运输过程中将集装箱合并或者拆分，再重新装箱，可以降低运营成本，提高管理效率。本文研究集装箱运输问题时，考虑了重装箱操作。

班轮运输可与如今的地铁路线相类比于,每一条线路都是固定的,如果乘客的起点和终点不在同一条路线上,就需要进行换乘。班轮运输网络由多条运输航线组成,一般来说,货物的起点和终点不在同一条航线上,此时会出现转运港口(就好比地铁线的换乘站),在该港口,集装箱将会被转运到另一班轮上,在另一条航线继续运输,在此期间,可以选择进行重装箱。由转运而导致的成本主要在转运港口产生,装卸成本和重装箱成本可以在起始、终点以及转运港口发生。参考 Wang 等(2017)[2] 给出的 20 英尺(6.096 米)集装箱(TEU)与 40 英尺(12.192 米)集装箱(FEU)装卸、运输以及重装箱费用(表 1.1),可以发现:FEU 的容量是 TEU 的两倍,但是其各项处理费用(装卸、转运)并不是 TEU 的 2 倍,例如对于 A 港口来说,一个 FEU 的装运成本只占 2 个 TEU 处理成本的 51.61%,卸载是 51.23%,转运是 54.10%。因此,如果重装箱的成本较低,完全可以在集装箱运输过程中进行该操作,以降低总运营成本。这具有很强的现实意义,能够有效降低班轮运输公司的管理成本,提高企业核心竞争力,与企业未来发展息息相关。由于班轮航线运输量的限制,在何处进行重装箱操作需要管理者做出选择。

**表 1.1 集装箱处理成本(单位:美元,USD)**

| 港口 | 集装箱类型 | 装运 | 卸载 | 转运 |
|---|---|---|---|---|
| A | TEU | 248 | 324 | 183 |
| | FEU | 256 | 332 | 198 |
| | FEU/(TEU×2) | 51.61% | 51.23% | 54.10% |
| B | TEU | 118 | 118 | 145 |
| | FEU | 148 | 148 | 145 |
| | FEU/(TEU×2) | 62.71% | 62.71% | 50.00% |
| C | TEU | 110 | 110 | 71 |
| | FEU | 156 | 156 | 106 |
| | FEU/(TEU×2) | 70.91% | 70.91% | 74.65% |

另外,在进行航运问题的优化时,传统的数学模型都是假定需求量是确定不变的[8-10],不确定情况下的研究较少,多数研究集中于确定性需求下进行优化和决策。然而在现实生活中,由于市场的复杂性,顾客对于货物的需求是不稳定的,很多情况下也是极难预测的,在确定性需求下进行的决策,很难满足实际需

求，甚至是错的。如何在需求不稳定的情况下制定运输计划是很多生产运输问题的研究热点，虽然有一定的难度，但是应用价值较大，这对于企业应对复杂的市场是至关重要的。供大于求会造成浪费，增加企业的储存成本和管理成本；而供小于求，则无法满足市场需求，减少企业的利润，也会使顾客不满，不利于企业的长期发展。要在需求不确定的情况下，寻找更为合理、更为科学的运输计划，是众多企业亟待解决的难题之一。但在不确定需求下进行决策也有自身的不足，一些极端情况发生概率虽然很小，但一旦发生就会给企业带来不可弥补的巨大损失[11]，这也是风险中性模型不可避免的缺点。为弥补这一不足，文中用条件风险价值(Conditional Value at Risk，CVaR)衡量风险，建立了带有风险的随机模型，在不同置信水平和风险水平下进行决策。

本文在前人研究的基础上增加集装箱重装箱操作，并且考虑了随机需求与环境因素。文章拟从货物路线出发，研究该货物在其运输线路上，是否要进行重装箱操作，如果进行，应该在什么位置进行重装箱。对于每个需求，文章将会考虑多条运输航线，不同的航线会带来不同的二氧化合物排放，同时，每条班轮运输航线对集装箱资源有一定的限制。目标函数为总成本(装载成本，运输成本，重装箱成本，二氧化合物排放成本，未满足需求惩罚成本)最小化，主要以运量为待解变量进行建模，模型中采用机会约束刻画不确定需求。需求的分布可通过历史数据进行拟合，但在实际中，历史数据是缺失的或者准确的拟合是很难获得的，因此，求解时考虑了需求分布已知与模糊(已知需求均值与方差)两种情况，分别采用不同方法对机会约束进行处理。同时将风险纳入考虑范围，建立带有风险的随机模型。

### 1.1.2　研究意义

1) 实际意义

本文将重装箱、随机需求以及环境因素同时纳入研究，文章考虑了不确定带来的风险，建立了带有风险的随机模型，使得研究问题更加符合复杂的市场变化与需求，以及日益发展的运输模式。集装箱班轮运输的设计与规划对于班轮公司至关重要，是班轮公司提高运营效率的主要手段，可以降低公司的运营成本。本文从企业出发，充分考虑了实际情况，通过不同的方法进行优化求解，可以帮助班轮公司更好地决策，合理利用资源，具有一定的实际应用价值。

2) 理论意义

本文在前人研究基础上增加新的实际情况(重装箱、环境因素)分析，充分考虑需求不确定性,采用机会约束刻画随机需求。考虑到在实际情况中,需求分布较难获得,本文充分分析了需求分布已知和需求分布模糊两种情况,归纳了不同的求解方法,并且建立了带有风险的随机模型,丰富了随机问题领域和集装箱班轮运输领域的相关理论和研究方法。

## 1.2 研究对象及研究内容

### 1.2.1 研究对象

本文研究集装箱班轮运输问题,该问题中存在着多条班轮运输航线(图 1.1),现有一系列需求,即需求的起点、终点不同,对于每个需求而言,可以有多种运输路线(就如同地铁网络,去某一地点会有多种换乘方式),在总成本(包括装载成本、卸载成本、重装箱成本、转运成本、二氧化合物排放成本、未满足需求惩罚成本)最小化目标下,规划不同需求的运输路线,对运输路线、是否进行重装箱操作以及进行重装箱操作的港口进行选择。

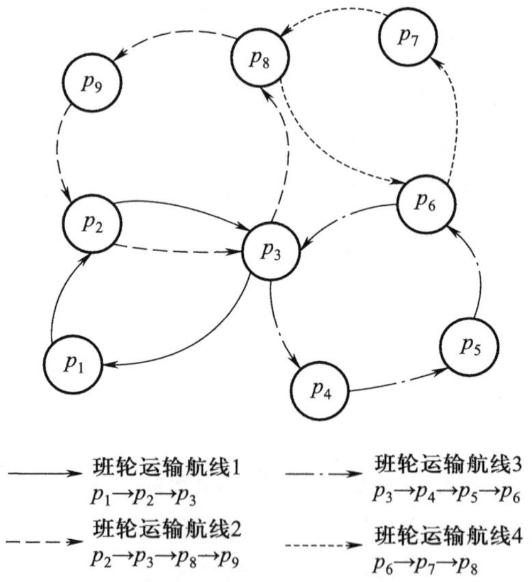


图 1.1 班轮运输路线

### 1.2.2 研究内容

(1) 不确定性问题。文中研究的集装箱班轮运输问题是在不确定需求下进行的,能够使决策结果更加符合市场实际情况,对于市场需求的波动有很好的反应，决策结果更加科学合理。

（2）将重装箱策略与环境因素同时考虑进该不确定问题中，重装箱策略可以降低运营成本，有利于提高班轮运输公司的管理效率，环境因素是企业社会责任的体现，符合政府号召与社会发展趋势，更有利于企业的长远发展。

（3）为计算成本方便，总结了五种成本计算情况，接着建立随机运输模型，使用机会约束刻画随机性。

（4）需求分布可通过历史数据进行拟合，但在实际中，历史数据是缺失的或者准确的拟合较难获得，本文充分考虑需求分布已知与需求分布模糊两种情况，不同情况使用不同的近似方法，文中一共使用了 SAA（Sample Average Approximation）、eSAA（enhanced SAA）、AMI（Approach on Markov Inequality）和 MI-SOCP（Mixed Integer Second-Order Conic Program）这四种近似方法。

（5）考虑风险偏好模型，使用 CVaR 衡量风险，将该策略考虑进目标函数中，并将模型线性化。

（6）数值实验，包括相关参数的灵敏度分析。文中构建求解案例，使用 CPLEX 求出精确解，以比对模型与近似方法的实际效果。使用同一种方法时，分析参数的选择对方法效果的影响；使用不同方法时，分析其可靠性与目标函数的优劣。

## 1.3　研究方法及框架

### 1.3.1　研究方法

1）文献阅读法

通过查找网络资源、图书馆数据库等方式，获取大量与课题方向相关的文献和资料。对文献进行梳理，在前人研究的基础上找到自己的研究角度和创新点。主要涉及机会约束、机会约束近似方面的文献和集装箱运输方面的文献。

2）模型法

依照原问题的主要特征，创建一个相似的数学模型，然后通过模型间接研究原来的问题。本文考虑重装箱以及随机需求的问题，通过数学方法建立模型，并进行求解。

3）灵敏度分析法

对于单个近似方法，针对方法中是参数进行灵敏度分析，找到最适合该方法和该问题的参数组合。

4）比较研究法

通过比较分析法，针对同一种近似方法，对其参数进行敏感性分析，找到最好的参数组合，对不同的近似方法进行样本测试，检验其可靠性，比较不同方法的优劣性。

### 1.3.2 研究框架

本文主要围绕在不确定需求情况下的集装箱班轮运输问题，参照集装箱重装箱操作和环境因素，从研究背景、研究意义出发，确定研究内容，再通过对文献的梳理，对研究内容进行补充，确定文章研究流程与研究方法，具体研究的框架如图 1.2 所示。本文建立了数学模型。大多数文献在求解时，研究随机问题只考虑一种求解情况，本文则考虑了需求分布已知与需求分布模糊两种情况。在需求分布已知的情况下，采用 SAA 与 eSAA 进行求解；在需求模糊的情况下，假定已知需求的均值与方差，采用了 AMI 与 MI-SOCP 两种方法对模型中的机会约束进行近似，进而求解，最后通过数值实验对求解方法进行比较。全文共分为六章，下面简介各章内容。

第 1 章，从研究背景和研究意义出发，引出研究问题，并介绍本文的主要研究内容和研究方法，最后给出文章的结构图。

第 2 章，主要为文献综述部分，通过对文献的梳理补充了研究内容，也确定了本文的研究方法，突出了本文的创新点。主要从两个角度进行文献梳理：① 研究问题的发展现状进行梳理；② 针对后文模型的求解方法进行文献梳理。

第 3 章，基于随机优化方法进行建模，使用机会约束刻画不确定性。使用 SAA 进行求解，并且采用两种聚类方法（K-means，K-means$^{++}$）增强 SAA 算法，通过计算案例的展示给出一系列实验结果。

第 4 章，模糊分布下进行随机优化，假设已知样本的均值与方差，求解过程中，使用 MI-SOCP 以及 AMI 近似方法，对机会约束进行转化，并给出案例展示。

第 5 章，考虑风险度量情况下的集装箱班轮运输问题优化，以 CVaR 衡量风险，建立风险模型，并进行求解，给出数值实验结果。

第 6 章，总结全文研究内容及研究结果，指出研究不足与未来的研究发展方向。

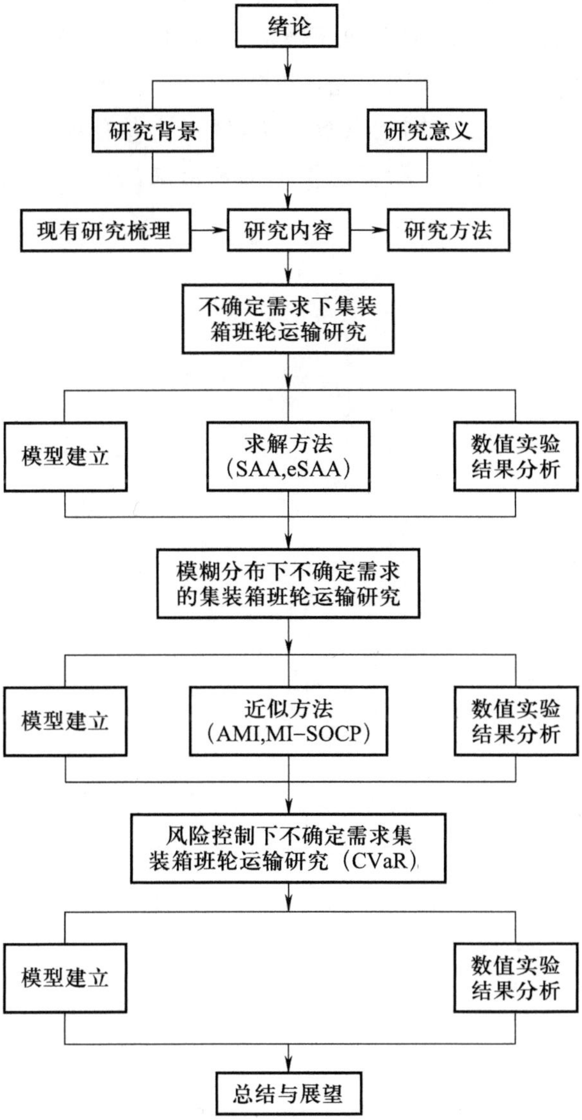


**图 1.2　技术路线**

## 1.4　本章小结

本章主要介绍了研究背景及意义。随着全球经济一体化的加剧，集装箱运输问题仍然是船运公司的重点，更低的运营成本也会为公司带来更强大的竞争力。在此背景下，本文研究了集装箱班轮运输问题，同时为应对复杂的市场变化，将随机需求纳入问题当中，在随机需求条件下进行优化和决策。本文通过数学模型刻画该问题，并考虑了两种情况，需求分布模糊与需求分布已知，分别采用了不同的求解方法，通过大量的数值实验与敏感性分析，对求解方法进行比较，最后考虑了不确定带来的风险，构建了带有 CVaR 的风险模型。

# 第2章　文献综述

## 2.1　集装箱运输问题

本节研究随机环境下的集装箱班轮运输问题，考虑重装箱操作和环境因素。

### 2.1.1　确定性集装箱运输问题

有大量的文献涉及确定性集装箱运输问题，这是热点也是经典问题。Shuaian Wang 等[12]研究了集装箱航线运输问题，文中提到大部分文献并未考虑舱位购买、多种类型集装箱、空船只与空集装箱回收。作者将这些因素全部纳入模型，构建了一个混合整数规划模型，以总成本最小化为目标函数，使用求解器CPLEX 进行求解，进行了大量数值实验，结果表明允许舱位购买以及空集装箱回收对最后的决策影响最大。

Rodrigues 等[13]对英国集装箱运输过程中产生的实际问题进行了研究。文章选择了六个英国港口进行分析，在三种不同运营模式下分别比较了总成本和二氧化碳排放影响，最后选择最好的运营模式。Zheng 等[14]提出一种两阶段优化方法来对比不同港口的集装箱租赁价格，以实现总运营成本最小化。在第一阶段，文中提出了一个实际的班轮运输网络设计问题，考虑重新放置空集装箱；在第二阶段，基于第一阶段获得的解决方案，使用逆向优化技术确定不同港口的集装箱租赁价格。基于一组候选班轮运输服务路线，建立了一个混合整数非线性规划模型，通过引入辅助变量将非线性约束线性化。

Hjortnaes 等[15]研究了考虑空集装箱回收的集装箱运输问题。回收空集装箱有助于减少拥堵和环境改善。作者提出一种多商品模型，以总成本最小化为目标，该模型适用于海运码头和内陆码头，模型中，区分了损坏的集装箱和未损坏的集装箱，文中构建了一个启发式算法进行求解，数值实验表明该模型可以优化节省成本15%以上。Shuaian Wang 等[2]研究了一个考虑重装箱操作的集装箱运输问题，在重装箱成本合适的情况下，采用集装箱重装箱操作能够节省更多的成本，文中构建了整数规划模型，以总成本最小化为目标，最后给出一个小规模的例子展示采用重装箱操作带来的成本节约。

胡坚堃等人[16]研究了集装箱班轮运输网络问题,根据实际运输网络情况构建非线性混合整数规划模型,以求总运营成本的最小化,包括船只的运营费用、燃油费用、集装箱装卸费用。求解时,先将非线性模型转化为线性模型,使用CPLEX进行求解。Chen等[17]研究了集装箱班轮运输网络变更问题,针对该问题构建一个非线性模型,目的是将整个网络范围的总成本降至最低。接着将模型转换为等效的混合整数线性规划模型,文中提出Benders分解算法和元启发式算法来进行求解。

Hu等[18]解决了带有集装箱舱位分配问题的集装箱班轮运输。他们考虑了电子商务背景下班轮公司的两种客户,即合同客户和分散客户。文中考虑了空集装箱的运输成本,建立了一个使班轮公司在航程中收益最大化的模型,进行了计算实验,使用CPLEX进行求解,结果表明分散的客户将逐渐取代合同客户。刘婵娟等[19]构建了全球集装箱运输网络,收集全球十大集装箱班轮公司的航运数据进行结构分析,文中对全球集装箱运输网络划分了区域。Zhao等[20]在集装箱班轮运输问题中考虑了舱位预定取消的情况,原本已预定的舱位被取消,这会导致较低的装载率并造成收入损失。文中为集装箱运输服务中的舱位预订取消提出了一个概念模型,基于该模型对亚洲和美国西海岸之间的集装箱班轮服务进行了研究。

Luo和Chang[21]研究了由铁路公司和班轮公司组成的多式联运系统。通过协调解决空箱回收问题,提高空箱管理效率和每个参与者的利润。文中首先考查了陆港与海港之间不合作的情况,并建立了一个模型,在模型中考虑了陆港与海港之间的合作,并分别建立了从海港到陆港的空集装箱回收模型。研究结果表明,在海港的指导下,收益共享合同可以实现陆港和海港的双赢。

### 2.1.2 不确定性集装箱运输问题

集装箱班轮运输已经研究了数十年,以往文献中对于确定性集装箱问题的研究很多,对不确定性集装箱运输问题的研究相对较少,而集装箱运输过程中进行重装箱操作问题的研究更显不足。

Meng和Wang[22]讨论了短期班轮船队计划问题,该问题涉及单个班轮集装箱运输公司的货运需求不确定性。首先,文中为每个班轮服务路线建立机会约束,从而保证班轮服务路线能够以预定的概率满足客户的需求。其次,针对该问题开发了具有机会约束的整数线性规划模型,以总成本最小化为目标。最后,通过数值实验对模型进行评估,分析机会约束和货运需求的影响。

Meng 等[23]研究如何制订不确定集装箱需求下的短期班轮计划，给定一个由许多条航线组成的班轮运输服务网络，需要确定船队中所需船只的数量和类型，并将每条船只分配给一条特定的航线，最大程度提高预期总利润。文中将此问题构建为两阶段随机整数规划模型，并提出 SAA 和拉格朗日松弛方法这两种算法解决该问题。Wang 等[24]在需求不确定的情况下，研究了集装箱转运的班轮船队计划问题。文中提出一种同时考虑期望值和方差的鲁棒优化模型，通过调整模型的惩罚参数，决策者可以确定船队的最优计划，以在不同集装箱运输需求情况下实现总利润最大化，同时控制差异。Ng[25]考虑不确定运输需求的最佳集装箱船只部署问题，构建了含机会约束的混合整数规划模型，以总成本最小化为目标。文中基于 Markov 不等式提出了一种仅包含运输需求均值和方差的近似方法。

Dong 等[26]研究了服务容量规划和需求不确定的动态集装箱路线问题。提出了基于资源的两阶段随机规划模型，以实现班轮运输中联合服务能力规划和动态集装箱路线的选择。该模型的第一阶段确定最佳服务容量，以总容量最小化为目标；第二阶段着重于在给定服务容量计划下确定最佳货运路线，以最小化期望运输成本为目标。在小规模问题下，采用 SAA 来求解模型，当问题规模较大时，提出了渐进式对冲算法（PHA）与自适应渐进式对冲算法（APHA）。

Kepaptsoglou 等[27]在考虑环境因素的情况下，研究了集装箱运输问题。该环境因素主要是复杂不可预测的天气，天气条件不可避免地影响总时间和相关的运输成本。为应对航行时间的不确定性，文中提出一个随机模型，用于确定同质车队进行集装箱运输的最佳路线。该问题被转化为带有机会约束的车辆路径问题的变体，并且使用遗传算法来解决。

Li 等[28]在集装箱班轮运输问题中考虑了随机延误。文中提到导致该延误随机性有两种可能：日常事件（例如装卸过慢导致等待）以及突发性事件（例如恶劣天气），文中在这两种可能下构建了多阶段随机模型，以燃料成本和延误损失成本最小化为目标。文中根据问题特征构建了求解规则。

Xie 和 Song[29]研究了不确定性下港口集装箱预装和动态卸货的最优规划问题。将问题制定为随机动态规划模型，以总物流成本最小化为目标，构建了四种求解规则，并进行了大量的数值实验。

赵祎[30]研究了集装箱海联运问题，集装箱在运输过程中所花费的时间是不确定性的，文中考虑了三种情况：① 随机环境下路径优化，以总成本最小化为目标函数，在此基础上建立混合整数规划模型，使用多层前向神经网络和基于遗传算法的混合启发式算法进行求解；② 随机环境下空箱调运优化，同样以总成本最小化为目标函数，建立多阶段随机模型，使用 SAA 和禁忌搜索进行求解；③ 随机环境下服务网络设计研究，仍然以总成本最小化为目标函数，使用 SAA 和蚁群算法进行求解。

Zhen 等[31]研究了集装箱运输班轮的部署和需求满足问题，考虑了集装箱的潜在超载风险，还考虑了一些现实的限制因素，例如船队规模以及港口的可用泊位和堆场资源。提出了带有机会约束的非线性混合整数规划模型，超载的概率需要小于预定值，并以运营成本最大化为目标。然后，开发了两种有效的算法（禁忌搜索和动态线性化算法）来解决不同实例大小的非线性模型。

上述研究集中于不确定性的集装箱班轮运输问题。同样，很少有工作专注于重装箱操作，对于机会约束的处理考虑不够周全，本文考虑了两种情况，使用了多种方法进行相关研究。

### 2.1.3 研究现状总结与评估

前人关于集装箱运输问题的研究主要总结为是否在随机环境下、是否考虑了环境因素、是否考虑重装箱问题、目标函数以及求解方法几个角度，如表 2.1 所示。

**表 2.1 集装箱运输问题文献总结**

| 文　献 | 随机环境 | 环境因素 | 重装箱操作 | 目标函数 | 解决方法 |
|---|---|---|---|---|---|
| Meng 和 Wang (2010) | 需求随机 | 否 | 否 | 总成本最小化 | 模型、CPLEX |
| Meng 等(2012) | 需求随机 | 否 | 否 | 总利润最大化 | 模型、SAA、拉格朗日松弛方法 |
| Wang 等(2012) | 需求随机 | 否 | 否 | 总利润最大化 | 模型、CPLEX |
| Wang 等(2013) | 否 | 否 | 否 | 总成本最小化 | 模型、CPLEX |
| Ng (2014) | 需求随机 | 否 | 否 | 总成本最小化 | 模型、CPLEX |
| Rodrigues 等 (2014) | 否 | 是 | 否 | 无 | 模型、数据分析 |

续 表

| 文 献 | 随机环境 | 环境因素 | 重装箱操作 | 目 标 函 数 | 解 决 方 法 |
|---|---|---|---|---|---|
| Dong 等(2015) | 需求随机 | 否 | 否 | 总容量与运输成本最小化 | 模型、SAA、PHA、APHA |
| Kepaptsoglou 等(2015) | 航行时间随机 | 是 | 否 | 总航行成本最小化 | 模型、遗传算法 |
| Li 等(2016) | 延误随机 | 是 | 否 | 燃料成本和延误损失成本最小化 | 构建策略 |
| Zheng 等(2016) | 否 | 否 | 否 | 总运营成本最小化 | 模型、CPLEX |
| Hjortnaes 等(2017) | 否 | 否 | 否 | 总成本最小化 | 启发式算法 |
| Wang 等(2017) | 否 | 否 | 是 | 总成本最小化 | 模型 |
| Chen 等(2018) | 否 | 否 | 否 | 总成本最小化 | Benders 分解算法和元启发式算法 |
| 胡坚堃等(2018) | 否 | 是 | 否 | 总运营成本最小化 | 模型、CPLEX |
| Xie 和 Song (2018) | 需求随机 | 否 | 否 | 物流成本最小化 | 构建策略 |
| Hu 等(2019) | 否 | 否 | 否 | 运输成本最小化 | 模型、CPLEX |
| 刘婵娟等(2019) | 否 | 否 | 否 | 无 | 结构分析 |
| Luo 和 Chang (2019) | 否 | 否 | 否 | 利润最大化 | 模型、CPLEX |
| Zhao 等(2019) | 否 | 否 | 否 | 无 | 模型、数据分析 |

续 表

| 文　　献 | 随机环境 | 环境因素 | 重装箱操作 | 目 标 函 数 | 解 决 方 法 |
| --- | --- | --- | --- | --- | --- |
| 赵祎(2019) | 是 | 否 | 否 | 总成本最小化 | 模型、SAA、蚁群算法、基于遗传算法的混合启发式算法、前向神经网络、禁忌搜索 |
| Zhen 等(2019) | 集装箱重量随机 | 否 | 否 | 收益最大化 | 模型、禁忌搜索、动态线性化算法 |
| 本文 | 需求随机 | 是 | 是 | 总成本最小化 | 模型、CPLEX、SAA、eSAA、AMI、MI-SOCP |

通过对表格的观察,可以发现:① 前人的研究很少考虑环境因素,而环境问题在当今是极其严峻的,海运产生的温室气体不容忽视,将环境因素考虑进集装箱运输调度问题中是很有必要的,这也符合未来发展方向;② 极少有文献考虑到重装箱操作,总结以往文献,仅有一篇考虑了重装箱操作,本文的研究也是建立在该篇研究之上,增加对随机需求的考虑,以及对机会约束的处理;③ 大部分文献对于随机的处理方法较为单一,本文同时考虑了需求分布已知与模糊两种情况。

## 2.2 机会约束

本节主要对机会约束相关文献进行梳理,包括机会约束的应用和处理。随机参数的分布可以通过对历史数据的拟合获得,也可能无法进行估计,因此对于机会约束的处理出现了随机参数分布已知和分布模糊两种情况。

### 2.2.1 机会约束的应用

机会约束由 Charnes 等[32]首先提出,是一种带有概率的约束,表示该约束成立的概率大小。在随机问题中,机会约束应用十分广泛。

Panda 等[33]在随机需求下研究了单周期多产品制造系统,建立了随机模型,用机会约束处理随机性,以利润最大化为目标。

Shen[34]研究机会约束、随机单变量右侧和风险容忍度的概率约束问题。基于有效点的概念,文中通过使用二元变量来确定每个机会约束的最佳风险容忍度,将问题表示为混合整数。并开发了两种方法,都可以通过二分算法或枚举来求解。同时将该方法应用于最小成本流量问题和网络容量设计问题,并测试具有不同大小和复杂性的两个网络问题的实例,给出计算结果。

Simic[35]研究了报废车辆的管理问题。报废车辆的逐渐增多对环境造成很大的威胁,为了更成功地应对这一挑战,必须开展报废车辆的管理工作。在严格的环境法规下,提出了用于报废车辆管理的随机规划模型,使用机会约束表示随机性。所提出的模型在随机环境中,可以解决不同车辆报废管理子系统之间的复杂关系。数值实验表明,文中所提出的模型在长期报废车辆管理计划方面具有显著优势。

Borodin 等[36]在随机零件采购提前期情况下,研究了装配系统库存控制问题,考虑了组件提前期的离散分布情况。为解决这个问题,提出联合机会约束模型,并通过等效的线性公式进行近似求解。

Chen 等[37]研究了航空交通需求和容量平衡问题,空中交通流量管理的优化依赖于对未来容量状态的准确预测。然而,由于诸如天气等因素,这些预测本质上是不确定的。文中提出了新的有效算法,首先,构建包含机会约束的整数规划模型;其次,应用基于多项式的近似方法来处理机会约束;最后,设计了分布式计算框架来执行该方法的计算。

Noorizadegan 等[38]研究了具有随机需求的车辆路径问题,采用机会约束来描述需求的不确定性,使用分支定价算法进行求解。通过灵敏度分析,展现了路径故障率对决策变量,预期成本以及路径可靠性的影响。

陈金富等[39]研究了一个电力系统问题,考虑风电功率不确定性,基于机会约束构建了随机模型。研究电力系统问题的还有王智冬等[40],同样考虑风电功率的不确定性,该文研究了更多的风险指标,建立了含有机会约束的随机模型。

机会约束的使用十分广泛,是学术界较为认同的方法,本文将机会约束使用到集装箱运输领域。

### 2.2.2 有分布近似方法

有分布近似方法,主要是通过随机参数的分布产生大量的方案,对这些方案进行求解,将随机问题转化为确定性问题。

Gao 等[41]研究了 p-hub 中心位置问题，p-hub 中心位置问题旨在定位 p 个服务枢纽，并将其他节点分配给这些枢纽，以最大程度地减少最大行驶时间。文中将行驶时间视为不确定变量，构建了含有机会约束的随机模型。文中先得到随机参数的分布，再将机会约束转化为确定性约束。设计了一种混合智能算法求解该模型，并通过数值算例说明了该方法的应用和算法的有效性。

Emelogu 等[42]研究了 SAA 的改进问题。在 SAA 方法中选择适当的样本大小非常具有挑战性。不适当的样本量可能导致生成具有高计算负担、低质量的解决方案。为了克服这一挑战，文中提出了增强的 SAA 算法，该算法主要通过一些聚类方法对样本进行预处理，挑选更有代表性的样本，能够在合理的时间内提供高质量的解决方案。文中在设施选址问题的背景下评估该算法。结果表明，改进后 SAA 的表现比未改进的算法更好。

Quddus 等[43]研究了生物燃料供应链网络问题，构建两阶段机会约束随机规划模型，通过 SAA 近似算法求解。Li 和 Zhang[44]也研究了供应链网络问题，文中以设施中断为背景，该问题被描述为两阶段随机规划模型，使用 SAA 进行求解。

使用较多的带分布求解方法是 SAA，本文同时使用了 SAA 与 eSAA，比较了这两种算法对解决该问题的效果。

### 2.2.3 无分布近似方法

无分布近似方法种类较多，一般通过数学方法，通过数学推导，将机会约束转化为确定性约束。

Bentaha 等[45]研究了危险零件的拆装线设计和平衡问题。目的是通过设计的生产线将收益最大化。在问题中，任务处理时间是随机参数，文中使用机会约束来处理不确定性，使用二阶锥规划和凸分段线性逼近进行求解。

Ding 等[46]研究了不确定性下的洪水转移问题，建立两阶段随机规划模型，以最小的成本获得最优的洪水缓解方案。该模型可以解决系统不确定性和系统经济性之间的权衡以及系统稳定性的问题。

Kınay 等[47]研究了需求不确定性下的避难所选址问题。开发了具有机会约束的 max-min 模型，通过中心极限定理，获得具有非线性约束的优化模型，再使用一系列分段线性函数对其进行近似，获得一个混合整数线性模型，可以通过现有的求解器进行求解。

Ng[25]在其文章中，基于 Markov 不等式证明得出一个可以近似机会约束的不等式，数值实验表明该方法的效果较好。Ng[48]在另一篇文章中，基于 Cantelli 不等式得出另一可以近似机会约束的方法并做了灵敏度分析。

Sun 等[49]基于伯努利近似（Nemirovski 等[50]）将机会约束近似为线性约束，再进行求解。

Alizadeh 等[51]基于二阶锥规划与模糊集对机会约束进行转化，类似的还有基于模糊集以及半定规划对机会约束进行转化，如 Escudero 等[52]的研究。同样使用二阶锥规划的还有 Liu 等[53]，他们研究了紧急医疗服务问题。Singh 和 Lisser[54]研究了两人有限策略零和游戏，其中每位玩家都具有随机线性约束，文中将问题转化为具有机会约束的模型，并使用二阶锥规划对其进行求解。

本文主要使用 MI-SOCP 和 AMI 两种方法，通过样本测试可靠度，并比较这两种近似方法优劣。

## 2.3　风险度量

CVaR 是一种基于 VaR(Value at Risk)的连贯风险度量[55]，具有比 VaR 更好的性能[56]。CVaR 被用于许多方面。

风险价值(VaR)是一种常用的统计数据，用于衡量和量化风险水平。但是，该度量缺乏次可加性和凸性[56,57]，并且仅在正态分布的标准偏差情况下才具有一致性。

阳成虎等[58]在集装箱舱位预定中使用了 CVaR 模型，风险由取消预定而产生。同样将 CVaR 用于集装箱领域的还有 Zheng 等[59]，文中通过建立模型解决在需求不确定情况下集装箱定价问题。

Xue 等[60]考虑一个定购决策以满足随机需求的新闻供应商。新闻供应商需要对需求做出决策，以降低需求不足的风险，最大程度地发挥其预期效用，文中用 CVaR 衡量风险。

Wang 和 Huang[61]开发了最优的保险合同形式，在 CVaR 约束下将被保险人的预期效用最大化。结果表明，CVaR 约束不会影响合同形式，但可能会增加最低保险费要求。

Xu 等[62]将 CVaR 用于投资组合的研究中，文中介绍了一种基于 CVaR 的大型投资组合选择方法，该方法可以有效避免传统方法中经常出现的极端情况。

Tavakoli 等[63]研究了极端天气条件下的能源管理问题。将 CVaR 纳入目标函数。

Urgo[64]在不确定性情况下，在航空航天业中的装配线中合理安排任务。该问题被构建为无须等待的有序置换流程车间模型，文中提出了一种调度解决方案，可将剩余工作的条件风险价值(CVaR)降至最低。

Fan 等[65]将 CVaR 用于期权合约中，文中研究在买方主导的供应链中，买方和供应商都规避风险的期权合同在买方主导的供应链中的应用。文中将基于 CVaR 的目标函数最小化，以应对由期权价格和期权执行价格所带来的风险。

从文献中可以看出，在集装箱运输问题中涉及风险问题的研究较少。在随机情况下，不考虑风险的模型会出现表现很差的解，可能会导致极大的损失，这是企业不可接受的[11]，因此本文考虑了带有风险的随机模型。

## 2.4 本章小结

本章主要梳理了相关的研究文献，主要从研究问题和研究方法两方面入手。

首先，在研究问题方面，梳理了关于集装箱运输问题的文献，包括确定性集装箱运输问题和不确定性集装箱运输问题。从文献中可以看到，很少有文献将重装箱操作考虑进集装箱班轮优化中，该操作可能降低运营成本，对船运公司有着一定的实际意义。而对于环境这个当今社会亟待解决的热点问题，体现的是企业的社会责任，环境问题处理得好，将更有利于企业的长远发展，但是将环境问题考虑进集装箱运输问题的文献较少。基于此，本文在不确定性需求下，研究了集装箱班轮运输优化问题，并考虑了重装箱策略和环境因素。

其次，在研究方法方面，本章主要分为两个部分。第一部分梳理了机会约束的使用情况，该方法在随机问题中使用广泛，也有集装箱问题相关的文献中使用了机会约束。第二部分是对本文的使用方法进行文献梳理，大部分文献在对随机问题进行求解时，只会考虑一种情况，本文在求解时，同时考虑了两种情况：① 随机参数分布已知情况下，文献多使用 SAA，本文在使用 SAA 的基础上，引入聚类算法，以提升 SAA 的求解效果；② 随机参数分布模糊情况下，文献中对于机会约束的处理方法很多，本文使用 AMI 和 MI-SOCP 两种方法。

最后，梳理风险度量相关的文献，在随机问题中，风险是不可避免的，很少有文献将风险考虑进集装箱运输问题中，本文在 CVaR 的基础上，构建了集装箱班轮运输风险模型。

# 第 3 章　不确定需求下集装箱班轮运输优化

## 3.1　问题描述

问题中有一定数量的港口作为枢纽港，对于每艘船只而言，有着固定的运输路线如图 3.1 所示的班轮运输航线网络，图中有 12 个港口，组成了 6 条班轮运输航线，班轮运输航线 1：$p_1 \rightarrow p_2 \rightarrow p_3 \rightarrow p_1$，班轮运输航线 2：$p_3 \rightarrow p_4 \rightarrow p_5 \rightarrow p_3$，班轮运输航线 3：$p_2 \rightarrow p_6 \rightarrow p_7 \rightarrow p_2$，班轮运输航线 4：$p_5 \rightarrow p_7 \rightarrow p_9 \rightarrow p_8 \rightarrow p_5$，班轮运输航线 5：$p_6 \rightarrow p_{10} \rightarrow p_{11} \rightarrow p_6$，班轮运输航线 6：$p_{11} \rightarrow p_9 \rightarrow p_{12} \rightarrow p_{11}$。各个班轮运输航线之间通过转运港口进行连接，例如在班轮运输航线 1 可通过港口 $p_3$ 到班轮运输航线 2，再通过港口 $p_5$ 可到班轮运输航线 4，以此类推。其中港口 $p_3$ 和 $p_5$ 被称为转运港口。每条班轮运输航线有容量限制，例如对于航线 1，TEU 的容量限制为 10 000TEUs，FEU 为 5 000FEUs，诸如此类，决策者需要合理利用好现有的有限资源，将运输成本最小化。

本文中使用起点—终点表示某一个需求，比如现有若干 TEU 要从 $p_3$ 运到 $p_{10}$，该需求可以表示为 $p_3 \sim p_{10}$，$p_3$ 为起点港口，在该港口货物被重装箱，TEU 重装为 FEU(可能发生)、装载；$p_{10}$ 为终点港口，在该港口货物被重装箱，FEU 被重装为 TEU(可能发生，重装箱是因为这些货物可能要被运输到不同的目的地，或者属于不同的客户)、卸载。

现考虑需求 $p_4 \sim p_{10}$ 有 1 000TEUs，这 1 000TEUs 可以从三条路线进行运输，我们将这三条路线称为运输路线，运输路线 1：$p_4 \rightarrow p_5 \rightarrow p_3 \rightarrow p_1 \rightarrow p_2 \rightarrow p_6 \rightarrow p_{10}$，运输路线 2：$p_4 \rightarrow p_5 \rightarrow p_7 \rightarrow p_2 \rightarrow p_6 \rightarrow p_{10}$，运输路线 3：$p_4 \rightarrow p_5 \rightarrow p_7 \rightarrow p_9 \rightarrow p_{12} \rightarrow p_{11} \rightarrow p_6 \rightarrow p_{10}$。以运输路线 3 为例，如果不发生重装箱，那么 1 000TEUs 需要在 $p_4$ 进行装载，在港口 $p_5$、$p_9$、$p_{11}$ 发生转运，在终点 $p_{10}$ 卸载。如果发生重装箱，假设在 $p_5$、$p_{10}$ 进行重装箱，那么 1 000TEUs 在 $p_4$ 进行装载，在 $p_5$ 进行转运，转运过程中进行重装箱，转变为 500FEUs，在港口 $p_9$、$p_{11}$ 500TEUs 发生转运，在终点 $p_{10}$ 卸载，并进行重装箱，重新变为 1 000TEUs。

对于需求 $p_4 \sim p_{10}$，有三条运输路线，这三条路线所要航行的距离是不同的，带来的温室气体排放也有所不同。二氧化合物($CO_{2eq}$)被广泛用于温室气体的衡量[66,67]，在本文中使用 Fitzgerald 等的研究[4]，文中估计运送 1TEU 的货物 1 千米，需要排放二氧化合物 0.017 千克[0.017kg/(TEU·km)]。

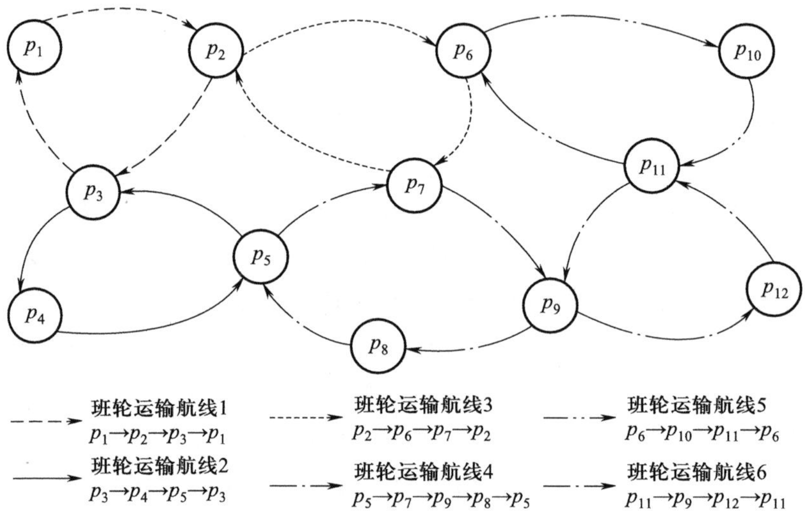


**图 3.1 路线示意图**

## 3.2 成本计算

在本文所考虑的问题中，需要决定使用的集装箱的大小，也就是使用 TEU 还是 FEU，同时需要选择运输路线进行运输，目标函数是最小化运输成本和排放温室气体所产生的成本。本节主要介绍运营成本的计算，因为重装箱操作的存在，导致每个港口的计算会出现不同情况，为便于后续建模，文中将计算情况分为五种，下文将逐步介绍这五种计算。对于运输总成本的计算，都可以将这五种情况中的若干种组合进行计算。

后面的情况阐述以需求 $p_2 \sim p_{11}$ 为例，考虑运输路线 $p_2 \to p_3 \to p_5 \to p_6 \to p_7 \to p_9 \to p_{11}$（记为 TR1）。使用 $l_p^T$，$t_p^T$ 和 $d_p^T$ 分别表示港口 $p$ 单位 TEU 的装载、转运以及卸载成本，$l_p^F$，$t_p^F$ 和 $d_p^F$ 分别表示港口 $p$ 单位 FEU 的装载、转运以及卸载成本。港口 $p$ 2TEUs 重装箱为 1 个 FEU 的成本为 $c_p^T$，1 个 FEU 重装箱为 2 个 TEUs 的成本为 $c_p^F$。

第一种计算情况（记为 $T_1$）是将 2TEUs 从起点 $p_2$ 通过路线 TR1 直接运输到终点 $p_{11}$，期间没有任何重装箱操作（图 3.2）。如果重装箱成本比较高，这种情况就会发生。在港口 $p_2$，2TEUs 装载，产生装载成本；在港口 $p_3$，$p_6$ 和 $p_9$，2TEUs 转运，产生转运成本；在港口 $p_{11}$，2TEUs 卸载，产生卸载成本。因此，$T_1$ 情况下，以图 3.2 为例，总成本计算如式(3.1)。

$$2l_{p_2}^T + 2t_{p_3}^T + 2t_{p_6}^T + 2t_{p_9}^T + 2d_{p_{11}}^T \tag{3.1}$$

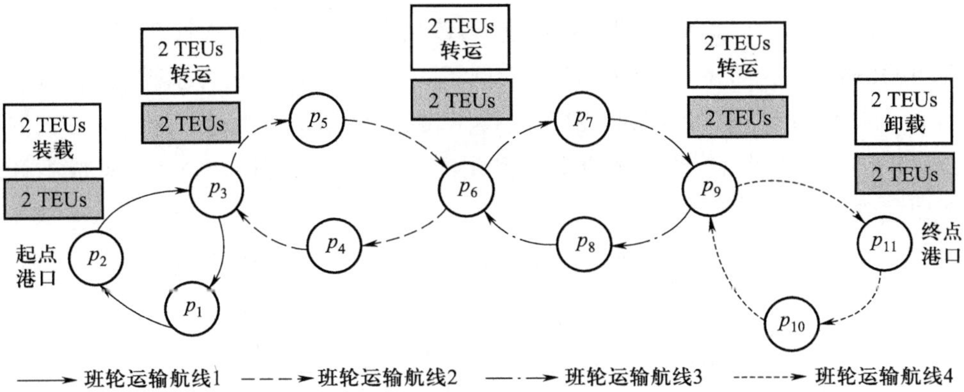


**图 3.2　计算案例 1($T_1$)**

第二种计算情况(记为 $T_2$，图 3.3)表示有 2TEUs 在起点港口 $p_2$ 重装箱，变为 1FEU，然后经过港口 $p_3$、$p_5$、$p_6$、$p_7$、$p_9$ 最后运输到终点港口 $p_{11}$，进行重装箱。在起点、终点港口重装箱成本较低时，这种情况会发生。在港口 $p_2$，2TEUs 重装箱为 1FEU，接着装载，产生重装箱成本和装载成本；在港口 $p_3$，$p_6$ 和 $p_9$，1FEU 转运，产生转运成本；在港口 $p_{11}$，1FEU 卸载，接着重装箱成 2TEUs，产生卸载成本和重装箱成本。因此，$T_2$ 情况下，如图 3.3 所示，总成本计算如式(3.2)。

$$c_{p_2}^T + l_{p_2}^F + t_{p_3}^F + t_{p_6}^F + t_{p_9}^F + d_{p_{11}}^F + c_{p_{11}}^F \tag{3.2}$$

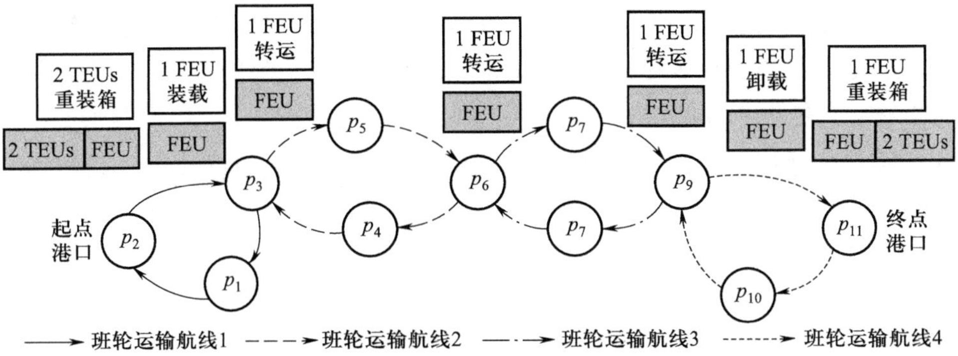


**图 3.3　计算案例 2($T_2$)**

第三种计算情况（记为$T_3$，图 3.4）表示有 2TEUs 在起点港口$p_2$重装箱，变为 1FEU，在除起点、终点以外转运港口重装箱，现以$p_9$为例，最后运输到终点港口$p_{11}$。在部分港口重装箱成本较低，班轮运输航线容量限制起作用时，这种情况会发生。在港口$p_2$，2TEUs 重装箱为 1FEU，接着装载，产生重装箱成本和装载成本；在港口$p_3$和$p_6$，1FEU 转运，产生转运成本；在港口$p_9$，1FEU 运输，并且进行重装箱，产生转运成本和重装箱成本，该情况下的转运成本计算参考 Wang 等[2]的研究，认为总量一半的 TEU（该例子中即为 1TEU）进行了转运，总量一半的 FEU（该例子中即为 0.5FEU）进行了转运，转运成本为$t_{p_9}^T+0.5\,t_{p_9}^F$；在港口$p_{11}$，2TEUs 卸载，产生卸载成本。因此，$T_3$情况下，如图 3.4 所示，总成本计算如式（3.3）。

$$c_{p_2}^T+l_{p_2}^F+t_{p_3}^F+t_{p_6}^F+t_{p_9}^T+0.5t_{p_9}^F+c_{p_9}^F+2d_{p_{11}}^T \tag{3.3}$$

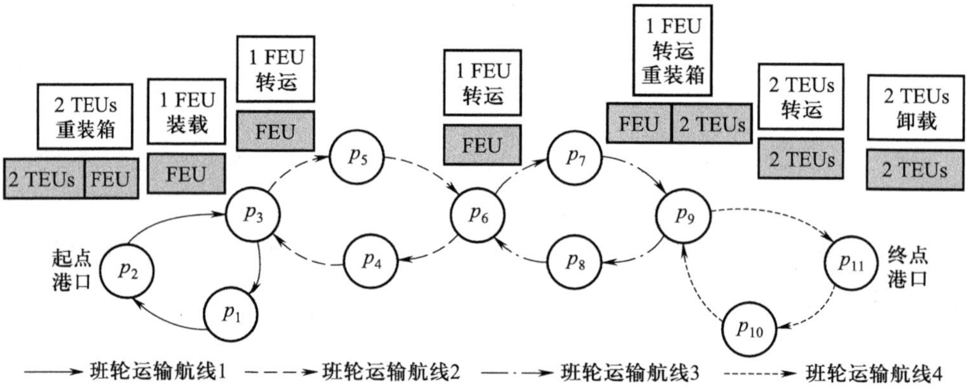


**图 3.4　计算案例 3($T_3$)**

第四种计算情况（记为$T_4$，图 3.5）和$T_3$类似，表示有 2TEUs 在起点港口$p_2$装载，在除起点、终点以外的港口进行重装箱，现以$p_3$为例，最后运输到终点港口$p_{11}$。在部分港口重装箱成本较低，班轮运输航线容量限制起作用时，这种情况会发生。在港口$p_2$，2TEUs 装载，产生装载成本；在港口$p_3$，2TEUs 转运，并且重装箱为 1FEU，产生转运成本和重装箱成本，该情况下的转运成本计算与$T_3$类似，结果为$t_{p_3}^T+0.5\,t_{p_3}^F$；在港口$p_6$和$p_9$，1FEU 转运，产生转运成本；在港口$p_{11}$，1FEU 卸载，接着重装箱成 2TEUs，产生卸载成本和重装箱成本。因此，$T_4$情况下，如图 3.5 所示，总成本计算如式（3.4）。

$$2l_{p_2}^T+c_{p_3}^T+t_{p_3}^T+0.5t_{p_3}^F+t_{p_6}^F+t_{p_9}^F+d_{p_{11}}^F+c_{p_{11}}^F \tag{3.4}$$

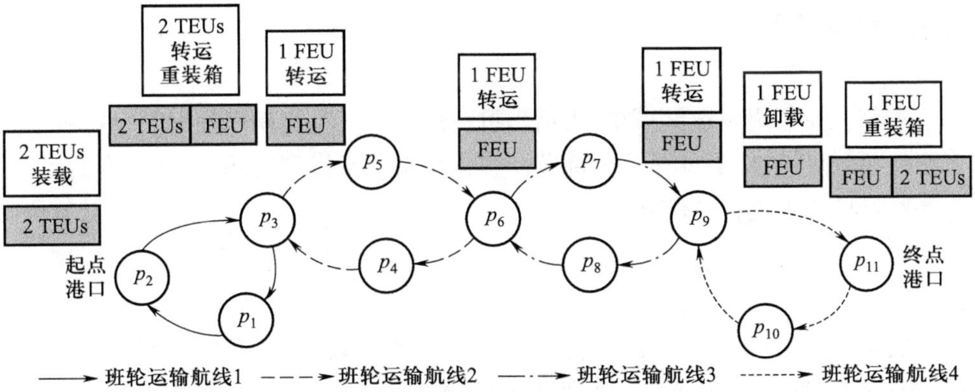


**图 3.5　计算案例 4($T_4$)**

在最后一种情况中,记为$T_5$,如图 3.6 所示,重装箱操作都在除起点终点以外的港口进行,分别以$p_3$和$p_9$为例。在部分港口重装箱成本较低,班轮运输航线容量限制起作用时,这种情况会发生。具体如下:在港口$p_2$,2TEUs 装载,产生装载成本;在港口$p_3$,2TEUs 转运,并且重装箱为 1FEU,产生转运成本和重装箱成本,转运成本为$t_{p_3}^T+0.5\ t_{p_3}^F$;在港口$p_6$,1FEU 转运,产生转运成本;在港口$p_9$,1FEU 转运,并且进行重装箱,产生转运成本和重装箱成本,转运成本为$t_{p_9}^T+0.5\ t_{p_9}^F$;在港口$p_{11}$,2TEUs 卸载,产生卸载成本。因此,$T_3$情况下,如图 3.4 所示,总成本计算如式(3.5)。

$$2l_{p_2}^T+c_{p_3}^T+t_{p_3}^T+0.5t_{p_3}^F+t_{p_6}^F+0.5t_{p_9}^F+t_{p_9}^T+c_{p_{11}}^F+2d_{p_{11}}^T \tag{3.5}$$

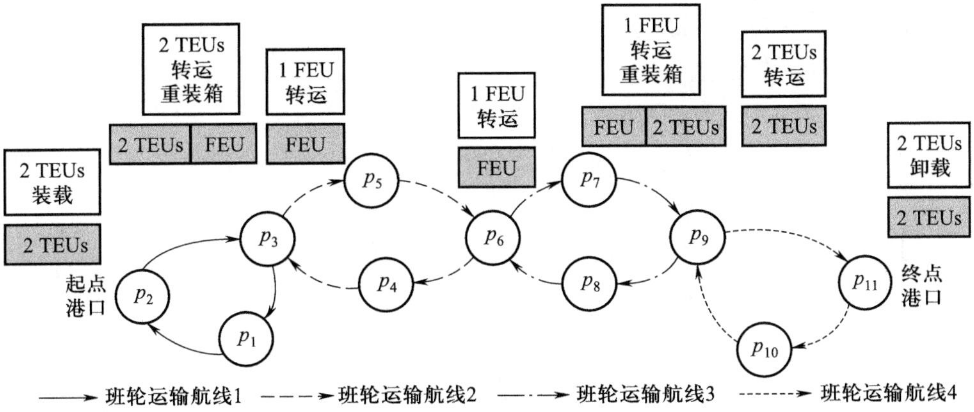


**图 3.6　计算案例 5($T_5$)**

## 3.3 数学模型

本节主要介绍该数学模型，先给出机会约束的定义与模型相关假设，再定义模型的参数变量，然后就是建模部分。该模型是全文模型的基础，后文中的模型都是在该模型上进行的演化。

### 3.3.1 机会约束定义

机会约束最初由 Charnes 等人[32]，Miller 和 Wagner[68]使用。该约束是一种带有概率的约束，表示某一线性或者非线性约束以一个概率满足。形式如式(3.6)。

$$prob\{\boldsymbol{A}(\boldsymbol{\xi},\boldsymbol{Y})\geqslant\boldsymbol{B}(\boldsymbol{\xi})\}\geqslant 1-\alpha \tag{3.6}$$

其中，$\boldsymbol{\xi}$ 表示随机参数向量，$\alpha\in[0,1]$为概率参数，$\boldsymbol{Y}$ 为决策变量向量，公式(3.6)表示约束 $\boldsymbol{A}(\boldsymbol{\xi},\boldsymbol{Y})\geqslant\boldsymbol{B}(\boldsymbol{\xi})$以不小于 $1-\alpha$ 的概率成立。

### 3.3.2 模型集合与假设

首先，需要定义一些集合。

$R$——班轮路线集合；

$J_r$——起点-终点 $r$ 上的运输路线集合；

$J$——所有需求的运输路线集合，$J=\{J_1, J_2,\cdots, J_R\}$；

$I_i$——班轮路线 $i$ 的港口集合；

$P$——所有港口集合；

$H$——所有转运港口集合；

$L_{rj}$——需求 $r$ 下运输路线 $j$ 的港口集合；

$K_{rj}$——需求 $r$ 下运输路线 $j$ 的可进行打包操作的港口(包括该条路线的起点、终点和转运港口)集合。

其次，通过一个案例详细说明这些集合的含义。如图 3.1 所示，该例子中有 12 个港口，6 条班轮航线，则各班轮运输路线港口集合为：$I_1=\{p_1,p_2,p_3\}$，$I_2=\{p_3,p_4,p_5\}$，$I_3=\{p_2,p_6,p_7\}$，$R_4=\{p_5,p_7,p_8,p_9\}$，$I_5=\{p_6,p_{10},p_{11}\}$，$I_6=\{p_9,p_{11},p_{12}\}$；所有港口集合为：$P=\{p_1,p_2,p_3,p_4,p_5,p_6,p_7,p_8,p_9,p_{10},p_{11},p_{12}\}$；转运港口集合为：$H=\{p_2,p_3,p_5,p_6,p_7,p_9,p_{11}\}$。同样以需求 $r$，$p_4\sim p_6$为例，可以通过三条运输路线，则有$J_r=\{p_4\to p_5\to p_3\to p_1\to p_2\to p_6$，

$p_4 \to p_5 \to p_7 \to p_2 \to p_6$，$p_4 \to p_5 \to p_7 \to p_9 \to p_{12} \to p_{11} \to p_6\}$，$L_{r1}=\{p_4, p_5, p_3, p_1, p_2, p_6\}$，$L_{r2}=\{p_4, p_5, p_7, p_2, p_6\}$，$L_{r3}=\{p_4, p_5, p_7, p_9, p_{12}, p_{11}, p_6\}$，$K_{r1}=\{p_4, p_3, p_2, p_6\}$，$K_{r2}=\{p_4, p_5, p_7, p_6\}$，$K_{r3}=\{p_4, p_5, p_9, p_{11}, p_6\}$，对于需求 $r$ 上的每条运输路线$L_{rj}$，令$(p, q)$表示$L_{rj}$上的一条航线，$p$ 和 $q$ 是两个相邻的港口，并且它们之间通有班轮。$[p, q]$表示$L_{rj}$上的航线集合，例如对于$L_{r1}=\{p_4, p_5, p_3, p_1, p_2, p_6\}$，$(m, n) \in [p_4, p_6]$，则$(m, n)$表示$p_4 \to p_5$，$p_5 \to p_3$，$p_3 \to p_1$，$p_1 \to p_2$和$p_2 \to p_6$中的一条航线。$\langle p_1, p_6\rangle$表示$L_{r1}$的子集合，例如$\langle p_1, p_6\rangle$表示港口集合$\{p_1, p_2, p_6\}$。对于某个需求，起点港口和终点港口，文中使用 $o$ 和 $d$ 表示。

最后，本文研究的是一个有容量限制的集装箱班轮运输问题，为方便模型的求解，也为提高模型的合理性，作出以下 5 个假设。

(1) 对于任意一条班轮运输航线，航行方向是单向的；

(2) 船只速度固定，不影响二氧化合物的排放；

(3) 不考虑船只上其他消耗(例如空调)所带来的二氧化合物的排放；

(4) 没有航线的两港口之间不能直接进行航行；

(5) 每条班轮航线上的 TEU 和 FEU 数量都是有限制的。

### 3.3.3　符号说明

1) 参数说明

$\delta$——二氧化合物排放成本系数；

$d_{rj}$——对于需求 $r$，若选择运输路线 $j$，航行距离为$d_{rj}$；

$\varrho_1$——二氧化合物排放密度 kg $CO_{2eq}$/(TEU · km)；

$\varrho_2$——1 kg $CO_{2eq}$排放成本；

$\varrho_3$——为满足需求时，单位损失；

$CA_i^T$——班轮航线 $i$ 的 TEU 容量上限；

$CA_i^F$——班轮航线 $i$ 的 FEU 容量上限；

$\alpha_r$——不能满足需求 $r$ 的最大概率；

$D_r$——需求 $r$ 的 TEU 需求数量，随机参数；

$\varsigma$——一个足够大的正数。

2) 决策变量

$z_{rj}$——0—1 变量，如果需求 $r$ 通过运输路线 $j$ 进行运输则为 1，否则为 0；

$x_{rj}^{pq}$——对于需求 $r$，当选择运输路线 $j$ 时，在港口 $p(p\in K_{rj})$ 进行重装箱操作（TEU 变为 FEU），港口 $q(q\in K_{rj})$ 进行重装箱操作（FEU 变为 TEU）的 TEU 的数量；

$x_{rj}^{1}$——对于需求 $r$，当选择运输路线 $j$ 时，未进行重装箱操作的 TEU 数量；

$f_{ipq}^{T}$——班轮航线 $i$ 上，在航线 $(p, q)$ 上 TEU 的流量，$p,q\in I_i$；

$f_{ipq}^{F}$——班轮航线 $i$ 上，在航线 $(p, q)$ 上 FEU 的流量，$p,q\in I_i$；

$y_{rpq}^{T}$——运输路线 $j$ 上航线 $(p, q)$ TEU 流量，$p,q\in L_{rj}$，$j\in J_r$；

$y_{rpq}^{F}$——运输路线 $j$ 上航线 $(p, q)$ FEU 流量，$p,q\in L_{rj}$，$j\in J_r$；

$g_{p}^{T}$——在港口 $p$ 转运的 TEU 数量，$p$，$p\in H$；

$g_{p}^{F}$——在港口 $p$ 转运的 FEU 数量，$p$，$p\in H$；

$g_{p}^{TF}$——在港口 $p$ 由 TEU 重装箱为 FEU 的 TEU 数量，$p$，$p\in H$；

$g_{p}^{FT}$——在港口 $p$ 由 FEU 重装箱为 TEU 的 FEU 数量，$p$，$p\in H$；

$C_{carb}$——二氧化合物排放成本；

$C_{pack}$——重装箱成本；

$C_{trans}$——转运成本；

$C_{load}$——装载、卸载成本；

$C_{pena}$——由未满足需求导致的损失；

$C_{T_1}$——第一种计算情况下的成本；

$C_{T_2}$——第二种计算情况下的成本；

$C_{T_3}$——第三种计算情况下的成本；

$C_{T_4}$——第四种计算情况下的成本；

$C_{T_5}$——第五种计算情况下的成本。

### 3.3.4 模型约束

$$[\hat{\boldsymbol{o}}_1] \quad \min f_1 = C_{carb} + C_{pack} + C_{trans} + C_{load} + C_{pena} \tag{3.7}$$

$$\textbf{s.t.} \quad (3.8)\text{—}(3.35)$$

$$C_{carb} = \delta \cdot \rho_1 \cdot \rho_2 \cdot \sum_{r\in R}\sum_{j\in J_r}\left[d_{rj} \cdot \left(\sum_{p\in K_{rj}}\sum_{q\in K_{rj}} x_{rj}^{pq} + x_{rj}^{1}\right)\right] \tag{3.8}$$

$$C_{pack} = \sum_{p\in H}\left(\frac{c_p^T}{2} \cdot g_p^{TF} + \frac{c_p^F}{2} \cdot g_p^{FT}\right) \tag{3.9}$$

$$C_{trans}=\sum_{p\in H}\left[\left(\frac{t_p^T}{2}+\frac{t_p^F}{4}\right)\cdot g_p^{TF}\right]+\sum_{p\in H}\left[\left(\frac{t_p^T}{2}+\frac{t_p^F}{4}\right)\cdot g_p^{FT}\right]+\sum_{p\in H}(t_p^T\cdot g_p^T+t_p^F\cdot y_p^F) \tag{3.10}$$

$$C_{load}=C_{T1}+C_{T2}+C_{T3}+C_{T4}+C_{T5} \tag{3.11}$$

$$C_{pena}=\rho_3\cdot\sum_{r\in R}\left(D_r-\sum_{j\in J_r}\sum_{p\in K_{rj}\backslash\{o,d\}}\sum_{q\in K_{rj}\backslash\{o,d\}}x_{rj}^{pq}\right) \tag{3.12}$$

$$C_{T1}=\sum_{r\in R}\left[(l_o^T+d_d^T)\cdot\sum_{j\in J_r}x_{rj}^1\right] \tag{3.13}$$

$$C_{T2}=\frac{1}{2}\cdot\sum_{r\in R}\left[(c_o^T+l_o^F+d_d^F+c_d^F)\cdot\sum_{j\in J_r}x_{rj}^{od}\right] \tag{3.14}$$

$$C_{T3}=\sum_{r\in R}\left(\frac{l_o^F}{2}+\frac{c_o^T}{2}+d_d^T\right)\cdot\sum_{q\in K_{rj}\backslash\{o,d\}}\sum_{j\in J_r}x_{rj}^{oq} \tag{3.15}$$

$$C_{T4}=\sum_{r\in R}\left(l_o^T+\frac{d_d^F}{2}+\frac{c_d^F}{2}\right)\cdot\sum_{p\in K_{rj}\backslash\{o,d\}}\sum_{j\in J_r}x_{rj}^{pd} \tag{3.16}$$

$$C_{T5}=\sum_{r\in R}\left(l_o^T+\frac{d_d^F}{2}\right)\cdot\sum_{p\in K_{rj}\backslash\{o,d\}}\sum_{q\in K_{rj}\backslash\{o,d\}}\sum_{j\in J_r}x_{rj}^{pq} \tag{3.17}$$

$$g_m^T=\sum_{r\in R}\sum_{p\in\langle m,d\rangle\backslash\{m,d\}}\sum_{q\in\langle o,m\rangle\backslash\{o,m\}}\sum_{j\in J_r}x_{rj}^{pq}+\sum_{r\in R}\sum_{j\in J_r}x_{rj}^1 \tag{3.18}$$

$$g_m^F=\sum_{r\in R}\sum_{p\in\langle o,m\rangle\backslash\{m\}}\sum_{q\in\langle m,d\rangle\backslash\{m\}}\sum_{j\in J_r}x_{rj}^{pq} \tag{3.19}$$

$$g_m^{TF}=\sum_{r\in R}\sum_{q\in\langle m,d\rangle\backslash\{m\}}\sum_{j\in J_r}x_{rj}^{mq} \tag{3.20}$$

$$g_m^{FT}=\sum_{r\in R}\sum_{p\in\langle o,m\rangle\backslash\{m\}}\sum_{j\in J_r}x_{rj}^{pm} \tag{3.21}$$

$$y_{rmv}^T=\sum_{q\in\langle o,m\rangle\backslash\{o\}}\sum_{p\in\langle o,q\rangle\backslash\{q\}}\sum_{j\in J_r}x_{rj}^{pq}+\sum_{j\in J_r}x_{rj}^1+\sum_{p\in\langle v,d\rangle\backslash\{d\}}\sum_{q\in\langle p,d\rangle\backslash\{p\}}\sum_{j\in J_r}x_{rj}^{pq}$$
$$r\in R,(m,v)\in[o,d] \tag{3.22}$$

$$y_{rmv}^F=\frac{1}{2}\cdot\sum_{p\in\langle o,m\rangle}\sum_{q\in\langle v,d\rangle}\sum_{j\in J_r}x_{rj}^{pq}\quad r\in R,(m,v)\in[o,d] \tag{3.23}$$

$$f_{ipq}^T=\sum_{r\in R}y_{rpq}^T\quad i\in I,p,q\in I_i \tag{3.24}$$

$$f_{ipq}^F=\sum_{r\in R}y_{rpq}^F\quad i\in I,p,q\in I_i \tag{3.25}$$

$$f_{ipq}^T\leqslant CA_i^T\quad i\in I,p,q\in I_i \tag{3.26}$$

$$f_{ipq}^F\leqslant CA_i^F\quad i\in I,p,q\in I_i \tag{3.27}$$

$$x_{rj}^{pq}\leqslant\zeta\cdot z_{rj}\quad r\in R,j\in J_r,p,q\in K_{rj} \tag{3.28}$$

$$x_{rj}^1\leqslant\zeta\cdot z_{rj}\quad r\in R,j\in J_r,p,q\in K_{rj} \tag{3.29}$$

$$x_{rj}^{2} \leqslant \zeta \cdot z_{rj} \quad r \in R, j \in J_r, p, q \in K_{rj} \tag{3.30}$$

$$\sum_{j \in J_r} z_{rj} = 1 \quad r \in R \tag{3.31}$$

$$prob\left\{\sum_{j \in J_r}\sum_{p \in K_{rj}\setminus\{o,d\}}\sum_{q \in K_{rj}\setminus\{o,d\}} x_{rj}^{pq} + \sum_{j \in J_r} x_{rj}^{1} \geqslant D_r\right\} \geqslant 1 - \alpha_r \quad r \in R \tag{3.32}$$

$$z_{rj} \in \{0,1\} \quad r \in R, j \in J_r \tag{3.33}$$

$$x_{rj}^{pq}, x_{rj}^{1}, f_{ipq}^{T}, f_{ipq}^{F}, y_{rpq}^{T}, y_{rpq}^{F}, g_{p}^{T}, g_{p}^{F}, g_{p}^{TF}, g_{p}^{FT} \in \mathbb{N} \quad i \in I, p, q \in I_i, r \in R, j \in J_r \tag{3.34}$$

$$C_{carb}, C_{pack}, C_{trans}, C_{load}, C_{T1}, C_{T2}, C_{T3}, C_{T4}, C_{T5} \geqslant 0 \tag{3.35}$$

公式(3.7)为该模型的目标函数:总成本最小化,包括二氧化合物排放成本 $C_{carb}$、重装箱成本 $C_{pack}$、转运成本 $C_{trans}$ 以及装卸成本(装载、卸载)$C_{load}$;公式(3.8)计算二氧化合物排放成本,为运输距离、运输量以及单位排放价格的乘积;公式(3.9)在计算打包成本,该成本只会发生在转运港口、起点港口与终点港口;公式(3.10)计算转运成本,该成本只会发生在转运港口;公式(3.11)是装卸成本,包括装载成本和卸载成本,按照上文 3.2 节中五种情况进行计算;公式(3.12)计算未满足需求的惩罚成本;公式(3.13)~公式(3.17)即按照上文的五种情况计算装卸成本;公式(3.18)~公式(3.21)分别计算港口 $p(p \in H)$上的转运 TEU 数量、转运 FEU 数量、TEU 重装箱为 FEU 的数量、FEU 重装箱为 TEU 的数量;公式(3.22)~公式(3.23)分别计算了运输路线 $j$ 上航线$(p, q)$ TEU、FEU 流量$(p, q \in [o, d])$;公式(3.24)~公式(3.25)分别计算班轮航线 $i$ 上任一航线的 TEU、FEU 流量;公式(3.26)~公式(3.27)为容量约束,表示对于班轮航线 $i$,任一的流量都不能超过该航线上 TEU 以及 FEU 的流量限制;公式(3.28)~公式(3.31)限制对于任一需求 $r$,只能通过一条运输路线进行运输;约束公式(3.32)为机会约束,是该模型中最关键的约束,该约束表示任一需求 $r$ 都以不小于 $1-\alpha_r$ 的概率满足实际需求,如果$\alpha_r$为 0,意味着对于任何一个需求方案,该模型求得的解都能够满足;公式(3.33)~公式(3.35)定义变量范围。

## 3.4 模型求解

本节将介绍上述模型的求解方法,主要使用 SAA 与 eSAA 进行求解,这两种方法都是建立在大量方案的基础上,需要根据某一假设的分布随机产生若干需求方案。

### 3.4.1　SAA 概述

SAA 在随机问题中使用十分广泛[69]，该方法通过蒙特卡洛模拟来解决大规模随机优化问题，运用不同的方案描述了随机问题的不确定性[70]。在随机问题里有大量的方案，但在实际情况中，不可能将这些方案全部输入模型进行求解。进行求解时，方案的数量过大也会导致求解耗时，SAA 的作用就是通过抽样的方法，抽取有限方案进行求解。

在本文研究中，对货运航线$D_r(s)$（$s \in S$，$S$ 为需求方案集合）的需求是一个随机参数。为了近似模型$\hat{o}_1$，我们定义分布如公式(3.36)～公式(3.38)所示。公式(3.36)定义了均值，公式(3.37)定义了方差，公式(3.38)中，$P_r$为需求$D_r$所有可能的分布，该分部均值为$\mu_r$，方差为$\Sigma_r$，$\Xi_r$为需求方案的范围，即$D_r(s)$在$\Xi_r$中随机抽取若干方案。

$$\mu_r = \frac{1}{|S|} \cdot \sum_{s \in S} D_r(s) \tag{3.36}$$

$$\Sigma = \frac{1}{|S|} \cdot \sum_{s \in S} [D_r(s) - \mu_r]^2 \tag{3.37}$$

$$\Xi_r(\mu_r, \Sigma_r) = \left\{ P_r : \begin{array}{c} E_{P_r}[D_r] = \mu_r \\ E_{P_r}[(D_r - \mu_r)^2] = \Sigma_r \end{array} \right\} \tag{3.38}$$

### 3.4.2　SAA 模型

SAA 模型中，将机会约束转为线性约束，本文在该模型中，将未满足需求带来的损失加入目标函数中。

1）新增加参数

$S$——方案集合；

$D_r(s)$——对于需求 $r$，在方案 $s$ 时，TEU 的需求数量，$s \in S$；

$prob(s)$——方案 $s$ 发生的概率，$s \in S$。

2）新增加变量

$\Theta_r(s)$——0 - 1 变量，在方案 $s$ 下，如果集装箱的运输量可以满足需求 $r$，则为 0，否则为 1，$s \in S$；

$x_{rj}^2(s)$——在方案 $s$ 下，为满足需求 $r$ 的集装箱数量，$s \in S$。

$$[\hat{o}_2] \quad \min f_1 \tag{3.39}$$

**s.t.**　(3.8)-(3.11)，(3.13)-(3.31)，　(3.33)-(3.35)，(3.40)-(3.50)

$$C_{pena} = \sum_{s \in S} prob(s) \left[ \sum_{r \in R} \rho_3 \cdot \sum_{j \in J_r} x_{rj}^2(s) \right] \tag{3.40}$$

$$\sum_{j \in J_r} \sum_{p \in K_{rj} \setminus \{o,d\}} \sum_{q \in K_{rj} \setminus \{o,d\}} x_{rj}^{pq} + \sum_{j \in J_r} x_{rj}^1 \geqslant D_r(s) \cdot (1 - \Theta_r(s)) \quad r \in R, s \in S \tag{3.41}$$

$$D_r(s) + [1 - \Theta_r(s)] \cdot \zeta \geqslant \sum_{j \in J_r} \sum_{p \in K_{rj} \setminus \{o,d\}} \sum_{q \in K_{rj} \setminus \{o,d\}} x_{rj}^{pq} + \sum_{j \in J_r} x_{rj}^1 + \sum_{j \in J_r} x_{rj}^2(s) \quad r \in R, s \in S \tag{3.42}$$

$$D_r(s) \leqslant \sum_{j \in J_r} \sum_{p \in K_{rj} \setminus \{o,d\}} \sum_{q \in K_{rj} \setminus \{o,d\}} x_{rj}^{pq} + \sum_{j \in J_r} x_{rj}^1 + \sum_{j \in J_r} x_{rj}^2(s) + [1 - \Theta_r(s)] \cdot \zeta \quad r \in R, s \in S \tag{3.43}$$

$$\sum_{j \in J_r} x_{rj}^2(s) \geqslant - \Theta s(s) \cdot \zeta \quad r \in R, s \in S \tag{3.44}$$

$$\sum_{j \in J_r} x_{rj}^2(s) \leqslant \Theta s(s) \cdot \zeta \quad r \in R, s \in S \tag{3.45}$$

$$\sum_{j \in J_r} \sum_{p \in K_{rj} \setminus \{o,d\}} \sum_{q \in K_{rj} \setminus \{o,d\}} x_{rj}^{pq} + \sum_{j \in J_r} x_{rj}^1 \geqslant D_r(s) \cdot [1 - \Theta_r(s)] \quad r \in R, s \in S \tag{3.46}$$

$$\sum_{s \in S} \Theta_r(s) \leqslant |S| \cdot \alpha_r \quad r \in R \tag{3.47}$$

$$\Theta_r(s) \in \{0,1\} \quad r \in R, s \in S \tag{3.48}$$

$$x_{rj}^2(s) \in \mathbb{N} \quad r \in R, j \in J_r \tag{3.49}$$

$$C_{pena} \geqslant 0 \tag{3.50}$$

公式(3.39)是 SAA 模型的目标函数,总成本最小化,包括二氧化合物排放成本、重装箱成本、转运成本、装卸成本以及为满足需求带来的惩罚成本(损失)。公式(3.40)计算未满足需求所带来的损失;公式(3.41)～公式(3.47)给出了满足需求和未满足需求时,需求变量和 0－1 变量$\Theta_r(s)$之间的关系;公式(3.48)～公式(3.50)定义了变量范围。

### 3.4.3 聚类算法

SAA 采用抽样的方式,用部分样本代表整个样本,自然是抽取的样本越多,越有代表性,因此在大量样本下 SAA 的效果会更好[71],但是不合适的样本可能会导致低质量的解,并带来较高的计算负担[42]。因此,如何在计算能力允许的情况下,选择更合适的样本是需要解决的难题。在本文中,应用聚类(K-means 和 K-means++)技术来动态更新样本大小和样本质量。聚类算法的主要过程如图 3.7 所示,假设现在要抽取一个样本进行求解,首先确定要抽取的个体数量 K,K 即为样本容量,在样本空间里抽取大量个体[数量远大于 K,图 3.7(a)],通过聚类过程[如图 3.7(b)],形成 K 类,每个类留下最接近类中心的个体,得到 K 个个体,形成用来求解的样本[图 3.7(c)]。

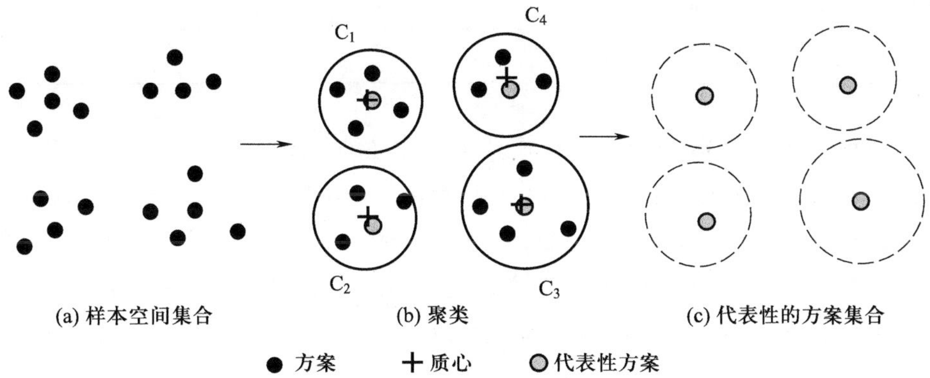


图 3.7　聚类算法过程

K-means 是 Lloyd[72]提出的一种流行的无监督算法。它分为两个阶段。在第一阶段中,随机选择初始聚类中心,并且将每个数据点按照距离分配给一个类;在第二阶段,更新每个类群的中心位置,并相应地重新分配所有数据点。重复第二阶段,直到满足收敛要求为止,即当次求解更新的中心位置与上一次的位置之差满足设定的阈值。带有 K-means 聚类算法的 SAA 模型求解过程如表 3.1 所示。

表 3.1　带有 K-means 聚类算法的 SAA

| |
|---|
| **Step 1**　参数设置:<br>$N$—需求方案的数量;<br>$K$—聚类数量;<br>$C_k$—属于类 $k$ 的点的集合, $k=1, 2, 3, \cdots, K$;<br>$R$—班轮运输路线的数量;<br>$C$—向量参数,每一个元 $C_k$ 是集合。 |
| **Step 2**　随机生成 $N$ 个需求方案的数量: $x_n$, $n = 1, 2, 3, \cdots, N$; |
| **Step 3**　从 $x_n$ 随机选取 $K$ 个初始聚类中心,记为 $y_k$ $n = 1, 2, 3, \cdots, N$, $k = 1, 2, 3, \cdots, K$, $N \geqslant K$; |

续 表

| | |
|---|---|
| **Step 4** | 针对每个聚类中心计算：$C_k=\{i:d(x_i, y_k)\leqslant d(x_i, y_j), j=1, 2, 3, \cdots, K, j\neq k, i1, 2, 3, \cdots, N\}, k=1, 2, 3, \cdots, K$； |
| **Step 5** | 计算聚类 $k$ 中心点 $:y_k=\frac{1}{\lvert C_k\rvert}\sum_{i\in C_k}x_i$ ； |
| **Step 6** | 重复 Step 4 和 Step 5 直到收敛； |
| **Step 7** | 随机选取一个类作为输入； |
| **Step 8** | 使用 CPLEX 求解模型$\hat{\sigma_2}$。 |

K-means$^{++}$ 算法由 Arthur 和 Vassilvitskii[73] 基于 K-means 开发。K-means$^{++}$ 和 K-means 之间的区别在于初始化类中心的阶段。在 K-means$^{++}$ 算法中，以一定的概率选择聚类中心，先随机选择第一个聚类中心，后面以某一概率选择聚类中心，该概率的大小与该数据点与现有类的中心之间的距离有关。带有 K-means$^{++}$ 聚类算法的 SAA 模型求解过程如表 3.2 所示。

**表 3.2　带有 K-means$^{++}$ 聚类算法的 SAA**

| | |
|---|---|
| **Step 1** | 参数设置：<br>$N$—需求方案的数量；<br>$K$—聚类数量；<br>$C_k$—属于类 $k$ 的点的集合，$k=1, 2, 3, \cdots, K$；<br>$R$— 班轮运输路线的数量；<br>$C$—向量参数，每一个元素$C_k$是集合。 |
| **Step 2** | 随机生成 $N$ 个需求方案的数量：$x_n$，$n=1, 2, 3, \cdots, N$； |
| **Step 3** | 从$x_n$中随机选取一个聚类中心，记为$y_1$，$n=1, 2, 3, \cdots, N$，令 $m=2$； |
| **Step 4** | 计算已有的 $m-1$ 个聚类中心的平均中心，记为 $z$，$z=\frac{1}{m-1}\sum_{i=1}^{m-1}y_i$； |
| **Step 5** | 以概率 $\frac{d(z,x_i)}{\sum_{n=1}^{N}d(z,x_n)}$ 从$x_n$中选择一个需求方案$x_i$，$(i=1, 2, 3, \cdots, N)$ 作为新的聚类中心，记为$y_m$； |
| **Step 6** | 令 $m=m+1$，当 $m\leqslant K$ 时，重复 Step 4 和 Step 5； |
| **Step 7** | 针对每个聚类中心计算：$C_k=\{i:d(x_i, y_k)\leqslant d(x_i, y_j), j=1, 2, 3, \cdots, K, j\neq k, i=1, 2, 3, \cdots, N\}, k=1, 2, 3, \cdots, K$； |

续　表

| | |
|---|---|
| **Step 8** | 计算聚类 $k$ 中心点：$y_k=\frac{1}{\lvert C_k \rvert}\sum_{i\in C_k}x_i$； |
| **Step 9** | 重复 Step 7 和 Step 8 直到收敛； |
| **Step 10** | 随机选取一个类作为输入； |
| **Step 11** | 使用 CPLEX 求解模型$\hat{\sigma_2}$。 |

## 3.5　数值实验

本节进行数值实验。构建一个小规模的案例，便于求解精确解来展现模型的计算效果，通过 CPLEX12.6 进行编程对模型进行求解，数值实验电脑环境为：Windows 7 操作系统，处理器为 Core I5，3.60GHz，运行内存 4GB RAM。

### 3.5.1　算例设计

文本在算例中使用的运输网络如图 3.1 所示，相关的集合参数已在前文叙述。文中假设需求有 4，即$\lvert J \rvert=4$，四个需求分别为：$p_4\sim p_{10}$，$p_5\sim p_{11}$，$p_3\sim p_{12}$和$p_8\sim p_{10}$。对于每个需求都有 3 条运输路线$J_1=\{p_4\rightarrow p_5\rightarrow p_3\rightarrow p_1\rightarrow p_2\rightarrow p_6\rightarrow p_{10},\ p_4\rightarrow p_5\rightarrow p_7\rightarrow p_2\rightarrow p_6\rightarrow p_{10},\ p_4\rightarrow p_5\rightarrow p_7\rightarrow p_9\rightarrow p_{12}\rightarrow p_{11}\rightarrow p_6\rightarrow p_{10}\}$，$J_2=\{p_5\rightarrow p_3\rightarrow p_1\rightarrow p_2\rightarrow p_6\rightarrow p_{10}\rightarrow p_{11},\ p_5\rightarrow p_7\rightarrow p_2\rightarrow p_6\rightarrow p_{10}\rightarrow p_{11},\ p_5\rightarrow p_7\rightarrow p_9\rightarrow p_{12}\rightarrow p_{11}\}$，$J_3=\{p_3\rightarrow p_4\rightarrow p_5\rightarrow p_7\rightarrow p_9\rightarrow p_{12},\ p_3\rightarrow p_1\rightarrow p_2\rightarrow p_6\rightarrow p_{10}\rightarrow p_{11}\rightarrow p_9\rightarrow p_{12},\ p_3\rightarrow p_1\rightarrow p_2\rightarrow p_6\rightarrow p_7\rightarrow p_9\rightarrow p_{12}\}$，$J_4=\{p_8\rightarrow p_5\rightarrow p_7\rightarrow p_2\rightarrow p_6\rightarrow p_{10},\ p_8\rightarrow p_5\rightarrow p_3\rightarrow p_1\rightarrow p_2\rightarrow p_6\rightarrow p_{10},\ p_8\rightarrow p_5\rightarrow p_7\rightarrow p_9\rightarrow p_{12}\rightarrow p_{11}\rightarrow p_6\rightarrow p_{10}\}$。其他集合：$L_{11}=\{p_4,\ p_5,\ p_3,\ p_1,\ p_2,\ p_6,\ p_{10}\}$，$L_{12}=\{p_4,\ p_5,\ p_7,\ p_2,\ p_6,\ p_{10}\}$，$L_{13}=\{p_4,\ p_5,\ p_7,\ p_9,\ p_{12},\ p_{11},\ p_6,\ p_{10}\}$，$L_{21}=\{p_5,\ p_3,\ p_1,\ p_2,\ p_6,\ p_{10},\ p_{11}\}$，$L_{22}=\{p_5,\ p_7,\ p_2,\ p_6,\ p_{10},\ p_{11}\}$，$L_{23}=\{p_5,\ p_7,\ p_9,\ p_{12},\ p_{11}\}$，$L_{31}=\{p_3,\ p_4,\ p_5,\ p_7,\ p_9,\ p_{12}\}$，$L_{32}=\{p_3,\ p_1,\ p_2,\ p_6,\ p_{10},\ p_{11},\ p_9,\ p_{12}\}$，$L_{33}=\{p_3,\ p_1,\ p_2,\ p_6,\ p_7,\ p_9,\ p_{12}\}$，$L_{41}=\{p_8,\ p_5,\ p_7,\ p_2,\ p_6,\ p_{10}\}$，$L_{42}=\{p_8,\ p_5,\ p_3,\ p_1,\ p_2,\ p_6,\ p_{10}\}$，$L_{43}=\{p_8,\ p_5,\ p_7,\ p_9,\ p_{12},\ p_{11},\ p_6,\ p_{10}\}$。$K_{11}=\{p_4,\ p_3,\ p_2,\ p_6,\ p_{10}\}$，$K_{12}=\{p_4,\ p_5,\ p_7,\ p_6,\ p_{10}\}$，$K_{13}=\{p_4,\ p_5,\ p_9,\ p_{11},\ p_{10}\}$，$K_{21}=\{p_5,\ p_3,\ p_2,\ p_6,\ p_{11}\}$，$K_{22}=\{p_5,\ p_7,\ p_6,\ p_{11}\}$，$K_{23}=\{p_5,\ p_9,\ p_{11}\}$，$K_{31}=\{p_3,\ p_5,\ p_9,\ p_{12}\}$，$K_{32}=\{p_3,\ p_2,\ p_6,\ p_{11},\ p_{12}\}$，$K_{33}=\{p_3,\ p_2,\ p_7,\ p_9,\ p_{12}\}$，$K_{41}=\{p_8,$

$p_7$，$p_6$，$p_{10}$}，$K_{42}=\{p_8, p_5, p_3, p_2, p_6, p_{10}\}$，$K_{43}=\{p_8, p_9, p_{11}, p_{10}\}$。下文将在此设置下进行数值实验，并计算结果的可靠性。

### 3.5.2 参数设置

对于其他参数，文中采取随机生成的方式产生，随机生成的区间皆为假设。任一港口的1TEU装载成本和卸载成本相同，在区间[20,36]上随机生成，同样港口1FEU的装卸成本比1TEU高30；1TEU的转运成本在区间[15,20]上随机生成，同一港口1FEU转运成本比1TEU高20；重装箱成本分别以2TEUs（TEU变为FEU）、FEU（FEU变为TEU）为单位进行计算，都在区间[20,26]上随机生成；各班轮航线的TEU容量在区间[100 000,150 000]上随机生成，FEU在区间[50 000,100 000]上随机生成；$\varrho_1=0.017$，$\varrho_2=0.1$，$\delta=100$，$\varrho_3=150$，$prob(s)=1/|S|(s\in S)$，$\mu_r$ 和 $\Sigma_r$ 分别在区间[3 000, 30 000]，[200 000, 800 000]上随机生成，对于每个需求，文中假设独立同分布。

### 3.5.3 实验结果与分析

为使结果更具有普遍性，本文在不同分布下进行模型求解，假设了两种分布——正态分布和均匀分布，在这两种分布下，分别对SAA模型进行求解。假设样本大小为{8, 10, 12, 14}，样本量为{4, 5, 6}，$\alpha_r$都为0.10。不同样本量与样本大小的组合共有12种，在这12种组合不采取聚类算法时，SAA模型分别在正态分布与均匀分布下的计算结果如表3.3所示。从结果来看，计算结果与需求分布的种类并无很大的关联，正态分布下，样本量越多，目标函数值越大。带有K-means聚类的SAA模型求解结果如表3.4所示，从结果来看，计算结果与样本数量以及样本大小并无关系，带有K-means$^{++}$的SAA计算结果如表3.5所示，从该表可以看出和表3.4一样的结论。

**表3.3　无聚类算法的SAA计算结果($\alpha_r=0.10$)**

| 正态分布 | | | 均匀分布 | | |
|---|---|---|---|---|---|
| 样本数量 | 样本容量 | 目标函数（$\times10^7$） | 样本数量 | 样本容量 | 目标函数（$\times10^7$） |
| 4 | 8 | 7.05 | 4 | 8 | 6.86 |
| 5 | 8 | 7.20 | 5 | 8 | 6.86 |

续　表

| 正态分布 | | | 均匀分布 | | |
| --- | --- | --- | --- | --- | --- |
| 样本数量 | 样本容量 | 目标函数（$\times 10^7$） | 样本数量 | 样本容量 | 目标函数（$\times 10^7$） |
| 6 | 8 | 7.30 | 6 | 8 | 7.12 |
| 4 | 10 | 6.69 | 4 | 10 | 6.73 |
| 5 | 10 | 6.80 | 5 | 10 | 6.78 |
| 6 | 10 | 6.98 | 6 | 10 | 7.02 |
| 4 | 12 | 6.84 | 4 | 12 | 7.06 |
| 5 | 12 | 7.07 | 5 | 12 | 6.87 |
| 6 | 12 | 7.26 | 6 | 12 | 7.33 |
| 4 | 14 | 6.59 | 4 | 14 | 6.66 |
| 5 | 14 | 6.65 | 5 | 14 | 6.52 |
| 6 | 14 | 6.87 | 6 | 14 | 6.86 |

**表 3.4　带有 K-means 的 SAA 计算结果（$\alpha_r=0.10$）**

| 正态分布 | | | 均匀分布 | | |
| --- | --- | --- | --- | --- | --- |
| 样本数量 | 样本容量 | 目标函数（$\times 10^7$） | 样本数量 | 样本容量 | 目标函数（$\times 10^7$） |
| 4 | 8 | 7.25 | 4 | 8 | 7.04 |
| 5 | 8 | 7.62 | 5 | 8 | 6.92 |
| 6 | 8 | 6.98 | 6 | 8 | 6.95 |
| 4 | 10 | 6.51 | 4 | 10 | 6.97 |
| 5 | 10 | 7.23 | 5 | 10 | 6.89 |
| 6 | 10 | 7.10 | 6 | 10 | 7.07 |
| 4 | 12 | 7.12 | 4 | 12 | 7.13 |
| 5 | 12 | 7.24 | 5 | 12 | 6.88 |
| 6 | 12 | 7.45 | 6 | 12 | 7.39 |
| 4 | 14 | 6.77 | 4 | 14 | 6.79 |
| 5 | 14 | 7.19 | 5 | 14 | 6.90 |
| 6 | 14 | 6.88 | 6 | 14 | 6.85 |

综合这三张表来看，可以发现样本数量和大小相同时，带有聚类算法的SAA模型求解结果比不带有聚类算法的结果要大，结果越大意味着运输量越大，也就表明能够满足的需求概率越大，即带有聚类算法的SAA模型更加保守。表3.3中正态分布下目标函数的均值为6.94，均匀分布均值为6.89；表3.4正态分布均值为7.11，均匀分布值为6.98；表3.5正态分布均值为7.23，均匀分布值为6.99。与无聚类情况相比，K-means目标函数值变化率在正态分布与均匀分布下分别为2.45%，1.31%，K-means$^{++}$目标函数值变化率分别为4.18%，1.45%，显然，K-means$^{++}$相比于无聚类情况下的变化率更大，且在正态分布情况下，效果更为显著。

**表3.5 带有K-means$^{++}$的SAA计算结果($\alpha_r=0.10$)**

| 正态分布 | | | 均匀分布 | | |
|---|---|---|---|---|---|
| 样本数量 | 样本容量 | 目标函数（$\times 10^7$） | 样本数量 | 样本容量 | 目标函数（$\times 10^7$） |
| 4 | 8 | 7.62 | 4 | 8 | 7.01 |
| 5 | 8 | 7.66 | 5 | 8 | 6.93 |
| 6 | 8 | 7.56 | 6 | 8 | 6.92 |
| 4 | 10 | 6.65 | 4 | 10 | 6.94 |
| 5 | 10 | 7.13 | 5 | 10 | 6.93 |
| 6 | 10 | 7.02 | 6 | 10 | 7.15 |
| 4 | 12 | 7.09 | 4 | 12 | 7.14 |
| 5 | 12 | 7.56 | 5 | 12 | 6.95 |
| 6 | 12 | 7.54 | 6 | 12 | 7.29 |
| 4 | 14 | 6.65 | 4 | 14 | 6.79 |
| 5 | 14 | 7.25 | 5 | 14 | 6.89 |
| 6 | 14 | 7.02 | 6 | 14 | 6.94 |

在比较算法效果时，本文使用了可靠度这一概念，这一比较方法已经在众多文献中使用[74-77]，从本文研究问题角度来看，该方法具体操作有以下几步：① 求解得到各条需求路线的运输量；② 按照分布随机生成大量方案(数量为$N$)；

③ 按照公式(3.51)、公式(3.52)计算可靠度，其中$X_r$为求解出的需求$r$的运输量，$D_r^n$是需求$r$上，按照某一分布随机生成的需求，$n=1, 2, 3, \cdots, N$，$real$为可靠度。

$$\mathbf{I}_r^n=\begin{cases}1 & D_r^n \leqslant X_r \\ 0 & D_r^n > X_r\end{cases} \tag{3.51}$$

$$real=\frac{\sum_r \sum_n \mathbf{I}_r^n}{N \cdot |J|} \tag{3.52}$$

本文设置$N=10\ 000$，$X_r$为平均需求量，$\alpha_r$为0.10，例如，对于正态分布下的无聚类算法情况下，$X_r$为表3.3中12种组合的解的平均值，再根据同样的分布、均值和方差生成10 000个需求方案，计算得到表3.6中的“无聚类-正态”的可靠度85.25%，与之对应的目标函数值6.94是表3.3中12种组合目标函数值的平均值，以此类推得到表3.6中的数据。从表中可以看到，同样算法下，正态分布的可靠度要比均匀分布高，对于同一分布下不同算法而言，K-means++最高，K-means次之，这说明聚类是有效果的，并且K-means++比K-means效果更好，计算时间上来说，差距不大，在实际情况中，可以使用聚类算法，提高求解质量，对于生产计划的制订有一定的指导意义。

**表3.6　不同情况下的算法效果($\alpha_r=0.10$)**

| 聚类-分布 | 目标函数($\times 10^7$) | 运行时间 | 可　靠　度 |
|---|---|---|---|
| 无聚类-正态 | 6.94 | 210.86 | 85.25% |
| 无聚类-均匀 | 6.89 | 240.78 | 81.53% |
| Kmeans-正态 | 7.11 | 258.50 | 86.32% |
| Kmeans-均匀 | 6.98 | 247.85 | 82.95% |
| Kmeans++-正态 | 7.23 | 260.86 | 87.53% |
| Kmeans++-均匀 | 6.99 | 229.42 | 83.27% |

表3.7给出了针对$\alpha_r$敏感性分析的结果。选取4个样本，每个样本10个需求方案，选用正态分布。从表中可以看出，$\alpha_r$越大，目标函数值越小(如图3.8所示)，这也是符合预期的，$\alpha_r$越大意味着更多的需求方案未被满足，那么实际运输的需求就可能越小，导致总成本更小。

**表 3.7　关于 $\alpha_r$ 的敏感性分析**

| 无聚类 | | K-means | | K-means++ | |
|---|---|---|---|---|---|
| $\alpha_r$ | 目标函数（×10^7） | $\alpha_r$ | 目标函数（×10^7） | $\alpha_r$ | 目标函数（×10^7） |
| 0.05 | 7.49 | 0.05 | 7.62 | 0.05 | 7.41 |
| 0.10 | 6.77 | 0.1 | 7.40 | 0.1 | 7.34 |
| 0.15 | 6.55 | 0.15 | 6.86 | 0.15 | 6.83 |
| 0.20 | 6.15 | 0.2 | 6.61 | 0.2 | 6.64 |
| 0.25 | 6.08 | 0.25 | 6.48 | 0.25 | 6.46 |
| 0.30 | 6.07 | 0.3 | 6.38 | 0.3 | 6.35 |
| 0.35 | 6.06 | 0.35 | 6.23 | 0.35 | 6.26 |
| 0.40 | 6.02 | 0.4 | 6.11 | 0.4 | 6.17 |
| 0.45 | 5.70 | 0.45 | 6.10 | 0.45 | 6.13 |
| 0.50 | 5.68 | 0.5 | 5.95 | 0.5 | 5.97 |

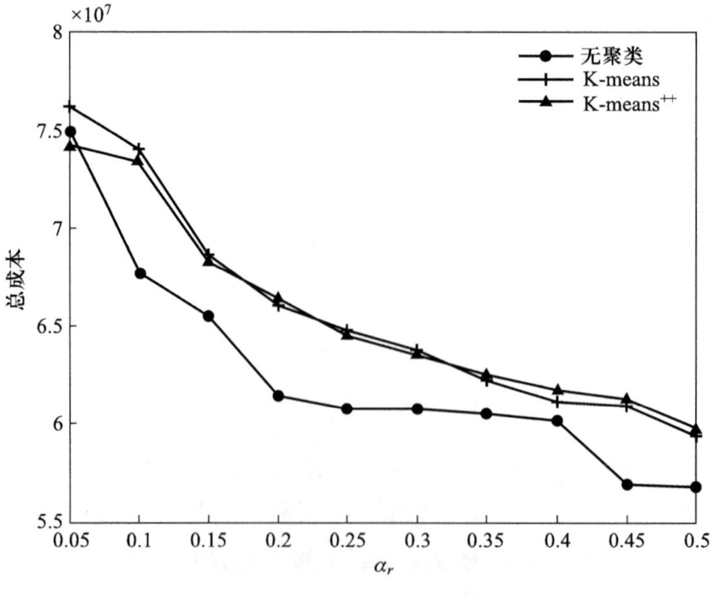


**图 3.8　关于 $\alpha_r$ 的敏感性分析**

## 3.6　本章小结

本章先是详细描述了研究问题:集装箱班轮运输优化问题,并同时考虑随机需求、环境因素与重装箱操作,重装箱操作可以降低运营成本,在以往文献中极少涉及。本章研究了多种需求,有固定的起点港口和终点港口,每种需求有多种运输路线。在需求随机的情况下,构建数学模型,使用机会约束刻画随机性,以选择每种需求的运输路线、是否进行重装箱操作以及进行该操作的港口。由于成本计算较为复杂,为便于建模,3.2 节介绍了 5 种不同的成本计算情况。需求分布可以通过对历史数据的拟合获得,也可能无法进行估计,因此对于机会约束的处理出现了需求分布已知和分布模糊两种情况,以往大多数文献只考虑了其中一种情况,而本文充分考虑了这两种情况。3.4 节介绍在需求分布已知的情况下求解该模型的方法,文中使用了 SAA 求解该模型,并分别结合两种聚类算法(K-means 和 K-means$^{++}$)增强 SAA 算法效果,即 eSAA。

3.5 节构建了小规模案例,使用 CPLEX 求得精确解,可准确进行比较。文中在不同样本数量,样本容量以及需求分布组合下测试了 SAA 与 eSAA 的算法效果,通过生成 10 000 个需求方案计算相应的可靠度,并对$\alpha_r$做敏感性分析。可以得出以下 3 个结论。

(1) eSAA 的可靠度比 SAA 要高,正态分布下的算法比均匀分布下的算法可靠度高,但是差距不大。

(2) 在正态分布或者均匀分布下,K-means$^{++}$ 比 K-means 可靠度高,这也表明了 K-means$^{++}$算法相比于 K-means 更有优势。

(3) 目标函数随着$\alpha_r$的增大而减小,且 eSAA 比 SAA 算法下的目标函数值大。这表明聚类算法对于 SAA 的效果有强化作用,在 eSAA 算法下,所获得的解更为保守。$\alpha_r$越大,需求满足的可能性越低。

如果可精准获得需求的分布,管理者可使用 SAA 进行求解,并利用聚类算法提高解的质量,以做出更好的运输计划。

# 第 4 章　模糊分布下不确定需求的集装箱班轮运输优化

本章在需求分布模糊的情况下进行建模，并引进了两种近似方法（AMI 和 MI-SOCP）对机会约束进行近似、求解。最后在第 3 章建立的小规模案例的基础上进行数值实验，求得精确解，准确进行对比。实验表明分布模糊下的求解要比分布已知下的求解更为保守，且 AMI 比 MI-SOCP 可靠度更高。

## 4.1　问题描述与数学模型

该问题与 3.2 小节描述问题相同，在求解时，使用了无分布近似方法，数学模型为$\hat{o}_1$。

## 4.2　AMI 方法

AMI 方法是由 Ng 在其文章中[25]提出，该方法通过数学推导得到机会约束的近似约束。本节将会具体介绍该方法，并给出在该方法近似后的数学模型。

### 4.2.1　方法介绍

AMI 方法是基于 Markov 不等式，即式(4.1)推导而得的近似方法，该方法由 Ng 在其文章中[25]第一次提出，经过这几年的发展，应用广泛[78-79]。

$$prob\{|Z|\geqslant a\}\leqslant\frac{E(Z)}{a} \tag{4.1}$$

该方法通过变量 $\nu_r$ 将原机会约束，即约束公式(3.32)转化为约束公式(4.2)，$\nu_r$ 由公式(4.3)和(4.4)计算可得，本文使用线性插值进行计算，其中 $\mu_r$、$\Sigma_r$ 为需求 $r$ 上的均值和方差。

$$\sum_{j\in J_r}\sum_{p\in K_{rj}\backslash\{o,d\}}\sum_{q\in K_{rj}\backslash\{o,d\}}x_{rj}^{pq}+\sum_{j\in J_r}x_{rj}^{1}\geqslant\mu_r+\nu_r\quad r\in R \tag{4.2}$$

$$g(\nu_r)\equiv\min_{\varepsilon>0}\left\{e^{\frac{-\varepsilon\nu r}{\mu r}}\left[1+\frac{\Sigma_r}{\mu_r^2\rho_r^2}(e^{\varepsilon\rho_r}-\varepsilon\rho_r-1)\right]-\alpha_r\right\}\quad r\in R \tag{4.3}$$

$$g(\nu_r)=0 \quad r\in R \tag{4.4}$$

令 $\xi_r$ 为随机变量，表示实际的需求与均值之间的差距，则真实的需求 $D_r$ 可表示为公式(4.5)。令 $\rho_r$ 是一个大于 0 的实数且为 $\xi_r$ 的上限，即 $\xi_r \leqslant \rho_r$。

$$D_r=\mu_r(1+\xi_r) \tag{4.5}$$

下面进行证明，证明过程参考 Ng 文章[25]。由泰勒展开可得 $E[e^{\varepsilon\xi_r}]$的表达式如公式(4.6)所示，其中，$\varepsilon>0$。

$$E[\mathrm{e}^{\varepsilon\xi_r}]=1+\sum_{k=2}^{\infty}\frac{\varepsilon^k E[(\xi_r)^2\cdot(\xi_r)^{k-2}]}{k!} \tag{4.6}$$

由于$\xi_r\leqslant\rho_r$，则有公式(4.7)：

$$E[\mathrm{e}^{\varepsilon\xi_r}]\leqslant 1+E[(\xi_r)^2]\cdot\sum_{k=2}^{\infty}\frac{\varepsilon^k\rho_r^{k-2}}{k!} \tag{4.7}$$

由泰勒展开可得公式(4.8)：

$$E[\mathrm{e}^{\varepsilon\xi_r}]\leqslant 1+\frac{E[(\xi_r)^2]}{(\rho_r)^2}(e^{\varepsilon\rho_r}-\varepsilon\rho_r-1) \tag{4.8}$$

将公式(4.5)代入方差公式可得公式(4.9)：

$$\Sigma_r=E[\mu_r^2\,(\xi_r)^2] \tag{4.9}$$

再由公式(4.5)和公式(4.9)，可得公式(4.10)：

$$\mu_r^2\cdot E[(\xi_r)^2]=\Sigma_r \quad r\in R \tag{4.10}$$

则机会约束公式(3.31)与公式(4.11)等价。

$$prob\left\{\sum_{j\in J_r}\sum_{p\in K_{rj}\setminus\{o,d\}}\sum_{q\in K_{rj}\setminus\{o,d\}}x_{rj}^{pq}+\sum_{j\in J_r}x_{rj}^{1}\leqslant D_r\right\}\leqslant\alpha_r \quad r\in R \tag{4.11}$$

根据公式(4.5)可得公式(4.12)：

$$prob\left\{\sum_{j\in J_r}\sum_{p\in K_{rj}\setminus\{o,d\}}\sum_{q\in K_{rj}\setminus\{o,d\}}x_{rj}^{pq}+\sum_{j\in J_r}x_{rj}^{1}\leqslant \mu_r(1+\xi_r)\right\}\leqslant\alpha_r \quad r\in R \tag{4.12}$$

由公式(4.2)和公式(4.12)可得：

$$prob\{\mu_r+\nu_r\leqslant\mu_r(1+\xi_r)\}\leqslant\alpha_r \quad r\in R \tag{4.13}$$

进而可得公式(4.14)：

$$prob\{\mathrm{e}^{\varepsilon\xi_r}\leqslant\mathrm{e}^{\frac{\varepsilon\nu r}{\mu r}}\}\leqslant\alpha_r \quad r\in R \tag{4.14}$$

根据公式(4.1)，可以得到公式(4.15)：

$$prob\{\mathrm{e}^{\varepsilon\xi_r}\leqslant\mathrm{e}^{\frac{\varepsilon\nu r}{\mu r}}\}\leqslant E[\mathrm{e}^{\varepsilon\xi_r}]\cdot\mathrm{e}^{-\frac{\varepsilon\nu r}{\mu r}} \quad r\in R \tag{4.15}$$

再由公式(4.8)与公式(4.15)可得公式(4.16)：

$$prob\{e^{\varepsilon\xi_r} \leqslant e^{\frac{\varepsilon\nu r}{\mu r}}\} \leqslant e^{-\frac{\varepsilon\nu r}{\mu r}} \cdot \left[1+\frac{E[(\xi_r)^2]}{(\rho_r)^2}(e^{\varepsilon\rho_r}-\varepsilon\rho_r-1)\right] \quad r\in R \quad (4.16)$$

由公式(4.14)和公式(4.16)可知通过公式(4.3)可以求出$\nu_r$,进而完成对机会约束的转化。

### 4.2.2 基于AMI方法的近似模型

由AMI近似后的模型如下：

$$[\hat{o}_3] \quad \min f_1 \quad (4.17)$$

$$\boldsymbol{s.t.} \quad (3.8)\text{-}(3.31),\ (3.33)\text{-}(3.35),\ (4.2)\text{-}(4.4)$$

该模型首先要通过公式(4.3)和公式(4.4)求出$\nu_r$的值,代入约束公式(4.2)中,完成对模型的线性化,本文使用线性插值求解$\nu_r$的值。

## 4.3 MI-SOCP方法

MI-SOCP也是一种可以用来近似机会约束的方法[80],该方法主要通过二阶锥规划对机会约束进行处理。

### 4.3.1 方法介绍

当需求分布模糊时,根据Delage和Ye[81]的文章可以用集合$D_r^M$来定义需求$r$的分布$P_r$,$\gamma_1$和$\gamma_2$是调节$D_r^M$的系数,且有$\gamma_2>\gamma_1\geqslant 0$,如公式(4.18)所示。

根据Wagner[82]文章中的定理2.2和Zhang等人[75]文章中的定理2,约束公式(3.32)可以近似为线性约束公式(4.19),其中$\kappa_1$、$\kappa_2$由公式(4.20)和公式(4.21)可得。

$$D_r^M(\Xi_r,\mu_r,\Sigma_r,\gamma_1,\gamma_2)=\left\{P_r(D_r): \begin{array}{c}\sum_{s=1}^{\infty}P_r(D_r(s))=1 \\ (E_{P_r}[D_r]-\mu_r)^2\leqslant\gamma_1\Sigma_r \\ E_{P_r}[D_r-\mu_r]^2\leqslant\gamma_2\Sigma_r\end{array}\right\} \quad (4.18)$$

$$\sum_{j\in J_r}\sum_{p\in K_{rj}\setminus\{o,d\}}\sum_{q\in K_{rj}\setminus\{o,d\}}x_{rj}^{pq}+\sum_{j\in J_r}x_{rj}^{1}-\mu_r\geqslant\sqrt{\frac{(1-\alpha_r)\cdot\Sigma_r}{(1-\kappa_1-\kappa_2)\cdot\alpha_r}}\cdot\left(1+\sqrt{\frac{\alpha_r\cdot\kappa_2}{1-\alpha_r}}\right)r\in R \quad (4.19)$$

$$\gamma_1=\frac{\kappa_2}{1-\kappa_1-\kappa_2} \tag{4.20}$$

$$\gamma_2=\frac{1+\kappa_2}{1-\kappa_1-\kappa_2} \tag{4.21}$$

$$\gamma_2>\gamma_1\geqslant 0 \tag{4.22}$$

其中，$\gamma_1$、$\gamma_2$ 为 $D_r^M$ 的调节系数，选择不同的 $\gamma_1$、$\gamma_2$ 对模型的最后效果有着一定的影响。

### 4.3.2　基于 MI-SOCP 方法的近似模型

由 MI-SOCP 近似后的模型如下：

$$[\hat{\boldsymbol{o}}_4]\quad \min f_1 \tag{4.23}$$

$$\boldsymbol{s.t.}\quad (3.8)—(3.31),\ (3.33)—(3.35),\ (4.19)—(4.22)$$

## 4.4　数值实验

本节在第 3 章构建的案例基础上进行数值实验，对于模型 $\hat{\boldsymbol{o}}_3$，对 $\alpha_r$ 进行敏感性分析；对于模型 $\hat{\boldsymbol{o}}_4$，对 $\gamma_1$、$\gamma_2$、$\alpha_r$ 进行敏感性分析，并给出实验结果和结论。对模型的编程求解主要通过 CPLEX12.6，数值实验电脑环境为：Windows 7 操作系统，处理器为 Core I5，3.60GHz，运行内存 4GB RAM。

### 4.4.1　参数设置

参数设置与 3.5 节中的相同，不同的在于 $\gamma_1$、$\gamma_2$ 的值。令 $a$，$b$ 如公式(4.24)及公式(4.25)所示，在满足 $\gamma_2>\gamma_1\geqslant 0$ 的情况下，实验中设置 $\gamma_1=\{a, 2a, 3a, 4a, 5a\}$，$\gamma_2=\{b, 2b, 3b\}$，$\alpha_r=\{0.10, 0.15, 0.20, 0.25, 0.30\}$。

$$a=\max\nolimits_{r\in R}\left\{\frac{(E_{P_r}[D_r]-\mu_r)^2}{\Sigma_r}\right\} \tag{4.24}$$

$$b=\max\nolimits_{r\in R}\left\{\frac{E_{P_r}[(D_r-\mu_r)^2]}{\Sigma_r}\right\} \tag{4.25}$$

### 4.4.2　实验结果与分析

AMI 的实验结果如表 4.1 所示，从表中可以看到随着 $\alpha_r$ 的增大，目标函数值减小，也就是总成本在降低，这与 SAA、eSAA 的计算结果保持一致，也符合实际预期。表 4.2 给出了 MI-SOCP 关于 $\gamma_1$、$\gamma_2$、$\alpha_r$ 的敏感性分析，可以发现，目标函数值随着 $\gamma_1$ 以及 $\alpha_r$ 的增大而减小，随着 $\gamma_2$ 的增大而增大，在不考虑 $\alpha_r$ 时，当 $\gamma_1=5a$，$\gamma_2=b$ 时，目标函数值最小。

**表 4.1　AMI 计算结果**

| $\alpha_r$ | 目标函数值($\times10^7$) | 运 行 时 间 |
|---|---|---|
| 0.10 | 12.19 | 94.43 |
| 0.15 | 11.42 | 90.42 |
| 0.20 | 10.88 | 92.19 |
| 0.25 | 10.33 | 91.54 |
| 0.30 | 9.94 | 93.63 |

**表 4.2　MI-SOCP 敏感性分析**

| $\{\alpha_r, \gamma_1, \gamma_2\}$ | 目标函数($\times10^7$) | 运行时间 | $\{\alpha_r, \gamma_1, \gamma_2\}$ | 目标函数($\times10^7$) | 运行时间 |
|---|---|---|---|---|---|
| {0.10, 1a, 1b} | 12.71 | 81.51 | {0.20, 3a, 3b} | 14.72 | 96.97 |
| {0.10, 1a, 2b} | 16.39 | 81.61 | {0.20, 4a, 1b} | 9.32 | 100.78 |
| {0.10, 1a, 3b} | 19.20 | 81.50 | {0.20, 4a, 2b} | 12.63 | 101.52 |
| {0.10, 2a, 1b} | 12.33 | 82.19 | {0.20, 4a, 3b} | 14.72 | 100.28 |
| {0.10, 2a, 2b} | 16.31 | 82.67 | {0.20, 5a, 1b} | 8.51 | 98.13 |
| {0.10, 2a, 3b} | 19.23 | 83.76 | {0.20, 5a, 2b} | 12.46 | 98.62 |
| {0.10, 3a, 1b} | 11.70 | 97.77 | {0.20, 5a, 3b} | 14.66 | 99.50 |
| {0.10, 3a, 2b} | 16.08 | 96.06 | {0.25, 1a, 1b} | 9.54 | 98.15 |
| {0.10, 3a, 3b} | 19.14 | 97.04 | {0.25, 1a, 2b} | 11.66 | 97.03 |
| {0.10, 4a, 1b} | 10.78 | 83.91 | {0.25, 1a, 3b} | 13.23 | 99.89 |
| {0.10, 4a, 2b} | 15.76 | 84.40 | {0.25, 2a, 1b} | 9.52 | 97.77 |
| {0.10, 4a, 3b} | 18.96 | 84.70 | {0.25, 2a, 2b} | 11.82 | 98.49 |
| {0.10, 5a, 1b} | 9.34 | 97.97 | {0.25, 2a, 3b} | 13.45 | 100.68 |

续　表

| $\{\alpha_r, \gamma_1, \gamma_2\}$ | 目标函数（×$10^7$） | 运行时间 | $\{\alpha_r, \gamma_1, \gamma_2\}$ | 目标函数（×$10^7$） | 运行时间 |
|---|---|---|---|---|---|
| {0.10，5a，2b} | 15.36 | 98.15 | {0.25，3a，1b} | 9.32 | 97.61 |
| {0.10，5a，3b} | 18.73 | 99.15 | {0.25，3a，2b} | 11.85 | 96.49 |
| {0.15，1a，1b} | 11.16 | 82.36 | {0.25，3a，3b} | 13.56 | 97.02 |
| {0.15，1a，2b} | 14.07 | 81.37 | {0.25，4a，1b} | 8.94 | 101.18 |
| {0.15，1a，3b} | 16.25 | 81.78 | {0.25，4a，2b} | 11.80 | 101.26 |
| {0.15，2a，1b} | 10.95 | 88.58 | {0.25，4a，3b} | 13.59 | 102.74 |
| {0.15，2a，2b} | 14.10 | 98.00 | {0.25，5a，1b} | 8.30 | 97.34 |
| {0.15，2a，3b} | 16.38 | 98.47 | {0.25，5a，2b} | 11.68 | 98.30 |
| {0.15，3a，1b} | 10.53 | 98.06 | {0.25，5a，3b} | 13.58 | 99.10 |
| {0.15，3a，2b} | 14.00 | 96.56 | {0.30，1a，1b} | 9.04 | 99.50 |
| {0.15，3a，3b} | 16.38 | 97.47 | {0.30，1a，2b} | 10.90 | 98.95 |
| {0.15，4a，1b} | 9.87 | 99.64 | {0.30，1a，3b} | 12.29 | 99.30 |
| {0.15，4a，2b} | 13.81 | 100.47 | {0.30，2a，1b} | 9.08 | 100.15 |
| {0.15，4a，3b} | 16.31 | 100.48 | {0.30，2a，2b} | 11.09 | 98.44 |
| {0.15，5a，1b} | 8.80 | 98.23 | {0.30，2a，3b} | 12.55 | 99.65 |
| {0.15，5a，2b} | 13.55 | 98.15 | {0.30，3a，1b} | 8.95 | 97.57 |
| {0.15，5a，3b} | 16.19 | 98.96 | {0.30，3a，2b} | 11.16 | 96.31 |
| {0.20，1a，1b} | 10.20 | 99.65 | {0.30，3a，3b} | 12.68 | 95.89 |
| {0.20，1a，2b} | 12.66 | 98.84 | {0.30，4a，1b} | 8.67 | 100.00 |
| {0.20，1a，3b} | 14.48 | 98.42 | {0.30，4a，2b} | 11.15 | 100.62 |
| {0.20，2a，1b} | 10.11 | 99.42 | {0.30，4a，3b} | 12.75 | 100.82 |
| {0.20，2a，2b} | 12.76 | 100.03 | {0.30，5a，1b} | 8.15 | 95.95 |
| {0.20，2a，3b} | 14.66 | 98.33 | {0.30，5a，2b} | 11.08 | 96.68 |
| {0.20，3a，1b} | 9.81 | 97.92 | {0.30，5a，3b} | 12.77 | 97.15 |
| {0.20，3a，2b} | 12.74 | 96.68 | | | |

表 4.3 给出可靠度分析结果，并将 SAA，eSAA 的结果一起进行对比。在计算 AMI 与 MI-SOCP 可靠度时，分别按照正态分布和均匀分布生成样本。从表中可以看出 AMI 与 MI-SOCP 相比于 SAA 与 eSAA，可靠度明显提高，在 $\alpha_r=0.10$ 时，AMI 比无聚类 SAA 可靠度平均高出 19.83%，比带有 K-means 聚类高出 18.05%，比带有 K-means$^{++}$ 高出 17.01%，同样的 MI-SCOP 分别高出 18.63%，16.88% 和 15.84%。MI-SOCP 与 AMI 相比，AMI 效果要更好，在 $\alpha_r=0.10$、$0.20$、$0.30$ 时，AMI 可靠度平均值比 MI-SOCP 分别高出 1.02%，2.28% 和 2.60%。从目标函数值与可靠度关系可以看出，对于同一种方法，可靠度高，目标函数值高；对于不同方法，也可得出此结论。

**表 4.3　可靠度分析**

| 不同组合 | $\alpha_r=0.10$ | 目标函数 ($\times10^7$) | $\alpha_r=0.20$ | 目标函数 ($\times10^7$) | $\alpha_r=0.30$ | 目标函数 ($\times10^7$) |
|---|---|---|---|---|---|---|
| 无聚类-正态 | 85.25% | 6.77 | 72.28% | 6.21 | 64.59% | 6.06 |
| 无聚类-均匀 | 81.53% | 6.66 | 72.50% | 6.40 | 63.44% | 6.00 |
| K-means-正态 | 86.32% | 7.40 | 75.98% | 6.49 | 64.30% | 6.23 |
| K-means-均匀 | 82.95% | 6.79 | 74.26% | 6.46 | 68.99% | 6.37 |
| K-means$^{++}$-正态 | 87.53% | 7.34 | 73.10% | 6.84 | 66.32% | 6.26 |
| K-means$^{++}$-均匀 | 83.27% | 6.79 | 77.24% | 6.56 | 67.55% | 6.18 |
| AMI-正态 | 99.86% | 12.19 | 99.58% | 10.88 | 98.91% | 9.94 |
| AMI-均匀 | 100% | 12.19 | 99.43% | 10.88 | 98.24% | 9.94 |
| MI-SOCP-正态 | 98.27% | 9.34 | 96.45% | 8.51 | 95.10% | 8.15 |
| MI-SOCP-均匀 | 99.58% | 9.34 | 98.13% | 8.51 | 97.06% | 8.15 |

图 4.1 与图 4.2 是总成本与二氧化合物排放成本随着 $\alpha_r$ 变化而受到的影响，从图中可以看到，二者都随着 $\alpha_r$ 的增大而减小，变化趋势上也是相似的。$\alpha_r$ 增大带来成本的降低，环境污染的降低，但是也会提高顾客的不满意度，这也不符合企业的实际需求；但是 $\alpha_r$ 过小，虽然顾客满意度提高，但是因为边际效应的减小，可能并不能弥补高成本带来的损失，企业需要在二者之间寻求平衡。

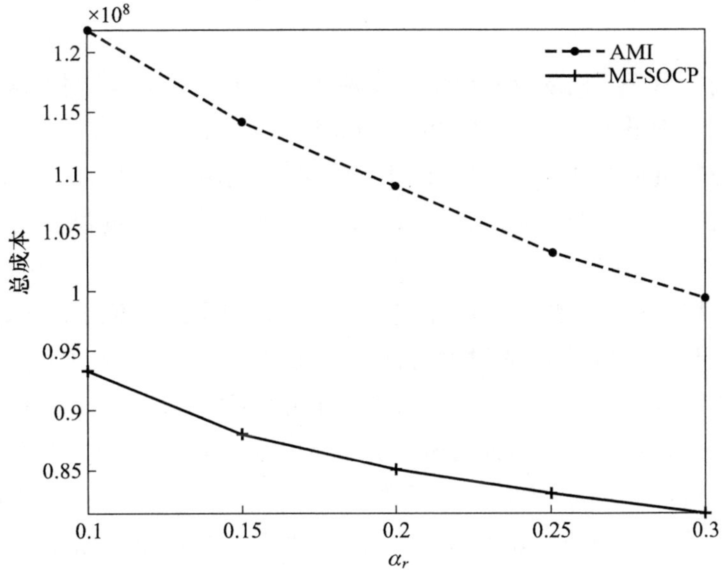


**图 4.1　MI-SOCP 与 AMI 总成本敏感性分析**

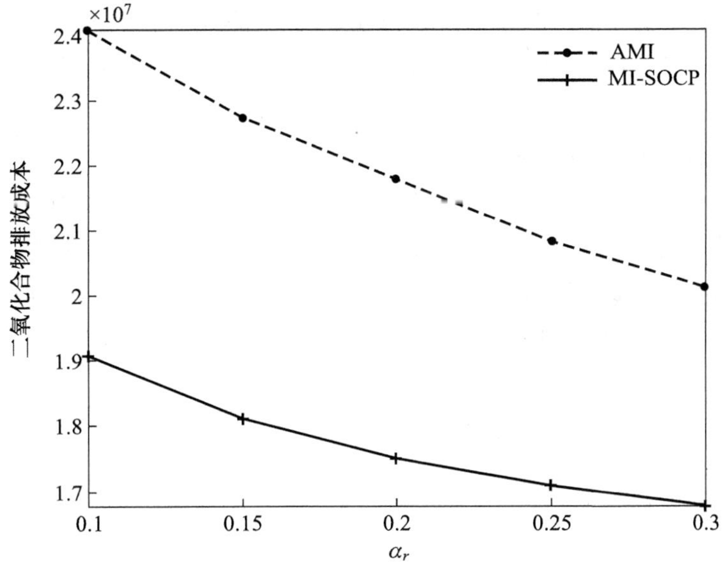


**图 4.2　MI-SOCP 与 AMI 二氧化合物排放成本敏感性分析**

## 4.5 本章小结

本文充分考虑了需求分布已知与模糊两种情况下的求解。本章建立在第 3 章的问题与数学模型基础上，考虑需求分布模糊的情况，文中 4.2 节和 4.3 节介绍两种无分布近似方法，即 AMI 和 MI-SOCP，分别用这两种方法将原模型进行转化，4.4 节在第 3 章算例基础上做了数值实验。本章实验结果可总结如下两点。

第一，从目标函数的角度来看，① 对于 AMI 方法，本章对 $\alpha_r$ 做敏感性分析，实验结果表明：随着 $\alpha_r$ 的增大，目标函数值在不断减小，意味着所得解满足需求的概率越来越低；② 对于 MI-SOCP 方法，参数 $\gamma_1$、$\gamma_2$ 影响了模型求解结果，敏感性分析表明，目标函数值随着 $\gamma_1$ 的增大而减小，随着 $\gamma_2$ 的增大而增大，当 $\alpha_r$ 确定时，$\gamma_1=5a$，$\gamma_2=b$，目标函数值最小；③ 对于 MI-SOCP 方法，目标函数值随着 $\alpha_r$ 增大而减小；④ 总成本与二氧化合物排放成本都随着 $\alpha_r$ 的增大而减小，变化趋势上也是相似的，$\alpha_r$ 增大带来成本和环境污染的降低。

第二，从可靠度的角度来看，① $\alpha_r$ 在不同值下，AMI 比 MI-SOCP 可靠度都要高；② 不同分布对 AMI 与 MI-SOCP 的可靠度影响不大；③ 将 SAA、eSAA、AMI、MI-SOCP 四种方法的可靠度进行比较，由高到低的顺序为 AMI、MI-SOCP、eSAA、SAA。

从目标函数值与可靠度关系可以看出，对于同一种方法，可靠度高，目标函数值就高。$\alpha_r$ 增大可带来成本和环境污染的降低，但会提高顾客的不满意度，这也不符合企业的实际需求；$\alpha_r$ 过小，虽然顾客满意度提高，但是因为边际效应的减小，可能并不能弥补高成本带来的损失。从本章的实验分析结果可以为船运公司提供一些借鉴。船运公司可根据自身需求，选择不同的方法、不同的 $\alpha_r$ 进行计算，以制定运输计划。

# 第 5 章　风险控制下不确定需求集装箱班轮运输优化

在不确定环境下,风险是不可避免的,该角度在文献中少有考虑。本章建立风险规避模型,引入 CVaR 衡量风险,可在不同的置信水平与风险水平下进行决策,降低极端情况带来的影响。

## 5.1　问题描述

前文的四个模型都属于风险中性模型,没有将不确定环境下的风险考虑进去,一旦发生极端情况,会产生效果极差的解,虽然这种情况发生概率低,但是一旦发生可能会给企业带来巨大的损失[11],因此需要将风险考虑进不确定性模型当中。风险规避模型在此考虑下发展起来。在集装箱班轮运输相关文献中,极少有结合风险进行建模求解,此章将会把 CVaR 考虑进行目标函数中,具体问题与 3.1 节相同。

## 5.2　风险定义与衡量方法

本章使用 Conditional Value at Risk(CVaR)作为衡量措施,下面介绍 CVaR 的具体定义。

令 $F_X(\cdot)$是变量 $X$ 的累积分布函数,根据 Rockafellar 等[83]文章中的定义 1,在置信水平 $\beta$ 时($\beta \in (0,1]$),公式(5.1)给出了 VaR(Value at Risk)即 $VaR_\beta(X)$的定义,如公式(5.1)所示。

$$VaR_\beta(X)=\inf_{\eta \in R}\{F_X(\eta)\geqslant \beta\} \tag{5.1}$$

在 VaR 基础上,公式(5.2)给出了 CVaR 的定义[83,84]。

$$CVaR_\beta(X)=E[X \mid X\geqslant VaR_\beta(X)] \tag{5.2}$$

Rockafellar 等在其文章中[83]证明了在置信水平为 $\beta$ 时,关于变量 $X$ 的 CVaR 可以表示为公式(5.3),其中$[X-\eta]_+ \equiv \max\{0,X-\eta\}$。

$$CVaR_{\beta}(X)=\inf_{\eta\in R}\left\{\eta+\frac{1}{1-\beta}E[[X-\eta]_{+}]\right\} \tag{5.3}$$

## 5.3 模型构建

考虑 CVaR 时,模型构建如下。

$$[\hat{\boldsymbol{o}}_5]\quad \min f_2=C_{carb}+C_{pack}+C_{trans}+C_{load}+(1-\lambda)\cdot C_{pena}+\lambda\cdot\left\{\eta+\frac{1}{1-\beta}\cdot E[\rho_3\cdot\sum_{j\in J_r}x_{rj}^2(s)-\eta]_+\right\} \tag{5.4}$$

***s.t.*** (3.8)—(3.31),(3.33)—(3.35),(3.40)—(3.50),(5.5)—(5.6)

$$\eta\in R \tag{5.5}$$

$$\lambda\in[0,1) \tag{5.6}$$

公式(5.4)给出了模型的目标函数,其中 $\lambda$ 为风险水平;公式(5.5)和公式(5.6)代表了变量 $\eta$ 和 $\lambda$ 的范围。

显然模型 $\hat{\boldsymbol{o}}_5$ 是非线性的,现将其线性化如下。

$$[\hat{\boldsymbol{o}}_6]\quad \min f_4=C_{carb}+C_{pack}+C_{trans}+C_{load}+(1-\lambda)\cdot C_{pena}+\lambda\cdot\left\{\eta+\frac{1}{1-\beta}\sum_{s\in S}[Pr(s)\cdot\tau(s)]\right\} \tag{5.7}$$

***s.t.*** (3.8)-(3.31),(3.33)-(3.35),(3.40)-(3.50),(5.5)-(5.6),(5.8)-(5.10)

$$\tau(s)\geqslant\sum_{r\in R}\rho_3\cdot\sum_{j\in J_r}x_{rj}^2(s)-\eta\quad s\in S \tag{5.8}$$

$$\boldsymbol{\tau}(s)\geqslant 0\quad s\in S \tag{5.9}$$

$$\tau\in R_+^{|S|} \tag{5.10}$$

公式(5.7)为线性化后的目标函数,公式(5.8)是对模型 $\hat{\boldsymbol{o}}_5$ 目标函数的线性化,公式(5.9)和公式(5.10)是变量的范围。

## 5.4 数值实验

本节在第 3 章构建小规模案例基础上进行数值实验,获得精确解,能够准确地比对不通过参数下的模型结果并进行分析。对模型的编程求解主要通过 CPLEX12.6,数值实验电脑环境为:Windows 7 操作系统,处理器为 Core I5,3.60GHz,运行内存 4GB RAM。

### 5.4.1　参数设置

算例和参数与 3.5 节中介绍相同，样本量为 1，样本容量为 160，方案以正态分布随机生成。在敏感性分析时，除了绘图展示总成本变化，文中还给出了二氧化合物排放成本的变化。

### 5.4.2　实验结果与分析

风险承受能力是具有不确定性决策问题的重要方面，不同风险偏好可能导致不同的决策。该部分对 $\lambda$，$\beta$，$\alpha_r$ 进行敏感性分析，结果如图 5.1～图 5.6 所示。

图 5.1 和图 5.2 是对 $\lambda$ 进行敏感性分析下，横坐标是 $\lambda$，纵坐标为总成本和二氧化合物排放成本。$\alpha_r$ 与 $\beta$ 选取了四个参数组合，分别为{0.10，0.70}，{0.10，0.90}，{0.30，0.70}和{0.30，0.90}。从图中可以看出，总成本随着 $\lambda$ 的增加而增加，二氧化合物排放成本总体趋势随着 $\lambda$ 的增加而增加，部分区段有所波动，在 $\alpha_r=0.10$ 时，成本明显要更高，$\alpha_r$ 越小，成本越高，决策越保守。从曲线的走向可以看出，总成本比二氧化合物排放成本更容易受到 $\lambda$ 的影响。

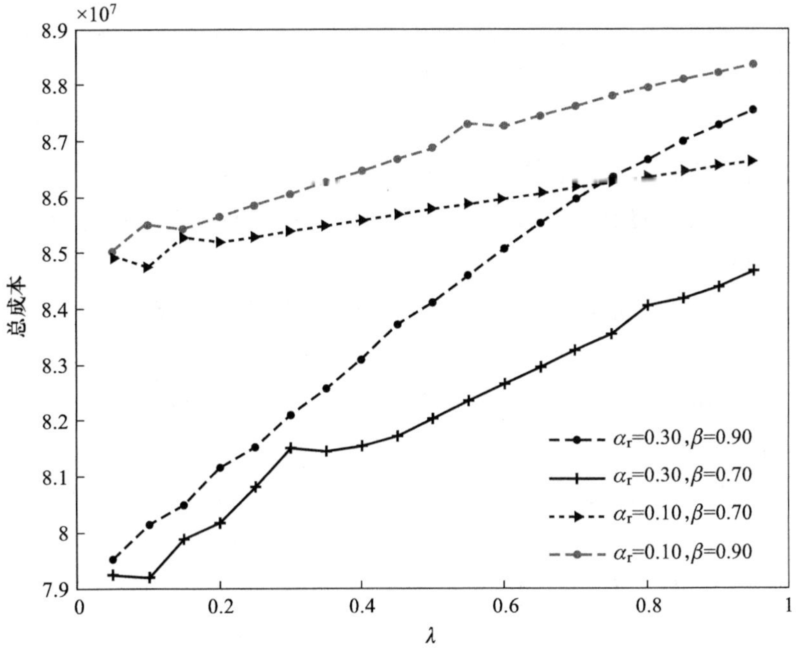


**图 5.1　总成本——$\lambda$**

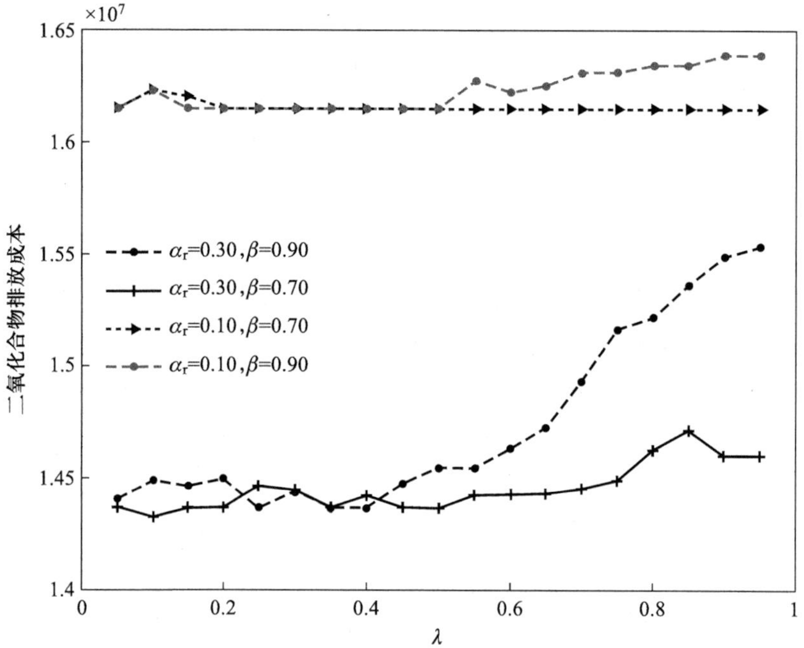


**图 5.2　二氧化合物排放成本——$\lambda$**

图 5.3 和图 5.4 是对 $\beta$ 进行敏感性分析，总成本与二氧化合物排放成本的变化趋势。$\alpha_r$ 与 $\lambda$ 选取了四个参数组合，分别为{0.10，0.70}，{0.10，0.90}，{0.30，0.70}和{0.30，0.90}。随着 $\beta$ 的增加，总成本呈增长状态，且变化较大，二氧化合物排放成本总体呈增长，变化较小，这说明 $\beta$ 对二氧化合物排放成本影响不大。在 $\beta$ 较大的情况下，意味着要采取更为保守的决策，并为较差的情况分配更多的权重。

图 5.5 和图 5.6 是对 $\alpha_r$ 进行敏感性分析，总成本与二氧化合物排放成本的变化趋势。$\beta$ 与 $\lambda$ 选取了四个参数组合，分别为{0.70，0.70}，{0.70，0.90}，{0.90，0.70}和{0.90，0.90}。两种成本均随着 $\alpha_r$ 增大而减小。而且，更高概率地满足需求会带来更大的环境影响。

该实验结果对船运公司具有一定的指导意义：① 公司可根据自身对于风险水平的需求，选择合适的参数进行求解，例如希望有能对抗风险的决策结果，则可在风险水平与置信水平较高下进行求解；② 如果该公司更加关注对环境产生的影响，则可选择牺牲顾客的满意度，增大需求不满足概率；③ 公司可根据实验结果，根据自身所需，平衡好运营成本、环境影响与风险之间的关系。

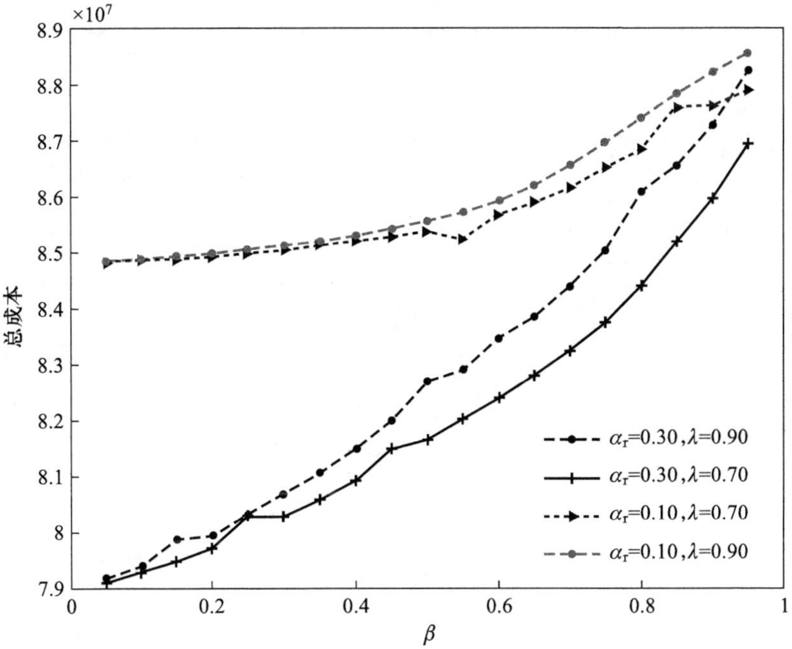


**图 5.3　总成本——β**

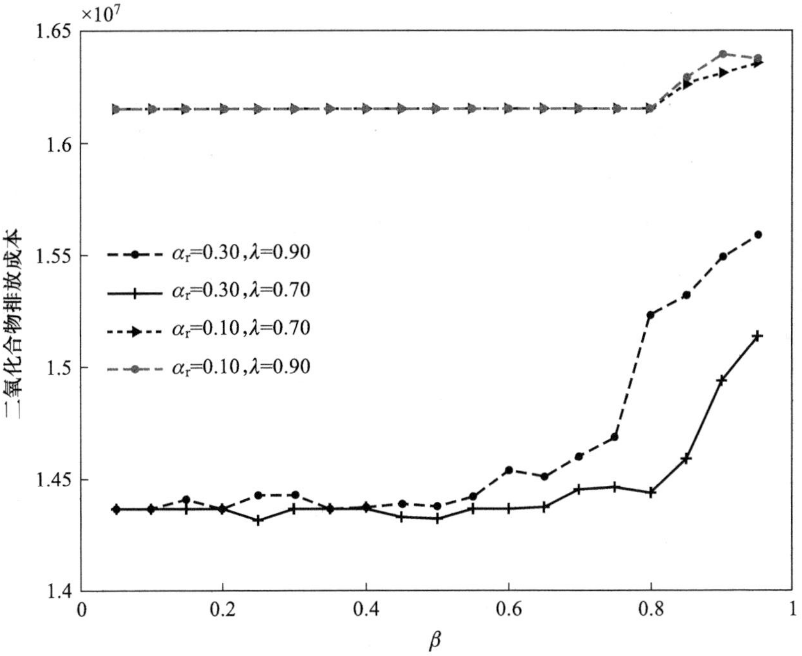


**图 5.4　二氧化合物排放成本——β**

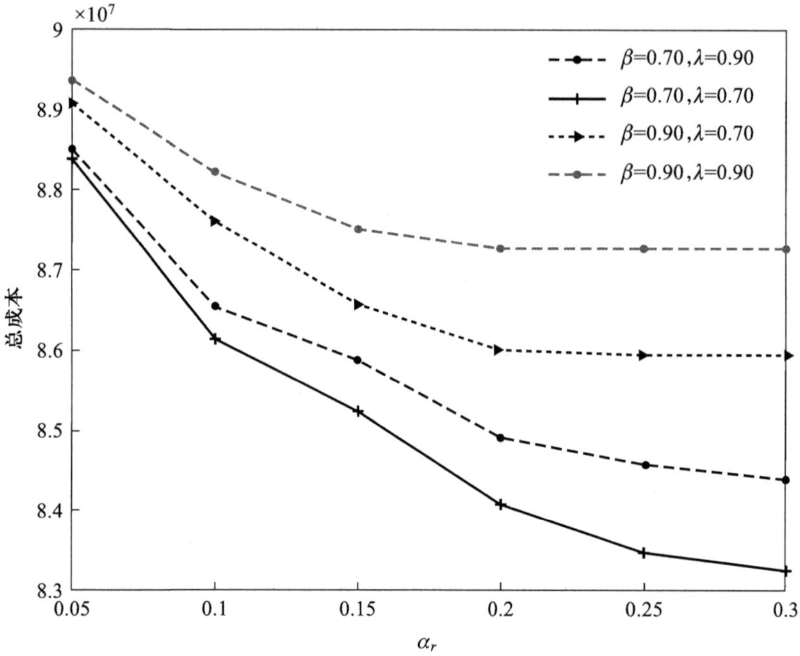


**图 5.5 总成本——$\alpha_r$**

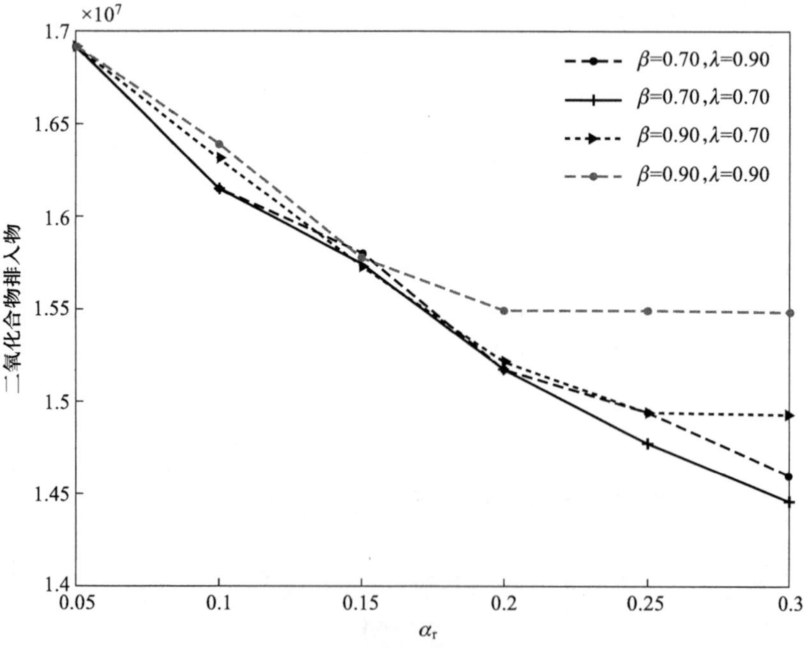


**图 5.6 二氧化合物排放成本——$\alpha_r$**

## 5.5 本章小节

不确定问题中，风险是不可避免的，大部分集装箱运输文献中都未考虑风险。本章在考虑重装箱的不确定集装箱班轮运输优化问题下，将风险考虑进模型，建立了带有风险的随机模型，文中使用 CVaR 来衡量风险，可在不同置信水平与风险水平下进行决策，5.2 节具体介绍 CVaR 定义，5.3 节完成对模型的构建以及线性化，5.4 节在第 3 章构建案例的基础上进行了数值实验，主要针对 $\lambda$，$\beta$，$\alpha_r$ 进行敏感性分析。本章节实验结果可总结如下四点。

第一，在风险水平提高时，总成本也在不断增大，且在 $\alpha_r$ 较大时，变化趋势更为明显，二氧化合物总体和总成本保持着一样的变化趋势，总成本比二氧化合物排放成本更容易受到 $\lambda$ 的影响。这说明风险水平较大时，会采取更为保守的决策方案，以降低极端情况带来的损失，并且在 $\alpha_r$ 较大时，不确定性增加，模型为应对此时更大的不确定性，会加速提高决策结果的保守程度。

第二，在置信水平提高时，总成本不断增大，二氧化合物排放成本也在不断增大，且在 $\alpha_r$ 较大时，变化趋势更为明显。

第三，$\alpha_r$ 增大，总成本和二氧化合物排放成本不断降低，这是因为所要满足的需求减少了。

第四，在 $\alpha_r$ 较小时，二氧化合物的排放成本较为稳定，随着 $\lambda$ 和 $\beta$ 变化而变化，但是变化趋势很小，这说明在 $\alpha_r$ 较小时，尽管风险水平和置信水平在变化，但是对于运输路线的选择是基本不变的。

风险承受能力是不确定性问题在决策时需要考虑的关键点，不同的风险偏好可能导致不同的决策，对公司的长期发展起着决定性的作用。基于以上结论，决策者可根据自身所需，选择合适的参数进行决策，例如追求高利润，着眼于短期利益的公司则可在较低置信水平和风险水平下进行决策；关注顾客满意度的公司，则可在较高需求满足概率下进行决策等。

# 第 6 章　总结与展望

集装箱班轮运输问题一直是船运公司的决策重点，面对复杂的市场环境，在不确定性环境下进行决策是现实需要，也是优化理论的发展方向。更科学的决策可以提高管理效率，降低运营成本。重装箱操作会带来成本的降低，但是现有文献中极少有对其进行研究。另外，环境问题一直是国际关注的热点，集装箱运输会对环境产生影响，将环境因素考虑进集装箱运输问题是许多学者热衷的话题。本文在随机情况下，考虑环境因素与重装箱操作，对集装箱班轮运输问题进行研究，以总成本最小化为目标，包括装载成本、卸载成本、重装箱成本、转运成本、二氧化合物排放成本，建立随机模型，大多数文献求解时只考虑一种情况，本文充分考虑需求已知与需求模糊两种情况，并分别采用方法进行建模求解。风险问题是伴随着不确定性而产生的，本文引入 CVaR，对风险进行衡量，建立风险规避模型，可在不同置信水平和风险水平下进行决策。文中做了大量的数值实验，对实验结果进行分析。

## 6.1　全文总结

本文梳理了近年来集装箱运输问题的相关研究文献，可以看到考虑重装箱策略的文献极少，而对于环境因素考虑的文献也较少。然而，环境污染是社会亟待解决的重要问题之一，重装箱操作也可带来成本的降低，同时，随机环境更加符合当今的市场变化，这都有必要考虑进调度优化中，是企业的社会责任，也更有利于企业的长远发展。文中梳理了关于风险度量的文献，发现基本没有文献将风险考虑进集装箱班轮运输问题中，风险在随机环境下是不可避免的，有些极端情况发生概率虽然低，但是一旦发生就会给企业带来巨大的损失，因此将风险度量考虑进模型中是非常有必要的。本文建立了风险规避模型，以寻求在不同风险水平与置信水平下的决策。

本文的主要内容和贡献总结为如下三点。

(1) 在需求随机的情况下，构建数学模型，决策需求的运输路线、是否进行重装箱操作以及重装箱操作的港口，模型中使用机会约束刻画随机性。在需求分布已知的情况下(文中假设为正态分布或者均匀分布),使用 SAA 算法进行求解。此外,文中采用 K-means 和 K-means$^{++}$ 两种聚类方法增强 SAA 算法的效果,即 eSAA。

(2) 需求分布模糊时,给出需求的均值与方差,文中采用两种方法对机会约束进行处理,即基于 Markov 不等式方法(AMI)与二阶锥规划(MI-SOCP).

(3) 随机环境中,风险问题不可避免。本文将风险考虑进模型,构建风险规避模型,该模型采用 CVaR 来衡量风险,将 CVaR 加入目标函数,并将此模型线性化,可在不同风险水平与置信水平下进行决策。

文中在构建的小规模案例基础上,对每个模型都做了大量数值实验和敏感性分析,求解主要使用 CPLEX,可获得精确解,以更加准确地评价模型的优劣,以及模型参数对模型的影响,并生成 10 000 个需求方案,计算每种方法的可靠度,实验结果表明了以下三点。

① 从可靠度角度来看,四种方法由高到低排序为 AMI、MI-SOCP、eSAA、SAA,无分布下的优化方法所求得的解决方案更加保守,对于 SAA 与 eSAA 而言,正态分布下的可靠度比均匀分布更高。

② 风险规避模型中,目标函数随着置信水平与风险水平的增大而增大,即在置信水平和风险水平较高的情况下,通过模型得到更加保守的解决方案,以降低极端情况带来的不良影响。并且在需求不满足概率较大时,总成本与二氧化合物排放成本的变化趋势更为明显。

③ 二氧化合物排放成本与总成本都随着需求不满足概率增大而增大,且总成本变化率更大。

本文对班轮运输公司管理实践具有一定的理论参考意义。公司管理者可依据自身需求差异(包括顾客满意度和可靠度之间的平衡,决策方案风险水平的选择,以及环境保护需求),选择不同的优化方法和优化参数,最大限度降低公司运营成本,提高企业核心竞争力,承担起企业的社会责任。

## 6.2　未来展望

本文在问题创新上取得了一定的成果,同时构建了数学模型、应用了多种求解方法以及引入了风险规避模型,但仍存在一些不足之处,该项研究可向多个方向进一步拓展。

(1) 在构建随机模型时,可以考虑更多随机因素,例如二氧化合物排放不确定以及航行时间的不确定。文中第 3 章在求解时，假设分布为正态分布与均匀分布，且使用了两种聚类方法，还可以探究其他分布状态下，应用其他聚类算法时模型的求解效果。

（2）第 4 章在需求分布模糊的情况下，采用两种方法对机会约束进行处理、求解。可以在机会约束处理方法这个角度上进行拓展研究。机会约束处理的方法有很多，不同问题有着不同的适用方法，可以比较更多的方法效果，找到该问题更合适的近似方法。

（3）第 5 章在建立风险规避模型时，使用 CVaR 衡量风险，还可以探究其他风险衡量方法，以进行比对。另外，本文所有模型都是通过 CPLEX 进行求解，该求解器在求解大规模问题时会很耗时，需要开发效果较好的近似算法或者精确算法。

# 参 考 文 献


[1] 陈佳伟.集装箱班轮轴辐式网络鲁棒优化模型研究[D].大连:大连海事大学,2018.

[2] WANG S, QU X, WANG T, et al. Optimal container routing in liner shipping networks considering repacking 20ft containers into 40ft containers[J]. Journal of Advanced Transportation, 2017: 1-9.

[3] CARIOU P, PAROLA F, NOTTEBOOM T. Towards low carbon global supply chains: A multi-trade analysis of $CO_2$ emission reductions in container shipping[J]. International Journal of Production Economics, 2019, 208: 17-28.

[4] FITZGERALD W B, HOWITT O A, SMITH I, et al. Energy use of integral refrigerated containers in maritime transportation[J]. Energy Policy, 2011, 39(4): 1885-1896.

[5] WANG B, WANG Z. Research on the optimization of intermodal empty container reposition of land-carriage[J]. Journal of Transportation Systems Engineering and Information Technology, 2007, 7(3): 29-33.

[6] LIU H, MENG Z, SHANG Y, et al. Shipping emission forecasts and cost-benefit analysis of China ports and key regions' control[J]. Environmental Pollution, 2018, 236: 49-59.

[7] YUN W Y, LEE Y M, CHOI Y S. Optimal inventory control of empty containers in inland transportation system[J]. International Journal of Production Economics, 2011, 133(1): 451-457.

[8] CHAO S, YU M, HSIEH W. Evaluating the efficiency of major container shipping companies: A framework of dynamic network DEA with shared inputs[J]. Transportation Research Part A: Policy and Practice, 2018, 117: 44-57.

[9] BALAKRISHNAN A, KARSTEN C V. Container shipping service selection and cargo routing with transshipment limits[J]. European Journal of Operational Research, 2017, 263(2): 652-663.

[10] 计明军,张开放,祝慧灵,等. 基于可变航速的支线集装箱船舶调度优化模型与算法[J]. 运筹与管理, 2019, 28(11)):18-26.

[11] NOYAN N. Risk-averse two-stage stochastic programming with an application to disaster management[J]. Computers & Operations Research, 2012, 39(3): 541-559.

[12] WANG S. Essential elements in tactical planning models for container liner shipping[J]. Transportation Research Part B: Methodological, 2013, 54: 84-99.

[13] RODRIGUES V S, BERESFORD A, PETTIT S, et al. Assessing the cost and $CO_{2e}$ impacts of rerouting UK import containers[J]. Transportation Research Part A: Policy and Practice, 2014, 61: 53-67.

[14] ZHENG J, SUN Z, ZHANG F. Measuring the perceived container leasing prices in liner shipping network design with empty container repositioning[J]. Transportation Research Part E: Logistics and Transportation Review, 2016, 94: 123 - 140.

[15] HJORTNAES T, WIEGMANS B, NEGENBORN R R, et al. Minimizing cost of empty container repositioning in port hinterlands, while taking repair operations into account [J]. Journal of Transport Geography, 2017, 58: 209 - 219.

[16] 胡坚堃,彭子良,黄有方. 集装箱班轮服务网络优化和货运路径设计[J]. 上海海事大学学报, 2018, 39(3): 1 - 5.

[17] CHEN J, JIA S, WANG S, et al . Subloop-based reversal of port rotation directions for container liner shipping network alteration [J]. Transportation Research Part B: Methodological, 2018, 118: 336 - 361.

[18] HU J, HUANG Y, ZHAO X. Research on the slot allocation of container liner under e-commerce environment[J]. Computers & Industrial Engineering, 2019, 129: 556 - 562.

[19] 刘婵娟,胡志华,杨正璇. 基于社会网络的全球集装箱海运网络层次体系与派系划分[J]. 世界地理研究, 2019, 28(6): 68 - 76.

[20] ZHAO H, MENG Q, WANG Y. Exploratory data analysis for the cancellation of slot booking in intercontinental container liner shipping: A case study of Asia to US West Coast Service[J]. Transportation Research Part C: Emerging Technologies, 2019, 106: 243 - 263.

[21] LUO T, CHANG D. Empty container repositioning strategy in intermodal transport with demand switching[J]. Advanced Engineering Informatics, 2019, 40: 1 - 13.

[22] MENG Q, WANG T. A chance constrained programming model for short-term liner ship fleet planning problems[J]. Maritime Policy & Management, 2010, 37(4): 329 - 346.

[23] MENG Q, WANG T, WANG S. Short-term liner ship fleet planning with container transshipment and uncertain container shipment demand [J]. European Journal of Operational Research, 2012, 223(1): 96 - 105.

[24] WANG T, MENG Q, WANG S. Robust optimization model for liner ship fleet planning with container transshipment and uncertain demand [J]. Transportation Research Record: Journal of the Transportation Research Board, 2012, 2273(1): 18 - 28.

[25] NG M. Distribution-free vessel deployment for liner shipping[J]. European Journal of Operational Research, 2014, 238(3): 858 - 862.

[26] DONG J X, LEE C Y, SONG D P. Joint service capacity planning and dynamic container routing in shipping network with uncertain demands[J]. Transportation Research Part B: Methodological, 2015, 78: 404 - 421.

[27] KEPAPTSOGLOU K, FOUNTAS G, KARLAFTIS M G. Weather impact on containership routing in closed seas: A chance-constraint optimization approach[J]. Transportation Research Part C: Emerging Technologies, 2015, 55: 139 - 155.

[28] LI C, QI X T, SONG D P. Real-time schedule recovery in liner shipping service with regular

uncertainties and disruption events[J]. Transportation Research Part B: Methodological, 2016, 93: 762 - 788.

[29] XIE Y, SONG D P. Optimal planning for container prestaging, discharging, and loading processes at seaport rail terminals with uncertainty[J]. Transportation Research Part E: Logistics and Transportation Review, 2018, 119: 88 - 109.

[30] 赵祎. 随机环境下集装箱海铁联运系统建模与优化研究[D]. 北京：北京交通大学，2019.

[31] ZHEN L, HU Y, WANG S, et al. Fleet deployment and demand fulfillment for container shipping liners [J]. Transportation Research Part B: Methodological, 2019, 120: 15 - 32.

[32] CHARNES A, COOPER W, Symonds G. Cost horizons and certainty equivalents an approach to stochastic programming of heating oil [J]. Management Science, 1958, 4 (3): 235 - 263.

[33] PANDA D, KAR S, MAITY K, et al. A single period inventory model with imperfect production and stochastic demand under chance and imprecise constraints[J]. European Journal of Operational Research, 2008, 188(1): 121 - 139.

[34] SHEN S. Using integer programming for balancing return and risk in problems with individual chance constraints [J]. Computers & Operations Research, 2014, 49:59 - 70.

[35] SIMIC V. Interval-parameter chance-constraint programming model for end-of-life vehicles management under rigorous environmental regulations[J]. Waste Management, 2016, 52: 180 - 192.

[36] BORODIN V, DOLGUI A, HNAIEN F, et al. Component replenishment planning for a single-level assembly system under random lead times: A chance constrained programming approach[J]. International Journal of Production Economics, 2016, 181: 79 - 86.

[37] CHEN J, CHEN L, SUN D. Air traffic flow management under uncertainty using chance-constrained optimization[J]. Transportation Research Part B: Methodological, 2017, 102: 124 - 141.

[38] NOORIZADEGAN M, CHEN B. Vehicle routing with probabilistic capacity constraints [J]. European Journal of Operational Research, 2018, 270(2): 544 - 555.

[39] 陈金富,孙鑫,段献忠,等. 基于机会约束规划的含风电场电力系统可用输电能力计算[J]. 中国电机工程学报,2019,,39(23): 6804 - 6814.

[40] 王智冬,娄素华,范臻,等. 基于机会约束规划的含大规模风电电力系统阻塞调度优化[J]. 电力系统自动化,2019,43(23):147 - 154.

[41] GAO Y, QIN Z. A chance constrained programming approach for uncertain p-hub center location problem[J]. Computers & Industrial Engineering, 2016, 102: 10 - 20.

[42] EMELOGU A, CHOWDHURY S, MARUFUZZAMAN M, et al. An enhanced sample average approximation method for stochastic optimization[J]. International Journal of Production Economics, 2016, 182: 230 - 252.

[43] QUDDUS M A, CHOWDHURY S, Marufuzzaman M, et al. A two-stage chance-constrained stochastic programming model for a bio-fuel supply chain network[J]. International Journal of Production Economics, 2018, 195: 27-44.

[44] LI X, ZHANG K. A sample average approximation approach for supply chain network design with facility disruptions[J]. Computers & Industrial Engineering, 2018, 126: 243-251.

[45] BENTAHA M L, BATTAÏA O, DOLGUI A, et al. Second order conic approximation for disassembly line design with joint probabilistic constraints[J]. European Journal of Operational Research, 2015, 247(3): 957-967.

[46] DING X, HUA D, JIANG G, et al. Two-stage interval stochastic chance-constrained robust programming and its application in flood management[J]. Journal of Cleaner Production, 2017, 167: 908-918.

[47] KINAY Ö B, KARA Ḃ Y, SALDANHA-DA-GAMA F, et al. Modeling the shelter site location problem using chance constraints: A case study for Istanbul[J]. European Journal of Operational Research, 2018, 270(1): 132-145.

[48] NG M. Container vessel fleet deployment for liner shipping with stochastic dependencies in shipping demand[J]. Transportation Research Part B: Methodological, 2015, 74: 79-87.

[49] SUN H, GAO Z Y, SZETO W Y, et al. A distributionally robust joint chance constrained optimization model for the dynamic network design problem under demand uncertainty [J]. Networks and Spatial Economics, 2014, 14(3-4): 409-433.

[50] NEMIROVSKI A, SHAPIRO A. Convex approximations of chance constrained programs [J]. Society for Industrial and Applied Mathematics, 2006, 17(4): 969-996.

[51] ALIZADEH F, GOLDFARB D. Second-order cone programming[J]. Mathematical Programming, 2003, 95(1): 3-51.

[52] ESCUDERO L F, MONGE J F, MORALES R.D. An SDP approach for multiperiod mixed 0-1 linear programming models with stochastic dominance constraints for risk management[J]. Computers & Operations Research, 2015, 58: 32-40.

[53] LIU K, LI Q, ZHANG Z. Distributionally robust optimization of an emergency medical service station location and sizing problem with joint chance constraints[J]. Transportation Research Part B: Methodological, 2019, 119: 79-101.

[54] SINGH V V, LISSER A. A second-order cone programming formulation for two player zero-sum games with chance constraints[J]. European Journal of Operational Research, 2019, 275(3): 839-845.

[55] PFLUG G. Some remarks on the value-at-risk and the conditional value-at-risk[J]. Probabilistic Constrained Optimization, 2000, 49: 272-281.

[56] ARTZNER P, DELBAEN F, EBER J, et al Thinking coherently[J]. Risk, 1997, 10: 68-71.

[57] ARTZNER P, DELBAEN F, EBER J, et al. Coherent measures of risk[J]. Mathematical

Finance, 1999, 9: 203 - 228.

[58] 阳成虎,杜文,王翠红.基于 CVaR 的海运集装箱超订模型[J].西南交通大学学报, 2007(5): 636 - 640.

[59] ZHENG W, LI B, SONG D P. Effects of risk-aversion on competing shipping lines' pricing strategies with uncertain demands [J]. Transportation Research Part B: Methodological, 2017, 104: 337 - 356.

[60] XUE W, MA L, SHEN H. Optimal inventory and hedging decisions with CVaR consideration [J]. International Journal of Production Economics, 2015, 162: 70 - 82.

[61] WANG C, HUANG H. Optimal insurance contract under VaR and CVaR constraints[J]. The North American Journal of Economics and Finance, 2016, 37: 110 - 127.

[62] XU Q, ZHOU Y, JIANG C, et al. A large CVaR-based portfolio selection model with weight constraints[J]. Economic Modelling, 2016, 59: 436 - 447.

[63] TAVAKOLI M, SHOKRIDEHAKI F, AKOREDE M, et al. CVaR-based energy management scheme for optimal resilience and operational cost in commercial building microgrids[J]. International Journal of Electrical Power & Energy Systems, 2018, 100: 1 - 9.

[64] URGO M. A branch-and-bound approach to schedule a no-wait flow shop to minimize the CVaR of the residual work content[J]. Computers & Industrial Engineering, 2019, 129: 67 - 75.

[65] FAN Y, FENG Y, SHOU Y. A risk-averse and buyer-led supply chain under option contract: CVaR minimization and channel coordination [J]. International Journal of Production Economics, 2020, 219: 66 - 81.

[66] WRIGHT L A, KEMP S, WILLIAMS I. Carbon footprinting: towards a universally accepted definition[J]. Carbon Management, 2014, 2(1): 61 - 72.

[67] OBRECHT M, KNEZ M. Carbon and resource savings of different cargo container designs[J]. Journal of Cleaner Production, 2017, 155: 151 - 156.

[68] MILLER L B, WAGNER H. Chance-constrained programming with joint constraints [J]. Operations Research, 1965, 13(6): 930 - 945.

[69] LIU M, LIU X, CHU F, et al. Service-oriented robust parallel machine scheduling [J]. International Journal of Production Research, 2018, 57(12): 3814 - 3830.

[70] BERTSIMAS D, GUPTA V, KALLUS N. Robust sample average approximation [J]. Mathematical Programming, 2014, 3: 1 - 66.

[71] WANG W, AHMED S. Sample average approximation of expected value constrained stochastic programs[J]. Operations Research Letters, 2008, 36(5): 515 - 519.

[72] LLOYD S. Least squares quantization in PCM[J]. IEEE Transactions on Information Theory, 1982, 28(2): 129 - 137.

[73] ARTHUR D, VASSILVITSKII S. K-means$^{++}$: the advantages of careful seeding[J], Proceedings of the Eighteenth Annual ACM-SIAM Symposium on Discrete Algorithms, 2007, 7(9): 1027 - 1035.

[74] ZHANG Y, JIANG R, Shen S. Ambiguous chance-constrained binary programs under mean-covariance information[J]. SIAM Journal on Optimization, 2018, 28(4): 2922 - 2944.

[75] ZHANG Y, SHEN S, Erdogan S A. Solving 0-1 semidefinite programs for distributionally robust allocation of surgery blocks[J]. Optimization Letters, 2018, 12(7): 1503 - 1521.

[76] LIU M, LIU X, CHU F, et al. Distributionally robust inventory routing problem to maximize the service level under limited budget[J]. Transportation Research Part E: Logistics and Transportation Review, 2019, 126: 190 - 211.

[77] LIU M, LIU X, CHU F, et al. Robust disassembly line balancing with ambiguous task processing times[J]. International Journal of Production Research, 2019: 1 - 30.

[78] LIU M, LIU R F, ZHU Z G, et al. A bi-objective green closed loop supply chain design problem with uncertain demand[J]. Sustainability, 2018, 10(4): 967 - 988.

[79] HE J K, CHU F, ZHENG F F, et al. A multi-objective distribution-free model and method for stochastic disassembly line balancing problem[J]. International Journal of Production Research, 2019,57(1):1 - 17.

[80] ZHANG Y, SHEN S, ERDOGAN S A. Distributionally robust appointment scheduling with moment-based ambiguity set[J]. Operations Research Letters, 2017, 45(2): 139 - 144.

[81] DELAGE E, YE Y. Distributionally robust optimization under moment uncertainty with application to data-driven problems[J]. Operations Research, 2010, 58(3): 595 - 612.

[82] WAGNER M R. Stochastic 0-1 linear programming under limited distributional information [J]. Operations Research Letters, 2008, 36(2): 150 - 156.

[83] ROCKAFELLAR R, URYASEV S. Optimization of conditional value-at-risk[J]. Journal of Risk, 2000, 2(3): 21 - 41.

[84] NOYAN N, RUSZCZYŃSKI A. Valid inequalities and restrictions for stochastic programming problems with first order stochastic dominance constraints[J]. Mathematical Programming, 2008, 114(2): 249 - 275.

# 第三篇

## 基于修正 KMV 模型与 Copula 函数的汽车供应链金融风险研究

张　敏

# 第1章　引　　言

## 1.1　研究背景与研究意义

随着社会化生产方式的不断深入，企业发展战略也逐渐由“小而全”转变为“大而专”。纵向一体化的发展模式，不能再满足企业对低成本、高效率的要求。各企业通过产业分工及外包服务，依赖自身特殊技能、渠道及成本等高壁垒优势，共同组建产业链体系，形成核心企业主导、上下游配套企业共同参与的供应链。供应链中企业间的关系不再是仅依赖于现实交易的买卖关系，而是带有更长远战略意义的合作伙伴关系。在供应链中，规模大、竞争能力强的核心企业处于强势地位，对其上下游的企业会附加非常苛刻的条件，例如抬高或压低价格、缩短或拉长账期、提前或推迟交货等，从而出现了大量应收账款、预付账款、库存等可供盘活的资产。在供应链运作过程中，体量较小的企业不可避免地面临融资难、融资成本高的问题。供应链上某一环出现问题，很可能波及核心企业甚至影响整个供应链的发展。核心企业作为供应链的运作中心，一般具有良好的企业征信，出于自身及所在供应链健康发展的考虑，会愿意为上下游企业获得更多的资金融通而提供一定的信用支撑。基于此，供应链金融这一融资模式应运而生。

从字面意思上看，供应链金融是实体产业与金融的结合，以供应链上的核心企业为中心参照，服务于核心企业的上下游配套企业，基于真实交易产生的、有合作企业信用背书的特定应收款项、预付款项及存货而衍生的贸易融资服务。供应链金融具有共赢属性，即成功开展供应链金融融资服务，不仅能够给上下游配套企业及时注入所需资金、给资金方带来融资服务收入并降低风险，同时能够保证整个供应链中物流、资金流、信息流、商流的正常流通，使得供应链中企业的合作关系更加紧密，供应链也因此更加具有竞争力。

得益于市场和技术力量的推动，供应链金融在西方发达国家起步早、发展快。供应链金融业务应用最广的是在北美以及菲律宾等地，荷兰银行、摩根大通银行等世界知名银行都是供应链金融业务的先行者[1]。我国的供应链金融业务与西方发达国家相比起步较晚，最早始于2006年的深圳发展银行，其率先提出了针对供应链中存货、应收账款和预付账款的解决方案[1]。近年来，国家及地方陆续出台了很多有关供应链金融的政策。例如,2017 年 10 月,国务院办公厅印发了《关于积极推动供应链创新与应用的指导意见》,这是供应链金融在中国发展 10 多年来,第一次在国家政策中出现"供应链金融"一词。得益于良好的政策扶持,据该领域相关数据显示,我国供应链金融的市场规模在未来会维持近三年来平稳增长的状态,如图 1.1 所示。

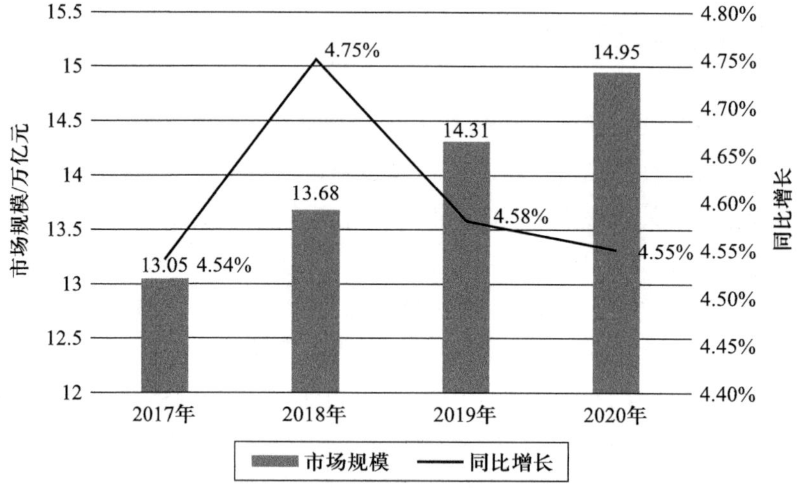


**图 1.1　2017—2020 年中国供应链金融市场规模及增速情况**

数据来源:中商产业研究院

供应链金融业务中,扮演资金方角色的商业银行等金融机构,会承担较高的信用风险。供应链金融的服务对象主要是核心企业上下游的配套企业,因为这些企业规模较小,会存在较高的风险。要想控制好供应链金融业务的信用风险,首先要识别风险,识别风险是后续工作的前提;其次是度量风险,合理地度量风险,是风险控制的必要基础;然后是对风险进行评估;最后是根据风险度量和评估结果,进行风险控制。在所有环节中,风险度量是后续所有环节的基础,需要一定的技术手段做支撑,来对业务的信用风险进行定量分析,计算风险发生的概率,并进一步预计风险可能造成的损失。实际操作中,风险度量主要存在以下两方面的困难。

一方面,就目前阶段来看,由于国内供应链金融起步较晚,国内供应链金融在发展过程中还存在以下不足。① 企业在战略中未对供应链给予足够重视,供应链上企业之间的合作并不十分紧密;② 国内金融信息技术发展相对滞后,供应链金融业务中信息技术含量不高,使得供应链金融业务不透明且效率低下;③ 在风险控制体系方面,大部分银行的供应链金融业务依然是依赖于传统流动资金贷款,风险控制手段没有足够的针对性;④ 国内与供应链金融业务相关的动产担保物权相关法律还存在很多不完善的地方。这诸多欠缺加大了融资难度以及信用风险,导致供应链融资业务的潜在信用风险被严重低估,使得风险控制方法不得要领。

另一方面,供应链金融以供应链为基础、依靠核心企业信用背书的特质决定了融资企业之间责任捆绑和相互依赖。融资企业之间不仅有实际的买卖交易关系,还会因为合作中的诸如存货、应收账款的存在而产生一定的融资担保关系。对商业银行来说,供应链金融业务的授信过程,实际上是对某一业务供应链进行的信用评估,更确切地说,是对核心企业优质信用的扩大化和再利用。正因为供应链上下游企业之间在诸多方面相互影响,存在明显依赖关系,因此对于商业银行等金融机构来说,通过构建基于供应链的融资企业组合,相对单个融资企业,可以更好地监测与控制业务风险。在融资企业组合中,融资企业之间会存在违约的相互影响。一方面外部宏观环境可能引起共同违约,另一方面融资企业组合一般存在债权债务关系,因此会产生相互影响。相较于单个融资企业,因为企业之间违约依赖的存在,使得信用风险的度量更加困难。

汽车行业是制造业的典型代表,也是供应链管理体系发展最完善的行业之一。汽车供应链是最早开展供应链金融领域的,汽车供应链金融的概念由美国福特信贷在 20 世纪 70 年代提出,以库存融资和抵押融资等形式为购买新车、二手车或租赁车的融资企业方提供汽车金融服务[2]。我国金融市场与发达国家相比,仍然存在较大差距,如果直接沿用以发达国家金融市场为背景的风险量化模型将存在偏差。我国供应链金融业务尚处于不成熟阶段,尤其在 2019 年汽车行业受挫的背景下,研究汽车供应链金融风险,特别是考虑违约依赖的融资企业组合的信用风险,可以为商业银行等金融机构在选择合适的融资对象方面提供建议和参考,具有重要的理论意义和实践意义。

## 1.2 国内外研究现状

国内外已有许多成熟的关于信用风险度量的方法和模型。根据研究对象的不同,可以大致分为两类:单个企业的信用风险度量和企业组合的信用风险度量。单个企业的信用风险度量是指以某一融资企业为研究对象,不考虑与其相关的供应链上下游企业,仅以研究对象企业的表现数据作为唯一数据源。企业组合的信用风险度量是指以有实际贸易关系的供应链上下游企业组合为研究对象,充分考虑关联关系企业之间的违约依赖与违约传染,以融资企业组合的形式进行风险度量。

### 1.2.1 单个企业信用风险度量

Altman[3]是第一个使用统计模型来预测企业违约概率的人，通过标准判别模型来计算 Z 评分，建立计量模型对信用风险进行了定量分析。Altman 等[4]通过将数据集扩大到规模较大的身陷困境的公司，修正了 Z 评分。在此后多年，该模型是计算借款人信用风险的最突出的模型之一，也是第一个旨在客观评价银行借款人信用风险的模型。但同时 Altman 表示虽然在不同的国家、不同的时间有良好的实施效果，但是这些经验模型缺乏理论性。此外，Hand 和 Henley[5]指出，除 Z 评分法外，还发展了一系列更精确的方法，例如：Logitistic 回归法、神经网络法、平滑非参数法和专家系统法。Fantazzini 和 Figini [6]的研究结果表明，对于样本内的数据，所提出的随机森林(RSF)方法比标准 Logit 模型表现更好，对于样本外则正好相反。马冬雪和赵一飞 [7] 首先进行了业务风险分类，并通过模糊聚类分析法和层次分析法对供应链金融业务的多种风险进行了评估。孙琳 [8]通过 Logit 回归模型评价中小企业信用风险，主要研究行业分类对中小企业信用风险度量的影响。Colicchia 等[9]利用 12 年间 100 家美国公司的数据构建了 logistic 模型，并证明模型对信用风险评估有较好的效果。孙浩[10，11]通过将聚类分析和 DEA 交叉模型相结合，提出了针对中小上市企业的信用评价方法；进而将主成分分析和 DEA 交叉模型相结合，对中小企业相对信用分数和相对信用等级进行评价，然后运用 Tobit 回归模型探究内部因素对中小企业信用的影响。张红和邹立[12]通过将层次分析法和物元可拓模型相结合，建立了包含环境、企业自身和顾客三个方面的企业信用风险评价指标体系，并通过实例验证了模型的可行性。贾洛[13]运用 Logistic 与神经网络相结合的组合评估模型及基于 SMOTE 算法的随机森林模型，将作为研究对象的房地产上市公司的信用风险评估准确率提高到 98%以上。

除了上述的经验模型，国内外学者还建立了多种理论模型来度量信用风险。比较有代表性的是 KMV 公司于 1997 年构建的 KMV 模型，该模型的提出是基于期权定价理论；JP Morgan 银行于 1997 年推出的 Credit Metrics 模型，主要用于量化信用风险；瑞士银行于 1997 年发布的 Credit Risk$^{+}$模型，该模型源于保险精算学；麦肯锡公司提出的 Credit Portfolio View 模型，是基于 Credit Metrics 模型提出的，并克服了 Credit Metrics 模型的缺点。其中，KMV 模型最成功，也是众多学者热衷的模型。Kurbat 和 Korablev[14]以美国上千家公司 3 年的数据为研究对象，通过水平确认和校准方法，证明了 KMV 模型的有效性。Peter 和 Jeffrey[15]以金融类公司为样本，通过 KMV 模型计算违约的预期概率，可以在信用违约事件发生或公司破产之前准确地监测信用质量的变化。Xie 等[16]将 KMV 模型与 DCC-MSV 模型相结合，构建了行业信用风险相关分析模型，探讨了运输仓储行业、信息技术行业、零售行业、房地产行业和社区服务行业等五个行业之间的信用风险传输效应。杨秀云等[17]比较分析了包括 KMV 模型等四个风险度量模型，最终认为 KMV 模型最适合我国目前的金融市场环境。许林和李馨夏[18]通过修正经典 KMV 模型中的股权市场价值计算公式，研究了我国科技型中小企业的信贷风险问题，得出了科技型中小企业比国有企业违约概率更高的结论。姚鹏[19]运用 KMV 模型研究了 108 家上市房地产公司的信用风险，最终发现一个有悖于常理的结论，即资产规模越大的房地产公司的违约风险越高。

此外，基于 VaR 的信用度量模型也是越来越完善，有学者较早将其引入我国，并加以验证和应用。Kupiec[20]的研究结果显示可以用返回检验法检验 VaR，该方法的提出使得 VaR 方法更加完整。Beder[21]构建了三种假想资产组合，通过八种方法计算了其 VaR 值，并在此基础上探究了 VaR 值的影响因素及影响程度。郑文通[22]最早将 VaR 方法引入我国。刘宇飞[23]针对我国的金融监管方面，总结了 VaR 方法的具体运用和具有的特殊意义，并点明了如何运用“后验”方法检验 VaR 模型。严太华等[24]用 VaR 度量了股市市场风险。赵玮[25]基于 VaR 模型研究了中国保险资金的投资风险问题，指出我国保险业仍存在信用风险和流动性风险。刘志洋[26]运用 VaR 模型研究了商业银行体系的系统性风险，得出了我国银行业系统性风险较低的结论。

对于 KMV 模型，很多学者对模型中参数进行了修正，以使相对经典的 KMV 模型更好地适用于我国的金融市场。首先，关于股权价值的讨论，张智梅和章仁俊等[27]用每股净资产代替作为非流通股价。孙小琰、沈悦和罗璐琦[28]运用线性回归的方法，得到表达式：非流通股股价＝0.0489＋0.3824×每股净资产＋0.062×流通股市价＋3.003×每股收益。股改后，由于限售股的出现，葛雷[29]将限售股计算为：限售股股票价格＝0.7×流通股市场价格。现在所有上市公司股票基本实现全流通，潘洁和周宗放[30]直接使用公式：股权价值＝流通股市价×总股本。其次，关于股价波动率的估计方法，主要分为静态估计和动态估计两种。静态估计主要是历史数据估计法，动态主要有 ARCH 模型、GARCH 模型和指数加权移动平均模型。鲁炜、赵恒珩、刘冀云[31]研究表明，GARCH(1,1)可以更好地估计中国股票市场波动率。再次，关于违约点的讨论，张玲、杨贞柿、陈收[32]尝试设立了三个违约点：短期负债、短期负债＋0.5×长期负债、短期负债＋0.75×长期负债进行对比，结果表明，当违约点设为短期负债+0.75×长期负债时,模型对信用风险的识别能力最强。最后,禹久泓等[33]采用穷举法,计算了流动负债和长期负债系数分别为(1,0.65)、(1,0.7)、(1,0.75)、(1,0.8)、(1,0.85)的情况下融资公司信用风险评估状况,结果证明,系数为(1,0.75)时更符合我国金融市场的情况。赵浩等[34]通过计算不同违约点下的违约距离,并分析违约距离之间的相关度,得到企业的最优违约点为:短期负债+0.9×长期负债。

### 1.2.2 企业组合的信用风险度量

企业在生产运营中并不是独立存在的,与其他经济实体会有各种各样的关系,例如买卖关系、交叉持股等,特别是在供应链金融中,核心企业与上下游企业之间还会产生融资担保关系。如果企业的信用风险被认为是独立的,则一定会低估企业的信用风险。因此,越来越多的学者探究组合信用风险的度量方法。

对于组合信用风险度量,主要是在单个企业信用风险度量的基础上,加入违约依赖结构。在度量违约依赖方面,Copula 函数应用最为广泛。一方面是因为其不限制各变量的条件边缘分布,能够很好地描述各变量之间的相关性,尤其是尾部相关结构;另一方面是因为其参数估计相对简单,而且可以引入 GARCH 族等条件波动率模型来刻画边缘资产收益的波动集聚性和时变性。Embrechts 等[35]第一次将 Copula 函数用于金融风险管理领域,之后被广泛运用于资产相关结构的刻画、组合的选择优化、风险测度和资本配置等领域。Jondeau 等[36]基于 Copula-GARCH 模型,研究了四大国际股票指数之间的条件相依性,研究表明,当回报向同一方向变化时,依赖性的影响更大。Palaro 等[37]和 Huang 等[38]基于 Copula-GARCH 模型分别研究了由 NASDAQ 和 S&P500 及 TAIEX 和 NASDAQ 两种指数组合风险,并结合 VaR,证明了与传统方法相比,Copula 函数能够成功地捕捉 VaR。Harris 等[39]提出了一种基于极值理论及 Copula 和 Monte Carlo 模拟的半参数化方法,并比较了标准均值-方差优化模型和基于 CVaR、CDaR 和 Omega 的模型,研究了对冲基金投资组合的构建。Boubaker 等[40]基于 Copula 方法和均值 CVaR 研究了长记忆的存在对投资回报之间的依赖结构和投资组合优化的影响。何娟等[41]通过 ARMA-EGARCH-EVT 族模型和多元 t-Copula 函数,构建了基于均值 CVaR 质物组合优化框架,并对比了改进均值方差优化框架,实证结果表明前者更具优势。许启发等[42]选取铝和铜作为研究对象,单个资产边缘分布通过分位数回归拟合,资产间非线性关联关系通过 Copula 函数进行刻画,优化了供应链金融多期贷款组合方案。Karmakar 和 Paul[43]选取了来自三个不同市场的三对股票指数,通过 CGARCH-EVT-Copula

模型与另外三种竞争模型预测投资组合的 VaR 和 CVaR，结果表明 CGARCH-EVT-Copula 模型更优。郑一峰[44]运用藤 Copula 和传统的多元 Copula 研究了上证指数、深证指数、恒生指数和标普 500 指数的投资组合，结果证明，C 藤 Copula 函数可以更灵活地刻画各市场间复杂的相关性，并得出分散投资能够减少投资风险的结论。杨坤等[45]以巨潮风格系列指数为研究对象，验证了 R-vine Copula 函数能够相对灵活地描述风格系列指数间的相依关系。康龙[46]研究发现，时变 t-Copula 函数能够很好地描述期货合约价格变化的相依结构。

除了 Copula 函数外，国内外学者也通过其他多种方法刻画违约依赖，研究组合信用风险。尹占华和张文彬[47]验证了二项式扩展技术在测评信贷组合的损失和 CDO 资产池方面具有一定的参考价值。Breuer[48]提出了一种比目前宏观压力测试更系统的分析投资组合信用风险的方法，结果证明能够对投资组合损失函数进行相当好的线性逼近。卢莎莎[49]利用局部搜索算法估算违约强度模型中的参数，结合 KMV 模型计算得到的违约概率，进而分析违约传染效应。杨朝强[50]采用求解偏微分方程的方法，推导出混合跳-扩散模型下的金融债券组合定价公式以及违约概率的显式表达式。张洁[51]通过空间 Probit 模型研究了企业集团上市公司的信用违约影响因素和风险关联机制，研究结果表明信用违约风险在具有经济关联关系的企业间具有明显的空间效应。

通过以上的文献回顾可以发现，对于单个企业信用风险，有很多度量模型，研究对象也较为分散。风险度量模型主要有：Logitistic 回归、Logit 回归、DEA 模型、AHP、随机森林、KMV 模型、Credit Metrics 模型、Credit Risk＋模型、Credit Portfolio View 模型以及 VaR 方法等。其中，应用相对广泛并证实了符合我国金融市场特点的是基于期权定价理论的 KMV 模型和 VaR 信用风险度量模型，并有很多学者对其中的参数根据我国的金融环境进行了修正。

对于企业组合信用风险的度量，也就是违约依赖的刻画，模型方法相对较少。其中，使用频率占绝对优势的是 Copula 函数。但就其应用背景来看，大部分学者应用 Copula 函数来研究投资组合优化、股票市场的相依性分析以及供应链金融中的质物组合优化等。总体来看，Copula 函数在供应链金融领域的成熟应用较少。一方面，几乎没有学者是站在商业银行等金融机构的角度，研究如何选择供应链金融的融资对象的问题；另一方面，大部分现有研究是将 Copula 函数与 GARCH 等刻画波动性的模型直接组合，以波动率的大小近似代替风险值，这样就会导致不能计算研究对象的具体违约损失值。也就是说，很少有学者将 Copula 函数与 KMV 模型相结合，求得融资企业组合的联合违约概率，进而计算企业组合信用风险预期损失。

## 1.3 研究内容与框架

### 1.3.1 研究内容

本文主要针对供应链金融风险，从单个融资企业和融资企业组合两个主体入手。

第 1 章，阐述本文研究背景与意义，以及国内外研究现状。在梳理分析供应链金融的现状、相关政策和国内外相关研究的基础上找到目前文献的缺口，明确论文的研究方法、技术路线、主要内容和创新点。

第 2 章，第一部分介绍 KMV 公司于 1997 年提出的经典 KMV 模型，并结合我国特定的金融市场环境，对模型里的股权价值波动率、违约点等公式进行修正。第二部分介绍 Copula 函数概念及 Sklar 定理、几种常见的二元 Copula 函数以及基于 Copula 函数的几种相关性测度，为后面 Copula 函数的选取及相关性计算奠定基础。

第 3 章，选取 16 家汽车供应链企业(包含 8 家零部件供应商、5 家核心制造企业和 3 家经销商)，主要从 2018 年 10 月 1 日至 2019 年 9 月 30 日的股票收盘价、总股本、流动负债以及长期负债等信息。对数据进行简单清洗之后，进行了平稳性、自相关性等检验，然后通过 Eviews 软件和 Matlab 软件计算得到 16 家汽车供应链企业的违约距离和违约概率，最后根据计算结果得到相关结论。

第 4 章，研究对象为 3 家有代表性的汽车供应链中的企业，分别为零部件供应商：中鼎股份，核心制造企业：上汽集团，经销商：国机汽车。它们组成了三个融资企业组合。分别选取了 3 家企业从 2007 年 4 月 1 日至 2019 年 9 月 30 日的股票收盘价、总股本、流动负债以及长期负债等信息，用与第 3 章相同的方法计算得到单个融资企业的违约距离和违约概率。通过核密度估计方法，依据欧式平方距离，选择每个融资企业组合最适用的 Copula 函数。结合三个融资企业组合最适用的 Copula 函数，进一步计算得到考虑违约传染的同时违约概率、条件违约概率、联合违约概率、企业信用风险预期损失等，并在计算结果的基础上，分析得到各种违约概率之间的规律。

第 5 章，总结本文的研究成果与局限性，并针对本文的局限性提出研究建议与展望。

### 1.3.2 研究方法与技术路线

本文的研究方法主要有文献研究法、模型研究法、比较分析法和实例分析法。针对国内外相关研究的梳理，主要运用文献研究法，通过查阅国内外相关文献，掌握本研究涉及的理论知识，并明确国内外研究的现状，找出研究缺口，进而形成本文的研究切入点与创新点。针对风险度量部分，主要运用模型研究法、比较分析法和实例分析法。首先通过对比大量的模型，选择适用于本文研究问题的模型并进行修正；其次通过实例数据，验证模型的有效性；最后根据计算结果得出一系列规律。

本文的技术路线如图 1.2 所示。

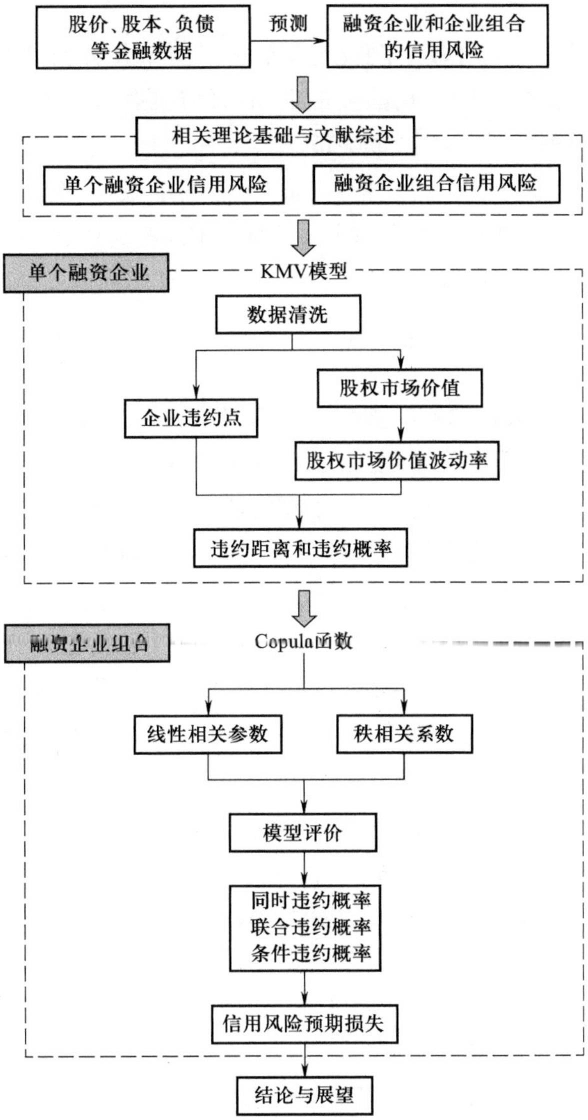


**图 1.2 技术路线图**

# 第 2 章　信用风险度量模型与修正

## 2.1　单个融资企业信用风险度量模型

基于文献综述分析，在单个融资企业信用风险量化方面，KMV 模型是最成功，也是应用最广泛的。因为我国金融市场与发达国家的金融市场存在一定差距，经典 KMV 模型是基于美国金融市场得到的。如果将经典 KMV 模型直接用于我国供应链金融业务中融资企业信用风险的度量，将会存在一定的度量偏差。所以在将 KMV 模型用于我国金融市场之前，需要依据我国金融市场的具体情况对其中的参数进行修正。

### 2.1.1　KMV 模型-期权理论

KMV 模型是把公司的股权视为一种期权，依托标准欧式期权构建的，主要目的是解决企业的融资风险问题。从 KMV 模型可以看出，融资企业的信用风险主要取决于企业资产的市场价值、账面价值以及资产市场价值的波动率。当融资企业的资产市场价值小于负债时，融资企业就会选择违约。

KMV 模型通过获取企业的股票收盘价和企业的总股本数，计算得到企业的股权市场价值和股权市场价值波动率；根据股权市场价值和资产价值、股权市场价值波动率和资产价值波动率之间的一系列换算关系，进而通过计算得到企业的资产价值和资产价值波动率；接下来，根据企业的长期负债和短期负债，合理估计企业的违约点，进一步确定企业的违约距离和违约概率[52-54]。

图 2.1 为企业股权价值与企业资产价值的关系图，类似于欧式看涨期权收益图。其中，OA 表示银行等金融机构对融资企业的放款额，OB 表示还款日的企业资产价值，OC 表示公司股东最初投资额。如果 OB＞OA，代表融资企业能够还清金融机构放款，并且剩余资产为 OB-OA；如果 OB＜OA，则融资企业资不抵债，公司股东以出资额 OC 承担有限责任。

图 2.2 表示看涨期权损益图。看涨期权又称买方期权，即期权购买者享有在一定期限内按照合同约定的价格购买一定数量标的物的权利。期权购买者认为标的物未来价格会上涨，当标的物市场价格高于合同约定价格 D 时，则执行

期权;当期权到期之前,标的物市场价格低于合同约定价格 D 时,期权所有者会选择不执行期权,损失期权费用 OC;当标的物价差带来的损益足够支付期权费用 OC 时,则达到损益平衡点。图 2.3 表示看跌期权的损益图。看跌期权又称卖方期权,即所有者享有一定期限内按照合同约定的价格出售一定数量标的物的权利。期权购买者认为标的物未来价格会下跌,当标的物市场价格低于合同约定价格 D 时,则执行期权;当期权到期之前,标的物价格高于合同约定价格 D 时,期权购买者会选择不执行期权,损失期权费用 OC;当标的物价差带来的损益足够支付期权费用 OC 时,则达到损益平衡点。

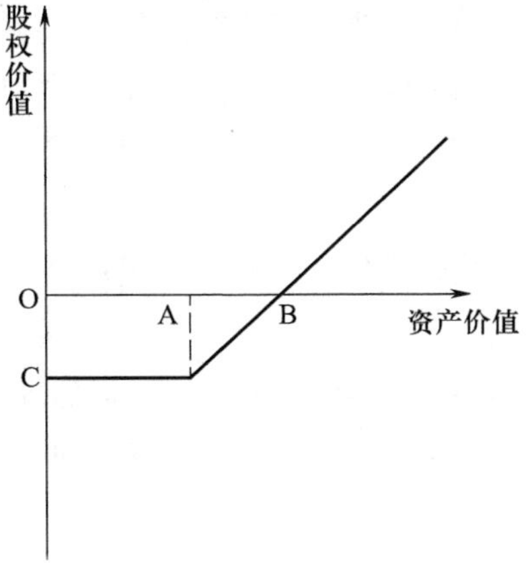


**图 2.1 企业股权价值与企业资产价值的关系图**

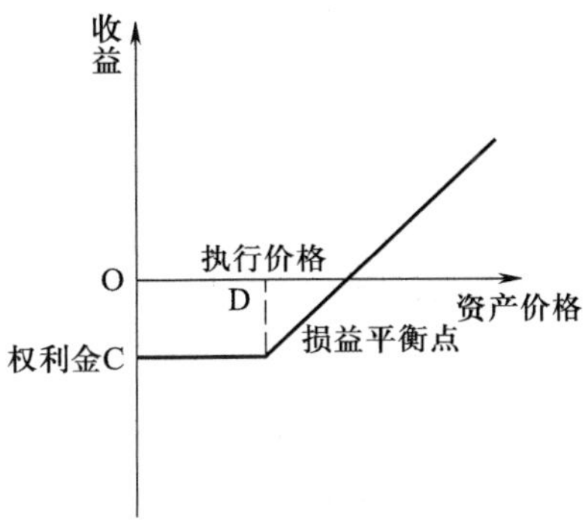


**图 2.2 看涨期权损益图**

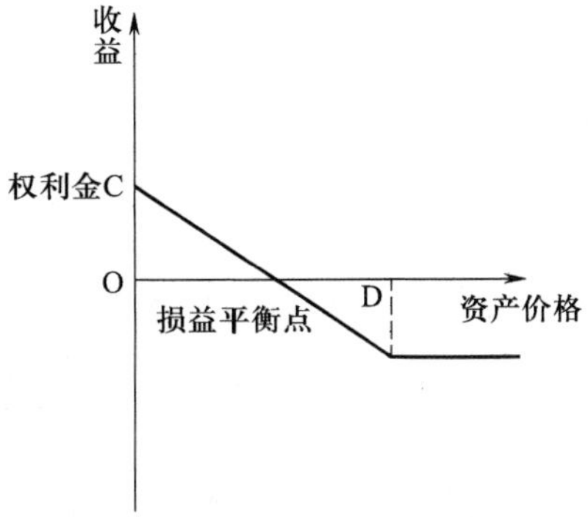


**图 2.3 看跌期权损益图**

在供应链金融业务中,融资企业相当于看涨期权的购买方,期权费用即融资企业的融资成本。银行等金融机构相当于看涨期权的出售方[52, 57],融资企业和金融机构共同构成看涨期权的交易双方。KMV 模型将融资企业的股权看作看涨期权,将融资企业的负债看作看跌期权,将融资企业的资产看作标的物。

### 2.1.2 KMV 模型的求解过程

KMV 模型认为融资企业因丧失还款能力选择违约的前提条件是企业负债的账面价值高于企业资产的市场价值,以期权定价理论为基础。已经有很多学者对期权定价理论进行了研究。其中,基于期权定价理论的信用模型是最广泛应用的 BSM 模型[27, 55-58]。模型主要有如下五个假设。

(1) 股票交易不考虑任何成本;

(2) 存在恒定不变的无风险利率 $r$;

(3) 企业选择违约的前提是企业负债超过企业资产价值,否则企业不会选择违约;

(4) 股票价格的变化服从公式(2.1)

$$\mathrm{d}S=\mu S\,\mathrm{d}t+\sigma S\,\mathrm{d}w \tag{2.1}$$

其中,$S$ 表示股票价格,$\mathrm{d}w$ 是标准维纳过程,$\mu$ 和 $\sigma$ 是常数,分别表示股票的期望收益和标准差。则欧式看涨期权的价值 $C(S,t)$ 可表示为公式(2.2)。

$$C(S,t)=SN(d_1)-Xe^{-r(T-t)}N(d_2) \tag{2.2}$$

式中,$X$ 表示执行价格,$T$ 表示期权到期日,$t$ 表示时间。

$$\begin{aligned}d_1&=\frac{\ln\left(\frac{S}{X}\right)+\left(r+\frac{\sigma^2}{2}\right)(T-t)}{\sigma\sqrt{T-t}}\\ d_2&=d_1-\sigma\sqrt{T-t}\\ N(d)&=\int_{-\infty}^{d}\frac{1}{\sqrt{2\pi}}e^{-x^2/2}\mathrm{d}x\end{aligned} \tag{2.3}$$

基于以上假设条件,模型的计算可概括如下四个步骤。

(1) 构建融资企业股权价值与企业资产价值的关系

BSM 模型将融资企业股权的市场价值近似当作看涨期权的市场价值来处理。根据期权定价公式,企业股权的市场价值与企业的资产价值之间存在一定关系,具体可用公式(2.4)表述。

$$E=VN(d_1)-De^{-rt}N(d_2) \tag{2.4}$$

其中,$E$ 表示企业股权市场价值,$D$ 表示执行价格,与 $T$ 期的流动负债和长期负债有关,$V$ 表示企业的资产价值。其中:

$$\begin{aligned}d_1&=\frac{\ln\left(\frac{V}{D}\right)+\left(r+\frac{\sigma_A^2}{2}\right)(T-t)}{\sigma_A\sqrt{T-t}}\\ d_2&=d_1-\sigma_A\sqrt{T-t}\end{aligned} \tag{2.5}$$

在通过式(2.5)计算得到企业的股权市场价值波动率 $\sigma_E$ 之后,可进一步得到资产市场价值波动率 $\sigma_A$,两者之间的关系可表示为公式(2.6)。

$$\sigma_E=\frac{V}{E}N(d_1)\sigma_A \tag{2.6}$$

(2) 确定融资企业的违约点 DP(Default Point)

在公司债务构成中，主要分为长期负债和短期负债。KMV 公司通过对美国金融市场大量融资公司的实证研究，发现融资企业违约发生的临界点是融资企业资产价值等于企业流动负债加上 50%的长期负债。长期负债系数取作 0.5，因为长期负债的还款周期较长，可以暂时缓解企业的偿还压力。违约点的计算公式表示为公式(2.7)。

$$DP=\text{流动负债}+50\%\times\text{长期负债} \tag{2.7}$$

(3) 计算融资企业的违约距离 DD(Default Distance)

经典 KMV 模型将融资企业的违约距离定义为：企业未来资产价值与违约点之差占企业未来资产价值的百分比，与资产价值标准差的倍数，具体表示为公式(2.8)。

$$DD=\frac{E(V)-DP}{E(V)\sigma_A} \tag{2.8}$$

式中，$E(V)$表示融资企业资产的期望值。

(4) 计算融资企业的预期违约概率 EDF(Expected Default Frequency)

预期违约概率指在某一时间点公司资产价值低于债务账面价值的概率，概率公式可表示为公式(2.9)。

$$p=P(V_t\leqslant D_t)=P(\ln V_t\leqslant \ln D_t) \tag{2.9}$$

其中，$V_t$ 表示时间为 $t$ 时融资企业的资产价值，$D_t$ 表示时间为 $t$ 时融资企业负债的账面价值。根据期权定价理论，我们可以推导出时间为 $t$ 时融资企业的资产价值 $V_t$ 可表示为公式(2.10)。

$$\ln V_t=\ln V+\left(\mu-\frac{\sigma_A^2}{2}\right)t+\sigma_A\sqrt{t}\varepsilon \tag{2.10}$$

式中，$\mu$ 表示融资企业期望的资产回报值，$\varepsilon$ 表示资产回报的随机扰动项。

那么，融资企业的预期违约概率可表示为公式(2.11)。

$$p=P\left[\ln V+\left(\mu-\frac{\sigma_A^2}{2}\right)t+\sigma_A\sqrt{t}\varepsilon\leqslant \ln D_t\right]=P\left[-\frac{\ln\frac{V}{D_t}+\left(\mu-\frac{\sigma_A^2}{2}\right)t}{\sigma_A\sqrt{t}}\right] \tag{2.11}$$

根据 BSM 模型的假定，企业资本回报的随机项 $\varepsilon$ 服从标准正态分布，上述公式可简化为公式(2.12)。

$$p=N\left[-\frac{\ln\frac{V}{D_t}+\left(\mu-\frac{\sigma_A^2}{2}\right)t}{\sigma_A\sqrt{t}}\right] \tag{2.12}$$

很多相关研究表明,融资企业的违约距离与违约概率之间的关系近似于正态分布,即融资企业的违约概率,其值约为违约距离相反数的标准正态分布累计概率。

$$p=N\left(-\frac{\ln\frac{V}{D_t}+\left(\mu-\frac{\sigma_A^2}{2}\right)t}{\sigma_A\sqrt{t}}\right)=N(-DD) \tag{2.13}$$

基于公式(2.13),我们可以根据违约距离进一步计算得到融资企业的预期违约概率。

### 2.1.3 KMV 模型的修正

1) 股权价值波动率的修正

根据以往学者的研究,关于股权价值波动率的计算方法有很多,其中应用最多的主要有两种:历史数据估计法和广义自回归条件异方差(Generalized Auto-Regressive Conditional Heteroskedasticity,GARCH)模型。接下来分别详细介绍两种方法的计算原理及优缺点。

(1) 历史数据估计法

历史数据估计法首先将股票收盘价取对数,并在此基础上假设股票收盘价服从正态分布。一般采用股票收盘价的日收益率或周收益率近似估计融资企业的股权价值波动率 $\sigma_E$[59-61]。

$$r_t=\ln\frac{p_{t-1}}{p_t} \tag{2.14}$$

其中,$r_t$ 表示 $t$ 期的收益率,$p_t$ 表示 $t$ 期的股票收盘价,$p_{t-1}$表示 $t-1$ 期的股票收盘价。那么,融资企业的股权价值波动率可表示为式(2.15)。

$$\sigma_E=\sigma_r=\sqrt{\frac{1}{n-1}\sum_{t=1}^{n}(r_t-\bar{r})^2} \tag{2.15}$$

这种方法的原理是通过历史 $n$ 期的波动率数据,来预估下一期的波动性。相对 GARCH 模型,历史数据估计法的优点是计算简单直观。但是,由于股票市场具有敏感多变的特点,某个突发性事件就会使结果偏离统计规律。

(2) GARCH 模型

另一种应用较多的方法是 GARCH 模型,即广义自回归条件异方差模型。GARCH 模型适用于波动性的分析和预测,特别贴合金融数据的特征。很多学者的研究表明,GARCH 模型对分析证券的波动性有着重要意义[62]。GARCH 模型关于阶数 $p$ 和 $q$ 的建模过程如下。

$$\sigma_t^2=\alpha_0+\sum_{i=1}^{q}\alpha_i\varepsilon_{t-i}^2+\sum_{j=1}^{p}\beta_j\sigma_{t-j}^2 \tag{2.16}$$

其中,$\alpha_0>0$,$\alpha_i\geqslant 0$,$\beta_j\geqslant 0$,$i=1,2,\cdots,q$,$j=1,2,\cdots,p$。通过阅读相关文献发现,针对我国的股票市场特征,许多学者认为 GARCH(1,1),即当公式(2.16)中的 $p$ 和 $q$ 分别取 1 时,能够更贴合实际情况[63-64]。GARCH(1,1)可表示为公式(2.17)。

$$\sigma_t^2=\alpha_0+\alpha\varepsilon_{t-1}^2+\beta\sigma_{t-1}^2 \tag{2.17}$$

其中,$\alpha$ 和 $\beta$ 分别表示收益系数和滞后系数。式中的常数项和系数满足 $\alpha_0\neq 0$,$\beta\geqslant 0$,$\alpha+\beta<1$。

考虑到近几年我国金融市场有较多波动,存在很多不稳定性,且金融资产收益率具有一般金融资产的尖峰厚尾特性,因此本文将通过 Eviews 软件,采用 GARCH(1,1)模型来估计研究对象融资企业的股权价值波动率。

2) 违约点修正

KMV 公司通过对美国金融市场中的 3 400 家上市公司和 40 000 家非上市公司的历史违约数据进行研究,将 KMV 模型中的违约点定义为融资企业的流动负债加上 50%企业的长期负债。因为我国的金融市场较美国的金融市场还存在较大差距,因此不能直接套用经典 KMV 模型关于违约点的计算公式,而是需要根据我国金融市场发展阶段和特点进行一定的修正,再用来衡量我国融资企业的信用风险。

关于 KMV 模型中违约点的修正,我国学者也进行了许多探索。张玲等[32]通过对我国股市中 ST 公司与非 ST 公司的大量样本数据进行实证分析,验证了流动负债系数为 1,长期负债系数为 0.75 的情况优于系数为 1 和 0.5 的情况。禹久泓等[33]采用穷举法,证明系数为(1,0.75)时更符合我国金融市场情况。张建同等[64]通过选取 16 家上市公司,分别计算零部件供应商、核心制造企业、销售商违约距离,验证了流动负债系数为 1、长期负债系数为 0.75 时,度量结果与实际情况一致。因此,本文采用的违约点计算公式为公式(2.18)。

$$DP=\text{流动负债}+75\%\times\text{长期负债} \tag{2.18}$$

## 2.2 融资企业组合信用风险度量模型

对于融资企业组合信用风险的度量，关键是对组合企业之间违约依赖结构的刻画。在度量违约依赖方面，目前较为成熟的模型和应用并不多，其中Copula函数是应用较广泛的。Copula函数目前的研究主要应用在股票市场的相依性分析、投资组合以及供应链金融中的质物组合优化等，关于将其应用于度量供应链金融中融资企业组合信用风险的研究并不多。

### 2.2.1 Copula函数定义及Sklar定理

本文研究对象主要为包含两个对象的融资企业组合信用风险，研究用到的二元Copula函数是指具有以下性质的函数$C(\cdot,\cdot)$。

(1) $C(\cdot,\cdot)$的定义域为$I^2$，即$[0,1]^2$；

(2) $C(\cdot,\cdot)$有零基面且是二维递增的；

(3) 对任意变量$u,v\in[0,1]$，满足：$C(u,1)=u$和$C(1,v)=v$。

著名的Sklar定理揭示了一种将变量的联合分布与各边缘分布结合起来的方法，是关于基于Copula函数研究的一个基础性定理，具体表述如下。

令$H(\cdot,\cdot)$表示一个联合分布函数，其对应的边缘分布是$F(\cdot)$和$G(\cdot)$，在联合分布函数和边缘分布函数的基础上，存在一个$C(\cdot,\cdot)$，满足：

$$H(x,y)=C(F(x),G(y)) \tag{2.19}$$

若边缘分布$F(\cdot)$和$G(\cdot)$是连续的，则$C(\cdot,\cdot)$将是唯一确定的。

### 2.2.2 常见的二元Copula函数

本文研究对象为包含两个融资企业的组合信用风险，在刻画融资企业之间违约依赖结构时，主要考虑选择合适的常见二元Copula函数。接下来，简要介绍一下五种常见二元Copula函数的表达式及特点。

1) 二元正态Copula函数

以下的公式(2.20)和公式(2.21)分别为其分布函数和密度函数表达式。

$$C(u,v;\rho)=\int_{-\infty}^{\phi^{-1}(u)}\int_{-\infty}^{\phi^{-1}(v)}\frac{1}{2\pi\sqrt{1-\rho^2}}\exp\left[\frac{-(r^2+s^2-2\rho rs)}{2(1-\rho^2)}\right]\mathrm{d}r\,\mathrm{d}s \tag{2.20}$$

$$c(u,v;\rho)=\frac{1}{\sqrt{1-\rho^2}}\exp\left[-\frac{\phi^{-1}(u)^2+\phi^{-1}(v)^2-2\rho\phi^{-1}(u)\phi^{-1}(v)}{2(1-\rho^2)}\right]$$
$$\exp\left[-\frac{\phi^{-1}(u)^2\cdot\phi^{-1}(v)^2}{2}\right] \tag{2.21}$$

观察二元正态 Copula 的函数图象可发现，其呈现出对称的特点，能够很好地度量金融市场之间对称的相关关系，但是对于非对称的相关关系则无法捕捉。

2）二元 t-Copula 函数

以下的公式(2.22)和公式(2.23)分别为其分布函数和密度函数表达式。

$$C(u,v;\rho,\upsilon)=\int_{-\infty}^{T_\upsilon^{-1}(u)}\int_{-\infty}^{T_\upsilon^{-1}(v)}\frac{1}{2\pi\sqrt{1-\rho^2}}\left[1+\frac{s^2+t^2-2\rho st}{\upsilon(1-\rho^2)}\right]^{-\frac{\upsilon+2}{2}}\mathrm{d}s\,\mathrm{d}t \tag{2.22}$$

$$c(u,v;\rho,\upsilon)=\rho^{-\frac{1}{2}}\frac{\Gamma\left(\frac{\upsilon+2}{2}\right)\Gamma\left(\frac{\upsilon}{2}\right)}{\left[\Gamma\left(\frac{\upsilon+1}{2}\right)^2\right]}\frac{\left[1+\frac{\zeta_1^2+\zeta_2^2-2\rho\zeta_1\zeta_2}{\upsilon(1-\rho^2)}\right]^{-\frac{\upsilon+2}{2}}}{\prod_{i=1}^{2}\left(1+\frac{\zeta_i^2}{\upsilon}\right)^{-\frac{\upsilon+2}{2}}} \tag{2.23}$$

观察二元 t-Copula 的函数图象可发现，其也呈现出对称性，但相较二元正态 Copula 函数，其具有更厚的尾部，能够更好地捕捉金融市场间的尾部相关性。

3）二元阿基米德 Copula 函数

（1）Gumbel Copula 函数

以下公式(2.24)和公式(2.25)分别为其分布函数和密度函数表达式。

$$C_G(u,v;\alpha)=\exp\{-[(-\ln u)^{\frac{1}{\alpha}}+(-\ln v)^{\frac{1}{\alpha}}]^{\alpha}\} \tag{2.24}$$

$$c_G(u,v;\alpha)=\frac{C_G(u,v;\alpha)(\ln u\cdot\ln v)^{\frac{1}{\alpha}-1}}{uv\ [(-\ln u)^{\frac{1}{\alpha}}+(-\ln v)^{\frac{1}{\alpha}}]^{2-\alpha}}\left\{[(-\ln u)^{\frac{1}{\alpha}}+(-\ln v)^{\frac{1}{\alpha}}]^{\alpha}+\frac{1}{\alpha}-1\right\} \tag{2.25}$$

Gumbel Copula 与正态 Copula 函数和 t-Copula 函数的图象不同，其密度函数呈现“J”形，具有非对称性的特点。依据其密度函数特点，Gumbel Copula 适用于刻画具有上尾相关特性的金融市场之间的关系。

4）Clayton Copula 函数

以下的公式(2.26)和公式(2.27)分别为其分布函数和密度函数表达式。

$$C_{Cl}(u,v;\theta)=(u^{-\theta}+v^{-\theta}-1)^{-\frac{1}{\theta}} \tag{2.26}$$

$$c_{Cl}(u,v;\theta)=(1+\theta)(uv)^{-\theta-1}(u^{-\theta}+v^{-\theta}-1)^{-2-\frac{1}{\theta}} \tag{2.27}$$

Clayton Copula 的密度函数图像呈现"L"形，具有非对称性特点。依据其密度函数特点，Clayton Copula 可以用来刻画具有下尾相关特性的金融市场之间的相关关系。

5）Frank Copula 函数

以下公式(2.28)和公式(2.29)分别为其分布函数和密度函数表达式。

$$C_{\lambda}(u,v;\lambda)=-\frac{1}{\lambda}\ln\left[1+\frac{(e^{-\lambda u}-1)(e^{-\lambda v}-1)}{e^{-\lambda}-1}\right] \tag{2.28}$$

$$c_{\lambda}(u,v;\lambda)=\frac{-\lambda(e^{-\lambda}-1)e^{-\lambda(u+v)}}{[(e^{-\lambda}-1)+(e^{-\lambda u}-1)(e^{-\lambda v}-1)]^{2}} \tag{2.29}$$

Frank Copula 的密度函数图像呈现"U"形，具有对称性。与 t-Copula 函数不同的是，变量在分布的尾部是渐进独立的，Frank Copula 难以捕捉尾部相关的变化。

从上述关于 5 种 Copula 函数的介绍来看，每个 Copula 函数有其独有的特点和优势，因为密度函数的形状不同，即对不同变量分布的变化感知敏感度不同。因此，在考虑不同的融资企业组合时，需要基于一定的标准和原则选择最合适的 Copula 函数，并进行进一步研究。

### 2.2.3 基于 Copula 函数的相关性测度

1）Kendall 秩相关系数

令$(x_1,y_1)$和$(x_2,y_2)$表示服从独立同分布的两个随机向量，那么得到公式(2.30)。

$$\tau\equiv P[(x_1-x_2)(y_1-y_2)>0]-P[(x_1-x_2)(y_1-y_2)<0] \tag{2.30}$$

其中，$\tau$ 表示从样本中随机选择两组观测值。他们的一致（满足当 $x_1<x_2$ 时，$y_1<y_2$，或满足当 $x_1>x_2$ 时，$y_1>y_2$）概率与不一致（满足当 $x_1<x_2$ 时，$y_1>y_2$，或满足当 $x_1>x_2$ 时，$y_1<y_2$）概率之差。

2）Spearman 秩相关系数

令$(x_1,y_1)$、$(x_2,y_2)$、$(x_3,y_3)$表示服从独立同分布的三个随机向量，那么得到公式(2.31)。

$$\rho\equiv 3\{P[(x_1-x_2)(y_1-y_3)>0]-P[(x_1-x_2)(y_1-y_3)<0]\} \tag{2.31}$$

其中，Spearman 秩相关系数代表的意义与 Kendall 秩相关系数类似，也是与随机变量间一致和不一致的概率有关，能够用来衡量变量间的相关性。

在不同类型的 Copula 函数下计算不同融资企业组合的 Kendall 秩相关系数和 Spearman 秩相关系数，可以衡量融资企业组合中的两个融资企业之间的违约相关性程度，以及比较不同融资企业组合内两个融资企业之间违约相关性的大小关系，从而得出相关结论。

# 第3章　基于修正 KMV 模型的单个融资企业信用风险分析

基于第 2 章关于对 KMV 模型的前提假设、求解过程的描述，以及根据中国金融市场特征对经典 KMV 模型的修正，本章以单个融资企业为研究对象，通过 16 家目标企业实际可获得的市场表现数据，运用 Eviews 和 Matlab 软件研究其信用风险度量问题。

## 3.1　数据选取

本章主要依据修正 KMV 模型，研究汽车供应链金融中单个融资企业的信用风险问题，主要通过违约距离和违约概率来刻画。本章从汽车供应链条上的核心制造企业、零部件供应商和经销商三类企业中，筛选了有实质业务关系的 16 家上市公司，包括：5 家核心制造企业、8 家零部件供应商以及 3 家经销商，具体公司名单可见后续表格。

本章选取了上述 16 家汽车供应链企业 2018 年 10 月 1 日至 2019 年 9 月 30 日的相关数据，依据模型计算需求，收集了 16 家上市公司的 1 年股票收盘价和截至 2019 年 9 月 30 日的总股本数。考虑到数据时效性问题，后续计算用到的股票价格确定为 2019 年 9 月份后 10 个工作日的平均股票收盘价。关于股权价值的计算方法，本文主要参考国际通用算法，同时因为现在上市公司的股票基本实现了全流通，那么股权价值就由股票价格乘以总股本数得到。16 家企业的相关数据汇总为表 3.1。

**表 3.1　16 家企业的总股本、平均股价、股权价值数据**

| | 公司名称 | 股票代码 | 总股本数（万股） | 平均股价（元） | 公司股权价值（万元） |
|---|---|---|---|---|---|
| 核心制造企业 | 上汽集团 | 600104 | 1 168 346 | 24.23 | 28 309 023.58 |
| | 一汽轿车 | 000800 | 162 750 | 8.47 | 1 378 492.50 |
| | 东风汽车 | 600006 | 200 000 | 4.72 | 944 000.00 |

续 表

| | 公司名称 | 股票代码 | 总股本数（万股） | 平均股价（元） | 公司股权价值（万元） |
|---|---|---|---|---|---|
| 核心制造企业 | 长安汽车 | 000625 | 480 265 | 7.85 | 3 770 080.25 |
| | 广汽集团 | 601238 | 1 023 771 | 12.35 | 12 643 571.85 |
| 零部件供应商 | 宁波华翔 | 002048 | 62 623 | 15.02 | 940 597.46 |
| | 中鼎股份 | 000887 | 122 082 | 9.06 | 1 106 062.92 |
| | 模塑科技 | 000700 | 82 718 | 3.77 | 311 846.86 |
| | 曙光股份 | 600303 | 67 560 | 3.70 | 249 972.00 |
| | 东安动力 | 600178 | 46 208 | 4.97 | 229 653.76 |
| | 玲珑轮胎 | 601966 | 120 001 | 20.34 | 2 440 820.34 |
| | 华域汽车 | 600741 | 315 272 | 24.12 | 7 604 360.64 |
| | 福耀玻璃 | 600660 | 250 861 | 22.04 | 5 528 976.44 |
| 经销商 | 广汇汽车 | 600297 | 815 998 | 3.97 | 3 239 512.06 |
| | 庞大集团 | 601258 | 667 466 | 1.11 | 740 887.26 |
| | 国机汽车 | 600335 | 145 687 | 6.61 | 962 991.07 |

## 3.2 计算企业股权市场价值波动率

以往学者对我国股票市场的大量实证分析表明，股票收益一般具有明显的波动集聚效应和尖峰厚尾的特性，这种序列随机扰动项的方差并不是常量，而是变量。结合第 2 章的相关分析，广义自回归条件异方差模型比历史数据分析法更适用于描述这种异方差性。本文接下来的计算分析，也将采用 GARCH(1,1)模型。

本章对收集的 16 家汽车供应链企业的 2018 年 10 月 1 日至 2019 年 9 月 30 日的股票收盘价，进行简单数据清洗和处理后，运用 Eviews 软件构建广义自回归条件异方差模型，根据回归结果推算股权价值的日波动率。接下来，可通过换算公式计算得到股权市场价值的年波动率 $\sigma_E$。在计算之前，需要进行相关检验，确保满足建立广义自回归异方差模型的条件；在满足回归前提的条件下，才可以通过 Eviews 软件构建回归模型并进行相关操作。

### 3.2.1 Jarque-Bera 检验

Jarque-Bera 检验是基于样本数据的峰度和偏度，对样本数据是否服从正态分布而进行的检验。其统计结果非负，如果检验结果是远大于 0 的，就说明样本数据不服从于正态分布。

股权市场价值波动率的计算基础是股票日收益率，其计算公式定义为：$R_E=(\ln P_t-\ln P_{t-1})\times 100$，$P_t$ 和 $P_{t-1}$ 分别是第 $t$ 日和第 $t-1$ 日的股票价格。以上汽集团为例，该股票 2018 年 10 月 1 日至 2019 年 9 月 30 日共 241 个样本点。通过计算上汽集团的每日收益率，并通过 Eviews 的绘图功能，得到股票每日收益率的时序图(图 3.1)。

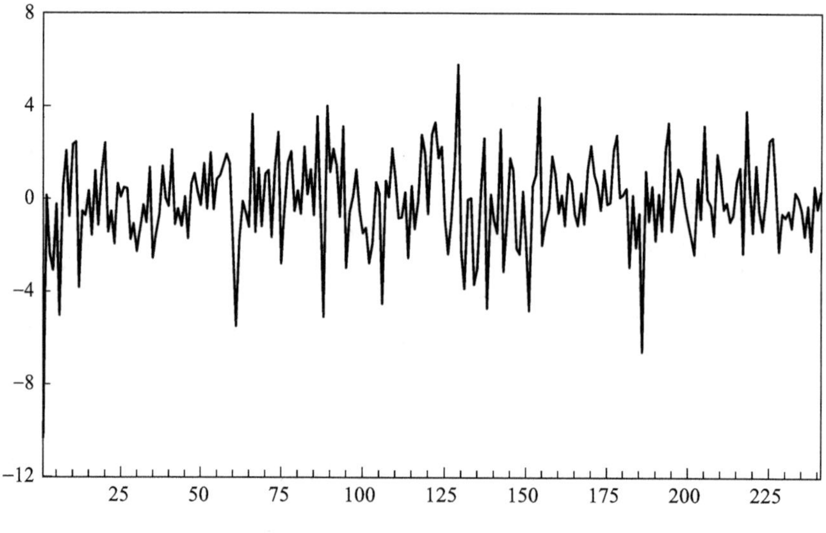


**图 3.1　上汽集团股票日收益率时序图**

假设企业的股票日收益率服从对数正态分布。以上汽集团的股票日收益率为例进行 Jarque-Bera 检验，图 3.2 为通过 Eviews 进行 JB 检验的结果。

从图中检验结果来看，其股票日收益率的 Jarque-Bera 的值为 110.795 0，远远大于 0，且 $\alpha=0.05$ 时的临界值 5.99，二者相差很大。依据以上分析可以得出结论：上汽集团的股票日收益率明显不服从对数正态分布。从图 3.2 的结果可以看出，上汽集团股票日收益率的峰度值为 5.986 985，股票日收益率的偏度值为 −0.726 542，两个数值分别与标准正态分布的峰度值 3 和偏度值 0 都有较大差异，因此也同样可以得出结论：上汽集团股票日收益率不服从对数正态分布，而是具有尖峰厚尾特征。根据前面的分析，可以通过 GARCH(1,1)模型来计算上汽集团股权价值波动率。另外，上汽集团股票日收益率偏度值小于 0，可以判断其为左偏分布。

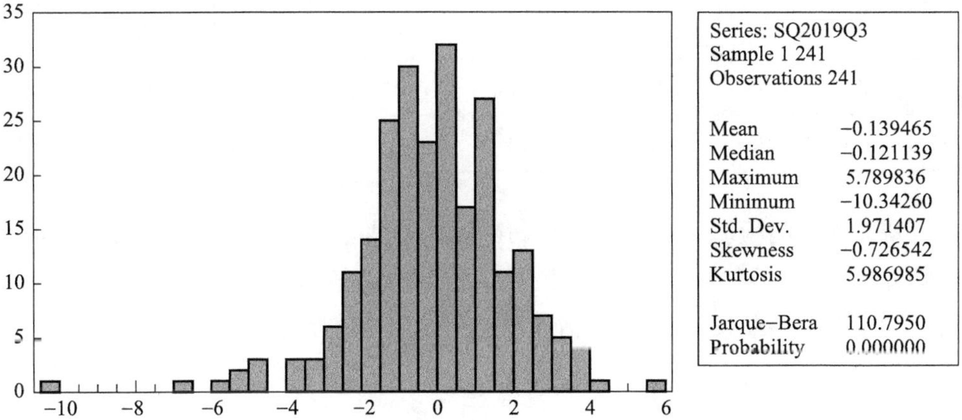


**图 3.2　上汽集团股票日收益率 JB 检验结果**

用同样检验方法，对余下 15 家汽车供应链企业股票日收益率进行 JB 检验，得到如表 3.2 所示的检验结果。

**表 3.2　16 家样本企业 JB 检验结果**

| 公司名称 | 股票代码 | JB-Test | 峰度值 | 偏度值 | 结　论 |
|---|---|---|---|---|---|
| 上汽集团 | 600104 | 110.80 | 5.99 | −0.73 | 拒绝原假设，不服从对数正态分布 |
| 一汽轿车 | 000800 | 73.17 | 5.73 | 0.19 | 拒绝原假设，不服从对数正态分布 |
| 东风汽车 | 600006 | 69.87 | 5.61 | 0.19 | 拒绝原假设，不服从对数正态分布 |
| 长安汽车 | 000625 | 33.46 | 4.83 | −0.01 | 拒绝原假设，不服从对数正态分布 |
| 广汽集团 | 601238 | 61.67 | 5.38 | 0.35 | 拒绝原假设，不服从对数正态分布 |
| 宁波华翔 | 002048 | 63.46 | 5.49 | 0.16 | 拒绝原假设，不服从对数正态分布 |
| 中鼎股份 | 000887 | 63.74 | 5.51 | −0.09 | 拒绝原假设，不服从对数正态分布 |
| 模塑科技 | 000700 | 109.54 | 6.22 | −0.38 | 拒绝原假设，不服从对数正态分布 |
| 曙光股份 | 600303 | 29.60 | 4.54 | −0.38 | 拒绝原假设，不服从对数正态分布 |
| 东安动力 | 600178 | 57.98 | 5.37 | −0.21 | 拒绝原假设，不服从对数正态分布 |
| 玲珑轮胎 | 601966 | 22.77 | 4.50 | 0.05 | 拒绝原假设，不服从对数正态分布 |
| 华域汽车 | 600741 | 8.87 | 2.14 | 0.18 | 拒绝原假设，不服从对数正态分布 |

续 表

| 公司名称 | 股票代码 | JB-Test | 峰度值 | 偏度值 | 结　论 |
|---|---|---|---|---|---|
| 福耀玻璃 | 600660 | 14.00 | 4.15 | -0.12 | 拒绝原假设,不服从对数正态分布 |
| 广汇汽车 | 600297 | 53.74 | 5.22 | -0.32 | 拒绝原假设,不服从对数正态分布 |
| 庞大集团 | 601258 | 44.25 | 5.09 | 0.10 | 拒绝原假设,不服从对数正态分布 |
| 国机汽车 | 600335 | 88.89 | 5.61 | -0.71 | 拒绝原假设,不服从对数正态分布 |

从表 3.2 的检验结果可以看出,16 家汽车供应链企业的 JB 检验结果均大于临界值 5.99。可得出结论,16 家企业股票日收益率均不服从对数正态分布,所以均可以用 GARCH(1,1)来估计异方差的尖峰厚尾分布。

### 3.2.2 股票日收益率的平稳性检验

在进行时间序列分析之前,还要验证序列的平稳性。Eviews 中的 Augmented Dicky-Fuller 操作是一种被广泛运用的检验方法。依然以上汽集团为例,运用 Eviews 对股票日收益率进行 ADF 检验,检验结果如表 3.3 所示。

**表 3.3 ADF 检验结果**

| | | | t-Statistic | Prob. * |
|---|---|---|---|---|
| Augmented Dickey-Fuller test statistic | | | -16.334 11 | 0.000 0 |
| Test critical values: | 1% level | | -2.574 633 | |
| | 5% level | | -1.942 153 | |
| | 10% level | | -1.615 818 | |

根据上面的检验结果,一方面,上汽集团股票日收益率的 ADF 绝对值为 16.334 11,5%水平下的临界值的绝对值是 1.942 153,1%水平下的临界值的绝对值是 2.574 633,ADF 的绝对值要远远大于这两个临界值。因此,我们可以得出这样的结论:上汽集团股票日收益率在 5%(或 1%)标准下显著稳定;另一方面,表 3.3 中 $P$ 值为 0.000 0,也可以验证上汽集团股票收益率显著平稳的结论。用同样的方法对其余 15 家企业的股票日收益率进行 ADF 检验,结果如表 3.4 所示。

表 3.4　16 家样本企业 ADF 检验结果

| 公司名称 | 股票代码 | ADF 值 | Prob. | 结　论 |
|---|---|---|---|---|
| 上汽集团 | 600104 | −16.33 | 0.000 0 | 1%标准下,收益率显著平稳 |
| 一汽轿车 | 000800 | −15.19 | 0.000 0 | 1%标准下,收益率显著平稳 |
| 东风汽车 | 600006 | −15.17 | 0.000 0 | 1%标准下,收益率显著平稳 |
| 长安汽车 | 000625 | −14.86 | 0.000 0 | 1%标准下,收益率显著平稳 |
| 广汽集团 | 601238 | −13.96 | 0.000 0 | 1%标准下,收益率显著平稳 |
| 宁波华翔 | 002048 | −15.24 | 0.000 0 | 1%标准下,收益率显著平稳 |
| 中鼎股份 | 000887 | −14.65 | 0.000 0 | 1%标准下,收益率显著平稳 |
| 模塑科技 | 000700 | −15.67 | 0.000 0 | 1%标准下,收益率显著平稳 |
| 曙光股份 | 600303 | −17.05 | 0.000 0 | 1%标准下,收益率显著平稳 |
| 东安动力 | 600178 | −14.74 | 0.000 0 | 1%标准下,收益率显著平稳 |
| 玲珑轮胎 | 601966 | −17.31 | 0.000 0 | 1%标准下,收益率显著平稳 |
| 华域汽车 | 600741 | −15.71 | 0.000 0 | 1%标准下,收益率显著平稳 |
| 福耀玻璃 | 600660 | −15.07 | 0.000 0 | 1%标准下,收益率显著平稳 |
| 广汇汽车 | 600297 | −14.20 | 0.000 0 | 1%标准下,收益率显著平稳 |
| 庞大集团 | 601258 | −15.24 | 0.000 0 | 1%标准下,收益率显著平稳 |
| 国机汽车 | 600335 | −12.96 | 0.000 0 | 1%标准下,收益率显著平稳 |

从检验结果可知,16 家企业的 ADF 绝对值均远远大于 1%水平下的临界值,且 $P$ 值均为 0.000 0,也即 16 家企业的股票日收益率显著平稳。

### 3.2.3　股票日收益率的自相关性检验

在计算日收益率方程之前,还需要对日收益率序列进行自相关性检验。通过 Eviews 对股票日收益率序列进行检验,以上汽集团为例,滞后阶数约为$\sqrt{241}\approx 15$,自相关的检验结果如图 3.3 所示。

根据以上检验结果,自相关和偏相关都未超出虚线区域。我们可以得出结论:一方面,在 5%的显著性水平下,上汽集团的股票日收益率不存在自相关关系;另一方面,图 3.3 中最后一列的 $P$ 值都大于 5%,说明本部分所研究的上汽集团股票的日收益率序列,在 5%的显著水平下不存在明显的自相关和偏相关关系,符合建立方程的条件。对其余 15 家汽车供应链企业的股票日收益率进行自相关和偏相关检验,检验结果表明 15 家企业的股票日收益率均不存在自相关关系。

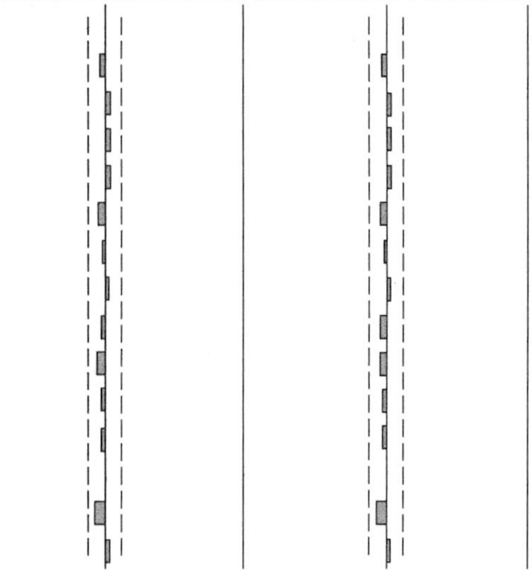


| | AC | PAC | Q-Stat | Prob |
|---|---|---|---|---|
| 1 | 0.002 | 0.002 | 0.001 0 | 0.975 |
| 2 | −0.026 | −0.026 | 0.166 5 | 0.920 |
| 3 | 0.035 | 0.036 | 0.474 4 | 0.924 |
| 4 | 0.040 | 0.039 | 1.865 8 | 0.929 |
| 5 | 0.038 | 0.040 | 1.233 0 | 0.942 |
| 6 | −0.037 | −0.036 | 1.569 4 | 0.955 |
| 7 | −0.014 | −0.015 | 1.619 4 | 0.978 |
| 8 | 0.026 | 0.019 | 1.783 0 | 0.987 |
| 9 | −0.032 | −0.033 | 2.041 0 | 0.991 |
| 10 | −0.057 | −0.054 | 2.876 9 | 0.984 |
| 11 | −0.016 | −0.015 | 2.940 3 | 0.991 |
| 12 | −0.013 | −0.015 | 2.981 5 | 0.996 |
| 13 | 0.005 | 0.008 | 2.987 4 | 0.998 |
| 14 | −0.073 | −0.066 | 4.379 4 | 0.993 |
| 15 | 0.019 | 0.025 | 4.474 3 | 0.996 |

**图 3.3　上汽集团检验结果**

### 3.2.4　GARCH 模型的建立

通过对股票日收益率序列进行平稳性检验及自相关性检验,根据检验结果,可以得到结论:16 家汽车供应链企业的股票日收益率不存在自相关和偏相关关系,且是平稳的。基于检验结果,可以将 16 家企业股票的日收益率均值方程设为白噪声,即:$R_t = C + \mu_t$,式中的 $C$ 为常数,$\mu_t$ 表示收益率的残差序列。接下来需要检验残差序列 $\mu_t$ 是否具有 ARCH 效应。

$R_t = C + \mu_t$ 变形可得 $\mu_t = R_t - C$,本部分用 $\omega_t$ 代替 $\mu_t$ 表示股票日收益率的残差序列,$\overline{R}$ 代替 C 表示 $R_t$ 的均值。首先根据公式 $\omega_t = R_t - \overline{R}$,计算得到 $\omega_t$。然后,根据公式 $z = \omega_t^2$,建立 $\omega_t$ 的平方方程。接下来,检验 z 的自相关性,自相关检验和偏相关检验的结果如图 3.4 所示。

根据以上检验结果,自相关和偏相关的部分值超出了虚线区域,且全部 $P$ 值小于 5%,说明序列 z 具有自相关性和偏相关性,符合建立 GARCH(1,1)模型的前提条件。

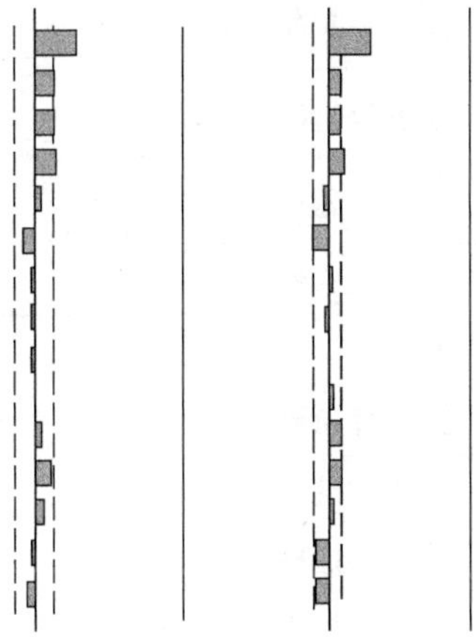


| | AC | PAC | Q-Stat | Prob |
|---|---|---|---|---|
| 1 | 0.276 | 0.276 | 18.568 | 0.000 |
| 2 | 0.145 | 0.074 | 23.696 | 0.000 |
| 3 | 0.110 | 0.057 | 26.651 | 0.000 |
| 4 | 0.147 | 0.104 | 31.982 | 0.000 |
| 5 | 0.047 | −0.031 | 32.521 | 0.000 |
| 6 | −0.083 | −0.125 | 34.230 | 0.000 |
| 7 | −0.023 | 0.012 | 34.361 | 0.000 |
| 8 | −0.026 | −0.020 | 34.528 | 0.000 |
| 9 | −0.028 | −0.006 | 34.722 | 0.000 |
| 10 | −0.015 | 0.028 | 34.782 | 0.000 |
| 11 | 0.049 | 0.066 | 35.396 | 0.000 |
| 12 | 0.092 | 0.067 | 37.542 | 0.000 |
| 13 | 0.054 | 0.010 | 38.288 | 0.000 |
| 14 | −0.031 | −0.082 | 38.533 | 0.000 |
| 15 | -0.062 | -0.082 | 39. 541 | 0.001 |

**图 3.4　上汽集团平方方程 z 的自相关性检验结果**

通过 Eviews 软件，基于处理过的数据，建立 GARCH(1,1)模型，得到参数估计结果如图 3.5 所示。

| Variable | Coefficient | Std. Error | z-Statistic | Prob. |
|---|---|---|---|---|
| Variance Equation | | | | |
| C | 0.829 873 | 0.466 522 | 1.778 853 | 0.075 3 |
| RESID(-1)^2 | 0.035 614 | 0.052 288 | 0.681 115 | 0.495 8 |
| GARCH(−1) | 0.714 468 | 0.156 116 | 4.576 517 | 0.000 0 |

| | | | |
|---|---|---|---|
| R−squared | 0.000 000 | Mean dependent var | 1.66E−11 |
| Adjusted R−squared | 0.004 149 | S.D. dependent var | 1. 971 407 |
| S.E. of regression | 1. 967 313 | Akaike info criterion | 4.119 661 |
| Sum squared resid | 932.746 9 | Schwarz criterion | 4.163 040 |
| Log likelihood | −493.419 1 | Hannan−Quinn criter | 4.137 137 |
| Durbin−Watson stat | 1.884 198 | | |

**图 3.5　GARCH(1,1)模型的参数估计结果**

可建立 GARCH(1,1)模型：$\sigma_t^2 = 0.829\ 873 + 0.035\ 614\mu_{t-1}^2 + 0.714\ 468\ \sigma_{t-1}^2$，检验满足约束条件 $\alpha+\beta<1$(0.035 614+0.714 468=0.750 082<1)。长期方差率可根据公式 $V_L = \dfrac{c}{1-\alpha-\beta}$，计算得到结果 $V_L = 3.320\ 581$。依据公式，可

进一步计算得到，日波动率为$\sqrt{V_t}=1.822\ 246$，结合样本数241，进而得到股票收益的年波动率为$\sigma=\sqrt{V_t\times n}=1.822\ 246\times\sqrt{241}=28.29$。用相同方法可得到16家汽车供应链企业的股票收益年波动率，具体见表3.5。

**表3.5　16家企业股权价值波动率**

| 公司名称 | 股票代码 | 股权价值波动率 | 公司名称 | 股票代码 | 股权价值波动率 |
|---|---|---|---|---|---|
| 上汽集团 | 600104 | 28.29% | 曙光股份 | 600303 | 52.96% |
| 一汽轿车 | 000800 | 37.60% | 东安动力 | 600178 | 48.74% |
| 东风汽车 | 600006 | 40.87% | 玲珑轮胎 | 601966 | 30.78% |
| 长安汽车 | 000625 | 40.98% | 华域汽车 | 600741 | 37.49% |
| 广汽集团 | 601238 | 30.76% | 福耀玻璃 | 600660 | 28.83% |
| 宁波华翔 | 002048 | 30.81% | 广汇汽车 | 600297 | 32.64% |
| 中鼎股份 | 000887 | 33.18% | 庞大集团 | 601258 | 47.45% |
| 模塑科技 | 000700 | 40.57% | 国机汽车 | 600335 | 32.45% |

## 3.3　计算企业违约点

依据2.1.3修正的违约点公式：$DP=$流动负债$+75\%\times$长期负债，选取16家汽车供应链企业2019年第三季度的财务报告，从中得到资产负债表中企业流动负债和长期负债的数据，计算得到企业的违约点，结果如表3.6所示。

**表3.6　16家企业的违约点**

| | 公司名称 | 股票代码 | 短期负债(万元) | 长期负债(万元) | 违约点(万元) |
|---|---|---|---|---|---|
| 核心制造企业 | 上汽集团 | 600104 | 41 035 297.46 | 9 874 873.64 | 48 441 452.69 |
| | 一汽轿车 | 000800 | 1 203 932.44 | 77 838.91 | 1 262 311.62 |
| | 东风汽车 | 600006 | 1 049 391.59 | 53 502.98 | 1 089 518.83 |
| | 长安汽车 | 000625 | 4 128 078.24 | 819 510.57 | 4 742 711.17 |
| | 广汽集团 | 601238 | 3 075 264.47 | 1 291 162.14 | 4 043 636.07 |
| 零部件供应商 | 宁波华翔 | 002048 | 563 196.12 | 87 115.36 | 628 532.64 |
| | 中鼎股份 | 000887 | 480 820.73 | 378 350.95 | 764 583.94 |

续　表

| | 公司名称 | 股票代码 | 短期负债(万元) | 长期负债(万元) | 违约点(万元) |
|---|---|---|---|---|---|
| 零部件供应商 | 模塑科技 | 000700 | 432 256.93 | 120 255.72 | 522 448.72 |
| | 曙光股份 | 600303 | 231 084.55 | 73 066.37 | 285 884.33 |
| | 东安动力 | 600178 | 175 128.36 | 7 453.17 | 180 718.24 |
| | 玲珑轮胎 | 601966 | 942 579.17 | 503 616.11 | 1 320 291.25 |
| | 华域汽车 | 600741 | 6 864 930.00 | 1 194 241.62 | 7 760 611.21 |
| | 福耀玻璃 | 600660 | 1 601 535.35 | 320 385.69 | 1 841 824.61 |
| 经销商 | 广汇汽车 | 600297 | 6 433 508.56 | 2 079 697.76 | 7 993 281.88 |
| | 庞大集团 | 601258 | 2 077 039.14 | 325 700.89 | 2 321 314.81 |
| | 国机汽车 | 600335 | 1 948 750.20 | 319 569.85 | 2 188 427.59 |

## 3.4　计算企业的资产价值和资产价值波动率

### 3.4.1　模型简化

对商业银行等金融机构来说，一般是一年进行一次对融资企业的信用风险评估，因此本文选择 $T-t=1$。中国人民银行的一年期存款基准利率，一般认为可近似代替无风险收益率 $r$，经查此数据在 2019 年 9 月 30 日为 1.5%，即本部分计算时代入 $r=1.5\%$。将前文汇总和计算得到的数据，代入以下模型进行求解[69-71]。

$$\begin{cases} E=VN(d_1)-De^{-rt}N(d_2) \\ \sigma_E=\dfrac{V}{E}N(d_1)\sigma_A \\ d_1=\dfrac{\ln\left(\dfrac{V}{D}\right)+\left(r+\dfrac{\sigma_A^2}{2}\right)(T-t)}{\sigma_A\sqrt{T-t}} \\ d_2=d_1-\sigma_A\sqrt{T-t} \end{cases} \tag{4.1}$$

首先，引入参数 $EtD$ $\left(EtD=\dfrac{E}{D}\right)$，目的是将企业的资产价值 $V$ 根据负债 $D$ 进行标准化处理，因为企业资产价值 $V$ 和资产价值波动率 $\sigma_A$ 的数量级相差极大，这样处理也便于迭代求解。然后，将公式 $V=xE$ 代入方程组 4.1 中，通过推导得到如下的简化方程组。

$$\begin{cases} 1=xN(d_1)-e^{-rt}N(d_2)/EtD \\ \sigma_E=xN(d_1)\sigma_A \\ d_1=\dfrac{\ln(xEtD)+\left(r+\dfrac{\sigma_A^2}{2}\right)(T-t)}{\sigma_A\sqrt{T-t}} \\ d_2=d_1-\sigma_A\sqrt{T-t} \end{cases} \tag{4.2}$$

### 3.4.2 模型求解

通过 Matlab 对简化后的模型进行求解，可得到 16 家汽车供应链企业的违约距离。求得企业违约距离之后，结合公式(2.13)，可进一步求得 16 家企业的违约概率，计算结果如表 3.7 所示。

**表 3.7 16 家企业的违约距离与违约概率**

| | 公司名称 | 股票代码 | 资本市场价值（万元） | 资本市场价值波动率 | 违约距离 | 违约概率 | 平均违约距离 |
|---|---|---|---|---|---|---|---|
| 核心制造企业 | 上汽集团 | 600104 | 28 309 023.60 | 102.67% | 3.456 7 | 0.03% | 2.824 8 |
| | 一汽轿车 | 000800 | 1 378 492.50 | 226.34% | 2.624 6 | 0.44% | |
| | 东风汽车 | 600006 | 944 000.00 | 46.48% | 2.405 2 | 0.80% | |
| | 长安汽车 | 000625 | 3 770 080.25 | 245.99% | 2.398 8 | 0.82% | |
| | 广汽集团 | 601238 | 12 643 571.90 | 156.05% | 3.238 7 | 0.06% | |
| 零部件供应商 | 宁波华翔 | 002048 | 940 597.46 | 212.79% | 3.216 3 | 0.06% | 2.727 0 |
| | 中鼎股份 | 000887 | 1 106 062.92 | 236.44% | 2.992 8 | 0.14% | |
| | 模塑科技 | 000700 | 311 846.86 | 265.83% | 2.411 1 | 0.80% | |
| | 曙光股份 | 600303 | 249 972.00 | 47.82% | 1.855 5 | 3.14% | |
| | 东安动力 | 600178 | 229 653.76 | 359.97% | 2.026 6 | 2.14% | |
| | 玲珑轮胎 | 601966 | 2 440 820.34 | 126.60% | 3.229 2 | 0.06% | |
| | 华域汽车 | 600741 | 7 604 360.64 | 166.12% | 2.630 8 | 0.04% | |
| | 福耀玻璃 | 600660 | 5 528 976.44 | 26.09% | 3.453 4 | 0.03% | |
| 经销商 | 广汇汽车 | 600297 | 3 239 512.06 | 75.06% | 2.970 0 | 0.15% | 2.653 4 |
| | 庞大集团 | 601258 | 740 887.26 | 354.07% | 2.003 1 | 2.28% | |
| | 国机汽车 | 600335 | 962 991.07 | 168.55% | 2.987 1 | 0.14% | |

从以上计算结果可以看出，对于所选的 16 家汽车供应链样本企业，核心制造企业、零部件供应商和经销商的平均违约距离分别为 2.82、2.72 和 2.65，即对于三类企业来说，核心制造企业的信用风险最小，违约概率最低；零部件供应商次之；经销商的信用风险最大，违约概率最大。

汽车供应链中的核心企业一般为整车制造企业，他们作为供应链核心，有雄厚的资金储备，在整条供应链上处于较强势的地位，自身违约风险也比较低。汽车零部件企业因为企业规模相差较大、主营业务也各有不同，所以违约距离相差比较大，参差不齐。汽车经销商因为主要依赖银行贷款购置新车，所以他们的财务报告中的流动负债和长期负债相对较高，故其违约风险也会较高，这一点与计算结果相吻合。

# 第 4 章　基于 Copula 函数的融资企业组合信用风险分析

在计算单个融资企业的违约概率之后，要想评估供应链金融中融资企业组合的信用风险，还应当计算融资企业组合中企业间违约概率的相关性，即度量企业间违约依赖的结构。关键之处在于运用恰当的方法来描述违约依赖结构，Copula 函数能够将相依结构模式与相关程度的研究有机地结合在一起，并能处理随机变量间的非线性相关部分，较全面、充分地描述变量间的依赖结构。基于第 2 章关于 Copula 函数类型、性质和相关性测度的描述，本章以融资企业组合为研究对象，研究融资企业组合的信用风险度量问题。

## 4.1　数据选取

本章选取了 3 家汽车供应链企业，分别为核心制造企业：上汽集团，零部件供应商：中鼎股份，经销商：国机汽车，从 2007 年 4 月 1 日至 2019 年 9 月 30 日的股票价格、总股本及财务报告数据。用第 3 章的方法计算 3 家企业 2007Q1～2019Q3 期间 51 个特殊时间点的违约距离、违约概率等。令 $X$、$Y$、$Z$ 分别表示中鼎股份、上汽集团和国机汽车，$E1$、$E2$、$E3$ 分别表示中鼎股份、上汽集团和国机汽车的边缘分布。下文将通过构建基于 Copula 函数的供应链金融中融资企业违约概率的依赖性度量模型，通过一定的标准，选择最优的 Copula 函数来描述融资企业间违约依赖的程度和结构。

## 4.2　确定边缘分布

参数法和非参数法是两种用来确定随机变量分布的方法。核估计是非参数估计领域应用最多的一种估计方法[72]。任仙玲、张世英[73]针对金融资产收益序列，通过非参数估计刻画了其边缘分布，结果表明作者所构建的核密度函数能够很好地刻画金融变量的边缘分布。

非参数核估计方法不但能够用来刻画变量的边缘分布，还能够用来进一步估计和构造 Copula 函数[74-75]。如果是通过非参数核估计方法来构建 Copula 函数，会具有很多优点，其中最主要的是没有必要考虑 Copula 函数的任何参数，就能估计得到所有点处的 Copula 函数值，然后可进一步计算得到需要的相关性测度值。

### 4.2.1　参数法

通过 Matlab 绘制三家企业违约概率的密度分布图，如图 4.1 所示。

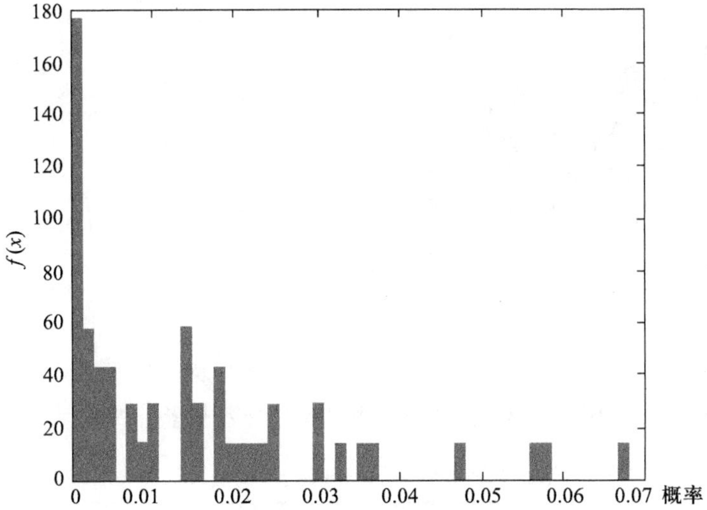


(a)中鼎股份的期望违约概率

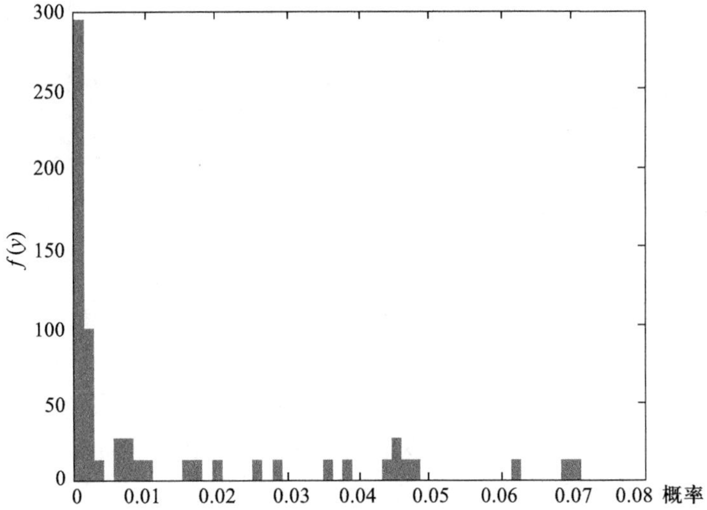


(b)上汽集团的期望违约概率

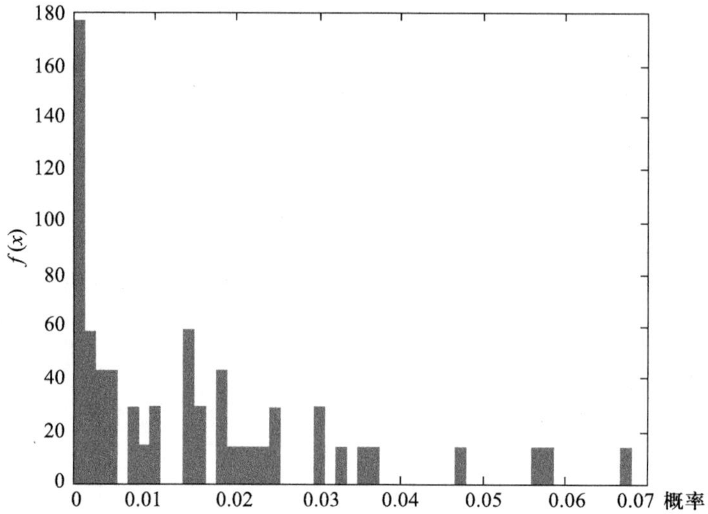


(c)中鼎股份的期望违约概率

**图 4.1　3 家企业违约概率的密度分布图**

通过 Matlab 计算 3 家企业违约概率的偏度值及峰度值，及分别用 jbtest、kstest 和 lillietest 函数对 $X$、$Y$、$Z$ 进行正态性检验，检验结果如表 4.1 所示。

**表 4.1　3 家企业违约概率的偏度值、峰度值及正态检验结果**

| 公司名称 | 偏度 | 峰度 | jbtest 函数 | | kstest 函数 | | lilletest 函数 | |
|---|---|---|---|---|---|---|---|---|
| | | | $h$ | $P$ | $h$ | $P$ | $h$ | $P$ |
| 中鼎股份 | 1.463 5 | 4.753 8 | 1 | 0.002 2 | 1 | 6.55E-12 | 1 | 1.00E-03 |
| 上汽集团 | 1.476 8 | 3.983 8 | 1 | 0.003 4 | 1 | 6.55E-12 | 1 | 1.00E-03 |
| 国机汽车 | 1.951 1 | 7.439 7 | 1 | 1.00E-03 | 1 | 1.36E-10 | 1 | 1.00E-03 |

首先，从 3 家企业的违约概率密度分布图来看，$X$、$Y$、$Z$ 的分布都不对称，为右偏；从偏度值及峰度值可以看出，$X$、$Y$、$Z$ 的峰度值均大于 3，偏度值均大于 0，呈现尖峰厚尾的特点，而正态分布的偏度值为 0，峰度值为 3；从 jbtest、kstest 和 lillietest 检验结果来看，3 家企业的 $h$ 值均为 1，$P$ 值均小于 0.01，说明 $X$、$Y$、$Z$ 不服从正态分布。从以上三点，可以得出 $X$、$Y$、$Z$ 不服从正态分布的结论。但是，常见的分布中没有很好地刻画以上三个密度分布图的分布特征，接下来我们将通过非参数法确定 $X$、$Y$、$Z$ 的分布特征。

### 4.2.2　非参数法

在刻画三家企业违约概率分布的时候有两种方法，一是通过 ecdf 函数来求解三家融资企业的经验分布函数，二是通过 ksdensity 函数确定 $X$、$Y$、$Z$ 的边缘分布 $E1$、$E2$、$E3$。两种方法的返回值不是完全相同，通过进一步绘制由 ecdf 函数得到的经验分布函数图与由 ksdensity 函数得到的核分布估计图（图 4.2），会发现两者几乎完全重合，由此说明核分布估计可以很好地刻画变量的边缘分布。

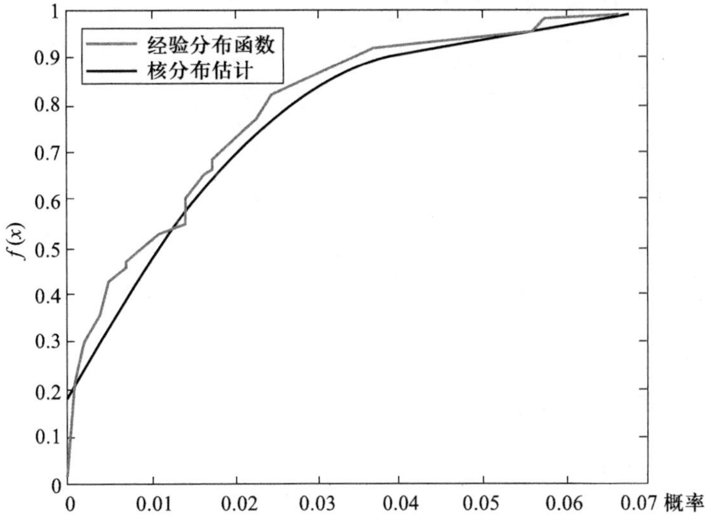


(a)中鼎股份的期望违约概率

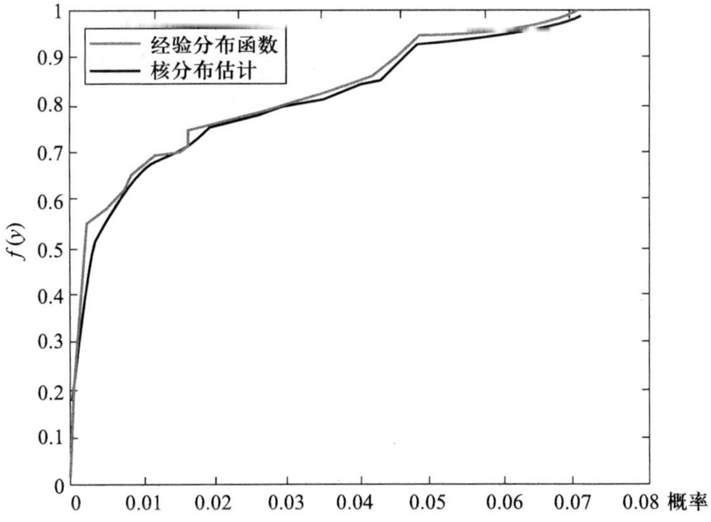


(b)上汽集团的期望违约概率

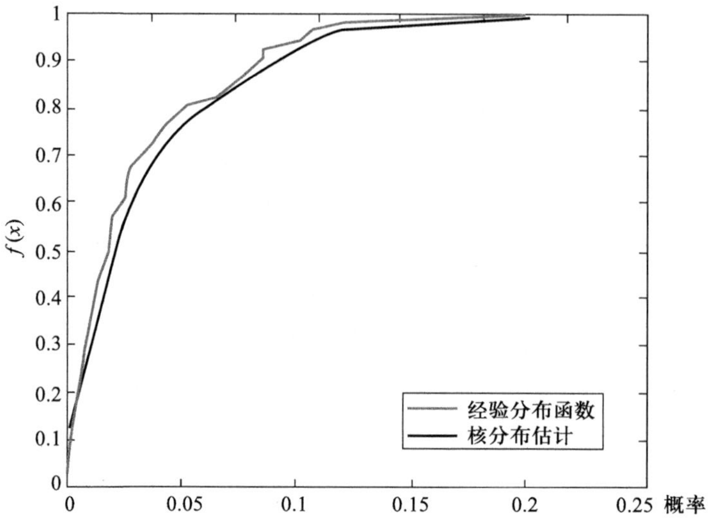

(c)国机汽车的期望违约概率

**图 4.2　3 家企业违约概率经验分布图和核分布估计图**

## 4.3　选取合适的 Copula 函数

### 4.3.1　参数估计

3 家汽车供应链企业，核心制造企业：上汽集团，零部件供应商：中鼎股份，经销商：国机汽车，可两两组合成三个企业组合，即“中鼎股份＋上汽集团”“上汽集团＋国机汽车”和“中鼎股份＋国机汽车”。针对五种常见的二元 Copula 函数，在通过核分布估计求得 $X$、$Y$、$Z$ 的边缘分布之后，可通过 Matlab 运用 copulafit 函数估计五种二元 Copula 中的参数，计算结果如表 4.2 所示。

**表 4.2　5 种二元 Copula 中的参数估计值**

| 企业组合 | 正态 Copula | t-Copula | | Clayton Copula | Frank Copula | Gumbel Copula |
|---|---|---|---|---|---|---|
| | | 估计值 | 自由度 | | | |
| 中鼎股份＋上汽集团 | 0.819 0 | 0.869 0 | 2 | 4.303 7 | 10.115 0 | 2.826 2 |
| 上汽集团＋国机汽车 | 0.694 3 | 0.794 4 | 3 | 2.516 6 | 6.985 7 | 2.171 4 |
| 中鼎股份＋国机汽车 | 0.578 8 | 0.710 8 | 2 | 2.110 3 | 5.524 3 | 1.859 1 |

### 4.3.2　秩相关系数估计

通过 Matlab 的 Copulafit 函数，及表 4.2 中的参数估计值，计算三个企业组合在五种二元 Copula 函数下的 Kendall 秩相关系数和 Spearman 秩相关系数，计算结果如表 4.3 所示。

**表 4.3　三个企业组合的秩相关系数估计**

| 企业组合 | 正态 Copula | | | | t-Copula | | | |
|---|---|---|---|---|---|---|---|---|
| | $\tau$ | | $\rho$ | | $\tau$ | | $\rho$ | |
| 中鼎股份+上汽集团 | 1 | 0.611 0 | 1 | 0.805 8 | 1 | 0.670 4 | 1 | 0.831 7 |
| | 0.611 0 | 1 | 0.805 8 | 1 | 0.670 4 | 1 | 0.831 7 | 1 |
| 上汽集团+国机汽车 | 1 | 0.488 0 | 1 | 0.677 1 | 1 | 0.584 5 | 1 | 0.763 8 |
| | 0.488 0 | 1 | 0.677 1 | 1 | 0.584 5 | 1 | 0.763 8 | 1 |
| 中鼎股份+国机汽车 | 1 | 0.393 0 | 1 | 0.560 7 | 1 | 0.503 3 | 1 | 0.669 5 |
| | 0.393 0 | 1 | 0.560 7 | 1 | 0.503 3 | 1 | 0.669 5 | 1 |

| 企业组合 | Clayton Copula | | Frank Copula | | Gumbel Copula | |
|---|---|---|---|---|---|---|
| | $\tau$ | $\rho$ | $\tau$ | $\rho$ | $\tau$ | $\rho$ |
| 中鼎股份+上汽集团 | 0.683 0 | 0.860 0 | 0.668 8 | 0.862 8 | 0.646 2 | 0.831 1 |
| 上汽集团+国机汽车 | 0.557 0 | 0.744 0 | 0.561 6 | 0.762 4 | 0.539 5 | 0.726 1 |
| 中鼎股份+国机汽车 | 0.513 0 | 0.607 0 | 0.488 1 | 0.680 0 | 0.462 1 | 0.638 6 |

从秩相关系数估计结果可以看出，五种 Copula 函数下三个融资企业组合的两种秩相关系数均满足：

$\tau$(中鼎股份＋上汽集团)＞$\tau$(上汽集团＋国机汽车)＞$\tau$(中鼎股份＋国机汽车)

$\rho$(中鼎股份＋上汽集团)＞$\rho$(上汽集团＋国机汽车)＞$\rho$(中鼎股份＋国机汽车)

由此可以看出，对于供应链上的企业，直接上下游关系的企业之间相关性会更强，跨级的企业之间相关性会相对较弱；而零部件供应商与核心企业之间的相关性要强于核心企业与经销商之间的相关性。

### 4.3.3 模型评价

对三个融资企业组合，通过 Matlab 计算确定了五种 Copula 函数的相关参数之后，可进一步计算所构建五种 Copula 函数与三个融资企业组合的经验 Copula 函数(图 4.3)之间的平方欧式距离，从而对所构建的 Copula 函数进行评价，选择最合适的 Copula 函数进行下一步的操作与分析。

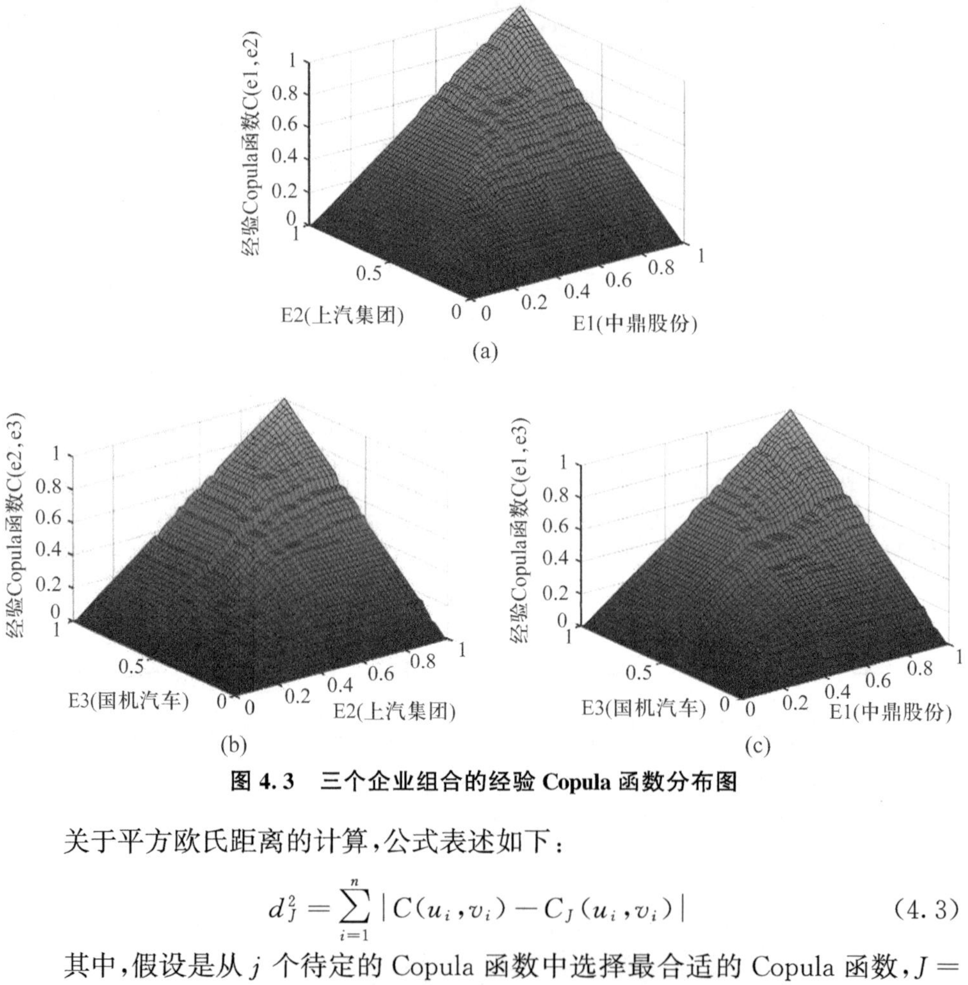


**图 4.3 三个企业组合的经验 Copula 函数分布图**

关于平方欧氏距离的计算，公式表述如下：

$$d_J^2=\sum_{i=1}^{n}\left|C(u_i,v_i)-C_J(u_i,v_i)\right| \tag{4.3}$$

其中，假设是从 $j$ 个待定的 Copula 函数中选择最合适的 Copula 函数，$J=1,2,\cdots,j$，$u_i=F(x_i)$，$v_i=F(y_i)$，$i=1,2,\cdots,n$。计算所构建 Copula 函数与经验 Copula 函数之间的平方欧式距离，数值越小，说明拟合得越好，所选择的 Copula 函数就越能准确地描述观测数据的联合分布情况。三个企业组合在 5 种 Copula 下平方欧氏距离的计算结果如表 4.4 所示。

表4.4　三个企业组合的平方欧氏距离计算结果

| 企业组合 | 正态 Copula | t-Copula | Clayton Copula | Frank Copula | Gumbel Copula |
|---|---|---|---|---|---|
| 中鼎股份＋上汽集团 | 0.019 8 | 0.016 8 | 0.016 6 | **0.011 1** | 0.020 0 |
| 上汽集团＋国机汽车 | 0.015 3 | 0.015 9 | 0.040 1 | 0.018 4 | **0.009 9** |
| 中鼎股份＋国机汽车 | 0.020 8 | 0.020 7 | 0.051 1 | 0.021 2 | **0.013 0** |

根据以上的计算结果可以看出，不同企业组合的联合分布适合用不同的Copula函数来描述。“中鼎股份＋上汽集团”“上汽集团＋国机汽车”和“中鼎股份＋国机汽车”三个融资企业组合分别更适合用Frank Copula函数、Gumbel Copula函数和Gumbel Copula函数来拟合。

## 4.4　融资企业组合违约概率的计算与分析

### 4.4.1　融资企业组合违约情形分析

通过以上的计算分析，我们已经得到了三个融资企业组合分别最适合的Copula函数类型，接下来就可以通过对应的最适合的Copula函数，计算三个融资企业组合发生极端信用风险事件的概率。极端事件就是指每个融资企业组合中的两家融资企业出现同时违约的概率，可通过Matlab依据最适合的Copula函数，代入三家融资企业各自的预期违约概率计算得到同时违约概率。在得到同时违约概率之后，可以进一步计算得到三个融资企业组合的联合违约概率。

对于包含两家融资企业的组合，涉及的违约情形可分为四种。

表4.5　融资企业组合违约情形(以“中鼎股份＋上汽集团”为例)

| 违约情形 | 中鼎股份 | 上汽集团 |
|---|---|---|
| 情形1 | 违约 | 违约 |
| 情形2 | 违约 | 不违约 |
| 情形3 | 不违约 | 违约 |
| 情形4 | 不违约 | 不违约 |

假设指示变量 $Y_n$ 表示融资企业的违约状态，即：

$$Y_n=\begin{cases}1,违约\\0,不违约\end{cases},\quad n=1,2 \tag{4.4}$$

用 $C$ 表示前面选取的最适合拟合融资企业组合联合分布的 Copula 函数，$p_n$表示融资企业单独的、不考虑违约传染情况下的违约概率。仍以"中鼎股份 & 上汽集团"为例，则中鼎股份与上汽集团同时发生违约的概率为公式(4.5)。

$$P[Y_1=1,Y_2=1]=C(p_1,p_2) \tag{4.5}$$

中鼎股份发生违约，上汽集团不发生违约的概率为公式(4.6)。

$$P[Y_1=1,Y_2=0]=p_1-C(p_1,p_2) \tag{4.6}$$

中鼎股份不发生违约，上汽集团发生违约的概率为公式(4.7)。

$$P[Y_1=0,Y_2=1]=p_2-C(p_1,p_2) \tag{4.7}$$

中鼎股份与上汽集团均不发生违约的概率为公式(4.8)。

$$P[Y_1=0,Y_2=0]=1-p_1-p_2+C(p_1,p_2) \tag{4.8}$$

商业银行等金融机构对供应链金融中融资企业组合的信用风险分析的思路主要分为两种：一种是站在供应链金融的融资企业组合的角度，如果融资企业组合内有一家融资企业发生违约，那么就看作融资企业组合内所有融资企业发生违约的触发条件，即融资企业组合内一家融资企业发生违约，很可能会导致组合内其他融资企业以及整个融资企业组合的违约；另一种是站在单个融资企业的角度，融资企业组合内任一家融资企业违约，不必然会导致其他融资企业违约[75]。本文的研究基于第一种思路，即基于供应链金融的融资企业组合，来测度融资企业组合的联合违约概率。联合违约概率的计算公式为公式(4.9)。

$$p=1-[1-p_1-p_2+C(p_1,p_2)]=p_1+p_2-C(p_1,p_2) \tag{4.9}$$

那么，在考虑供应链融资企业违约传染的情况下，在上汽集团违约的条件下，中鼎股份发生违约的概率可表示为公式(4.10)。

$$P[Y_1=0|Y_2=1]=\frac{C(p_1,p_2)}{p_2} \tag{4.10}$$

同样，在中鼎股份违约的条件下，上汽集团发生违约的概率可表示为公式(4.11)。

$$P[Y_2=0|Y_1=1]=\frac{C(p_1,p_2)}{p_1} \tag{4.11}$$

### 4.4.2　各种概率计算结果分析

首先，由三家企业 2007 年 4 月 1 日至 2019 年 9 月 30 日的数据，根据修正 KMV 模型，可计算得到各 51 个样本点的违约距离和违约概率，因数据过多，这里不做详细展示，根据计算结果绘制违约距离和期望违约概率的折线图，如图 4.4 和图 4.5 所示。

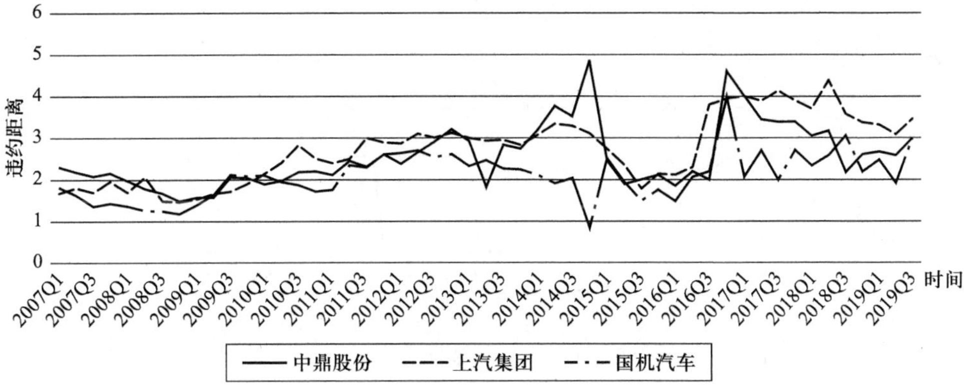


**图 4.4　三家融资企业的违约距离**

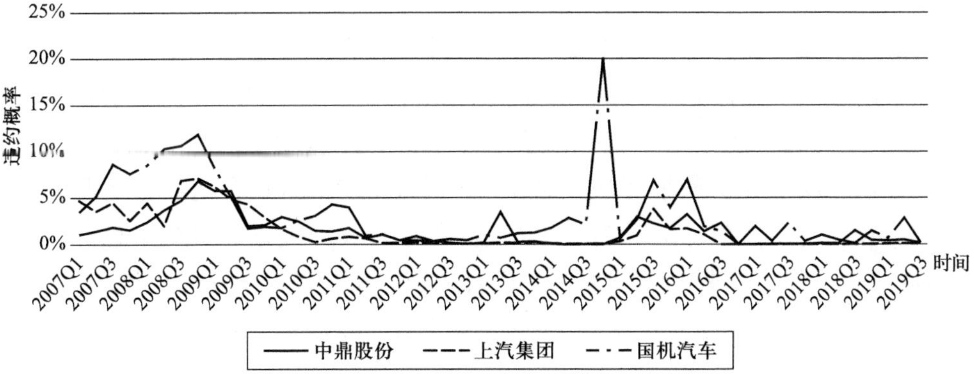


**图 4.5　三家融资企业的期望违约概率**

从图 4.5 可以看出，三家融资企业相较而言，上汽集团的违约概率一直处于一个很低的状态，国机汽车的违约概率则基本上一直处于三者最高的状态。特别是国机汽车在 2014Q4 的违约概率高达 20%，经查相关公告，一方面，发现国机汽车在 2014Q4 对外提供了三次担保，担保金额高达 1.5 亿元，并未提供反担保；另一方面，国机汽车的流动负债较 2014Q3 陡增 100 亿元，这些都导致了潜在的违约风险。

根据三家融资企业各自的违约概率，以及各种违约情形公式，可以计算得到考虑违约传染的同时违约概率、两者独立的同时违约概率、联合违约概率以及条件违约概率，因为数据过多，这里也不再做详细的数据展示。接下来结合各种违约概率的折线图进行分析。

(1) 关于联合违约概率

三个融资企业组合的联合违约概率如图 4.6 所示。

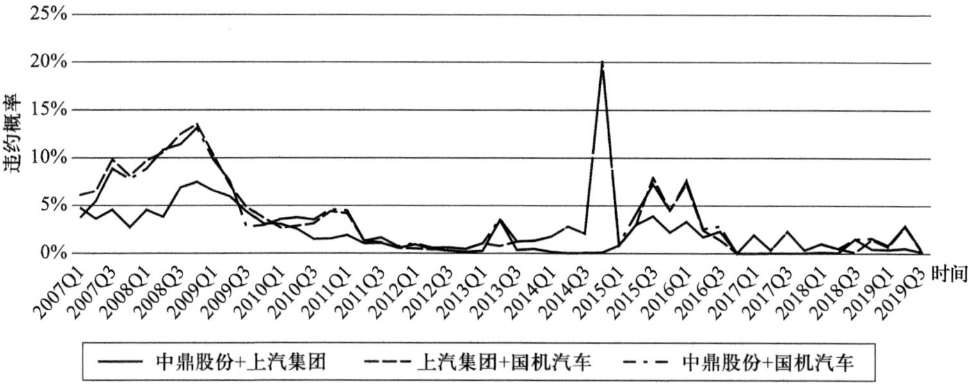


**图 4.6　三个融资企业组合的联合违约概率**

由图 4.6 可以看出，“中鼎股份＋上汽集团”的联合违约概率一直处于三个组合的较低水平，而“上汽集团＋国机汽车”和“中鼎股份＋国机汽车”的联合违约概率较高，而且两者大小相近，变化一致。结合图 4.5 和图 4.6 可以看出，“上汽集团＋国机汽车”和“中鼎股份＋国机汽车”的联合违约概率与国机汽车的预期违约概率也呈现出大小相近、变化一致的关系。由此可以得出结论，融资企业组合的联合违约概率受组合内违约概率较高的企业的影响较大，一般来说，违约概率高的企业，直接影响甚至决定了融资企业组合的联合违约概率。

(2) 关于考虑违约传染的同时违约概率

考虑违约传染的三个融资企业组合的同时违约概率如图 4.7 所示。

从图 4.7 可以看出，在考虑违约传染时，三个融资企业组合的同时违约概率会呈现出一致的变化趋势，例如在 2007Q1～2009Q1 整体呈现上涨的趋势，2009Q1～2010Q3 整体呈现下降的趋势，在其他时间段也是同时处于较低的概率状态或者同样的小起伏。图中的两次大波动正好与 2008 年全球经济危机和 2015 年的股市震荡相对应，说明宏观大环境是影响融资企业违约概率的原因之一。

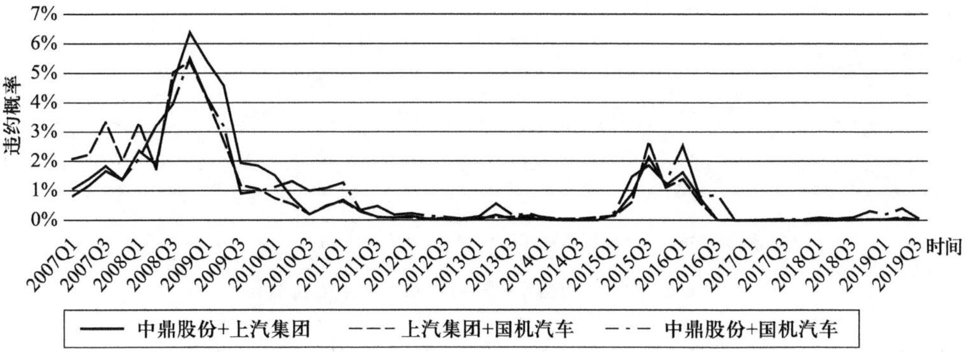


**图 4.7　考虑违约传染的三个融资企业组合的同时违约概率**

(3) 关于单个融资企业违约概率、考虑违约传染的同时违约概率、联合违约概率

三个融资企业组合的各种违约概率如图 4.8—图 4.10 所示。

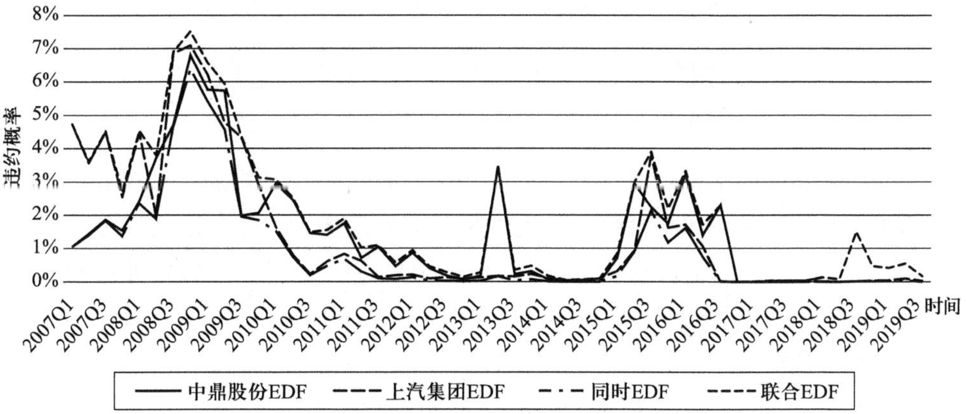


**图 4.8　"中鼎股份＋上汽集团"各种违约概率**

从图 4.8—图 4.10 可以看出，在各种违约概率中，皆是联合违约概率最大，联合违约概率的变化趋势和大小均取决于组合内单个违约概率较大的企业。说明融资企业组合内是存在违约传染的，即用 Copula 函数或者其他方法来刻画融资企业之间的违约传染是有必要的。如果将融资企业组合内的企业隔离开来考

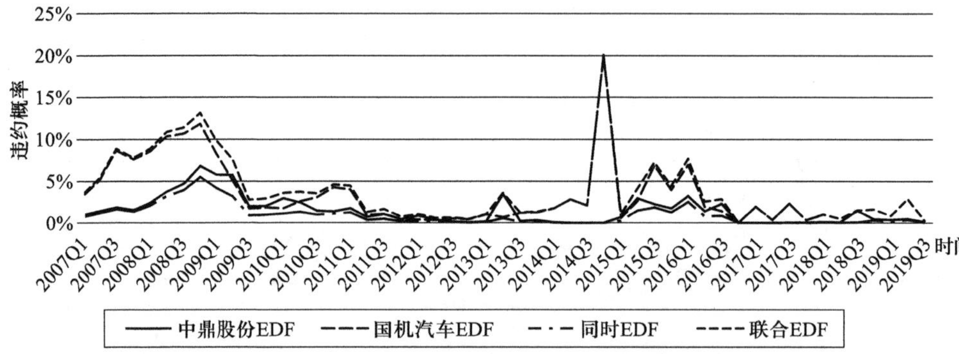


**图 4.9 “上汽集团＋国机汽车”各种违约概率**

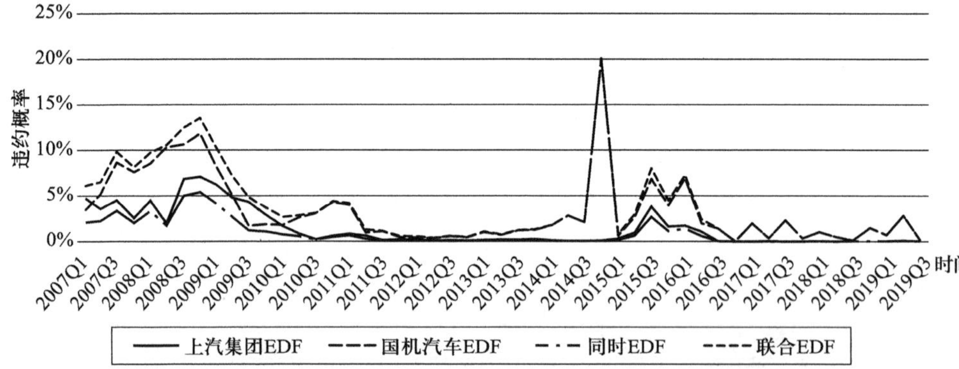


**图 4.10 “中鼎股份＋国机汽车”各种违约概率**

虑违约风险，违约风险很可能被低估。另外，同时违约概率均是各种违约概率里最小的，同时违约概率的变化趋势和大小均取决于组合内单个违约概率较小的企业。这在一定程度上反映出，供应链金融中融资企业组合的融资业务模式可以看作一种合理的风险管理手段。单个融资企业的信用风险，除了取决于自身的财务情况和宏观环境，还有来自供应链对手企业的信用捆绑、担保、质押等。对手企业的信用捆绑，可以是一种正向的、对冲性质的影响，例如“上汽集团 & 国机汽车”的融资企业组合，因为上汽集团较低的违约概率，使得两者同时违约的概率也较低，在一定程度上可以保证“上汽集团＋国机汽车”的融资企业组合比国机汽车单个融资企业更安全。

(4) 关于条件违约概率

三个融资企业组合内企业之间的条件违约概率如图 4.11—图 4.13 所示。

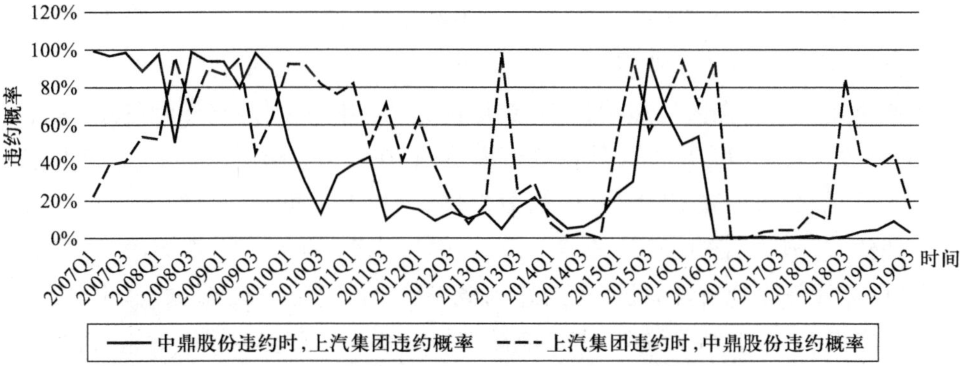


图 4.11　"中鼎股份＋上汽集团"条件违约概率

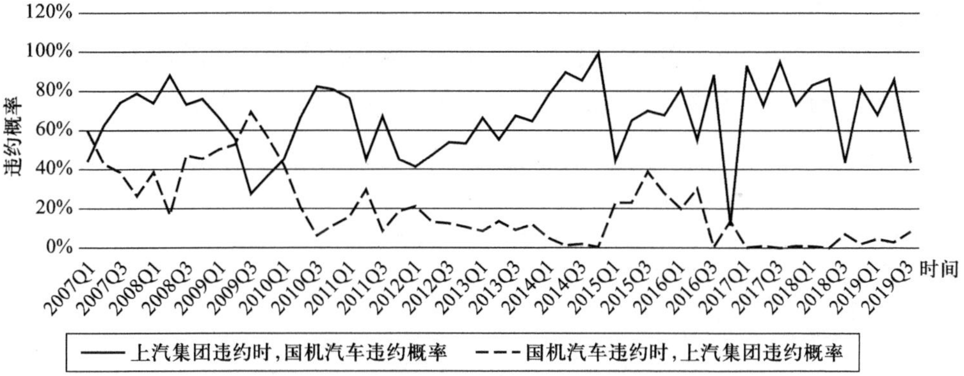


图 4.12　"上汽集团＋国机汽车"条件违约概率

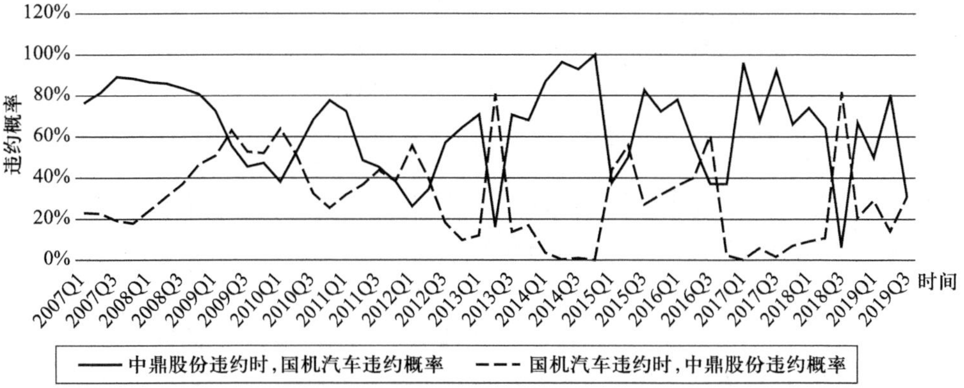


图 4.13　"中鼎股份＋国机汽车"条件违约概率

从图 4.11—图 4.13 可以看出，三个融资企业组合内两个融资企业之间的条件违约概率远远大于单个融资企业的违约概率，说明企业之间是存在违约依赖的，即供应链上融资企业组合中一家融资企业发生违约的背景下，组合内另一家融资企业也会有很大的违约概率，这可能是受共同宏观因素影响的结果。此外，通过比较每个组合中的条件违约概率发现，在大多数情况下，"上汽集团违约时，中鼎股份的违约概率"大于"中鼎股份违约时，上汽集团的违约概率"；"上汽集团违约时，国机汽车的违约概率" 大于"国机汽车违约时，上汽集团的违约概率"；"中鼎股份违约时，国机汽车的违约概率"大于"国机汽车违约时，中鼎股份的违约概率"。以上结果说明，在供应链中核心企业对上游零部件供应商和下游经销商的传染力度，要大于上游零部件供应商和下游经销商对核心企业的传染力度；上游零部件供应商对下游经销商的传染力度，要大于下游经销商对上游零部件供应商的传染力度。

(5) 关于考虑违约传染的同时违约概率与假设两者独立的同时违约概率

三个企业组合的两种同时违约概率如图 4.14—图 4.16 所示。

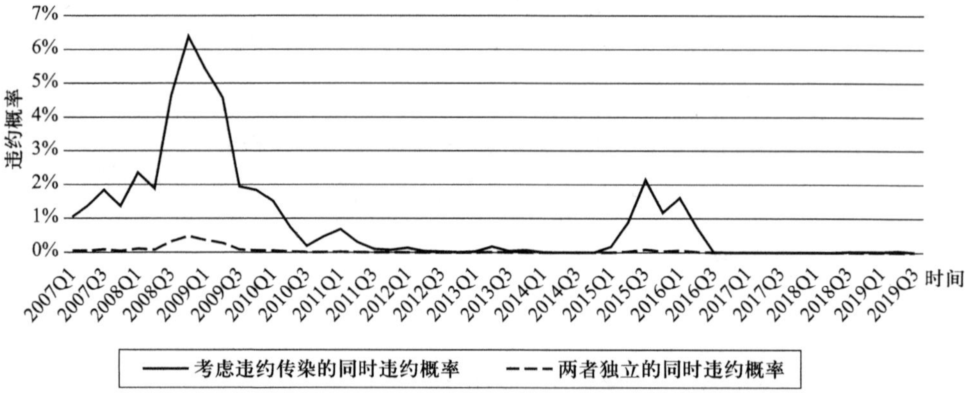


**图 4.14 "中鼎股份+上汽集团"的两种同时违约概率**

从图 4.14—图 4.16 可以看出，三个融资企业组合内融资企业的同时违约概率，在考虑违约传染时均大于假设两者独立时的同时违约概率。说明在真实的市场环境中，如果将融资企业隔离开来研究其违约概率，将会低估融资企业组合的同时违约概率。

除了既有的三个融资企业组合，本文选取了同为汽车供应商的中鼎股份和宁波华翔作为研究对象，用同样的方法计算了两者的同时违约概率、联合违约概率及条件违约概率，主要有以下几点发现。

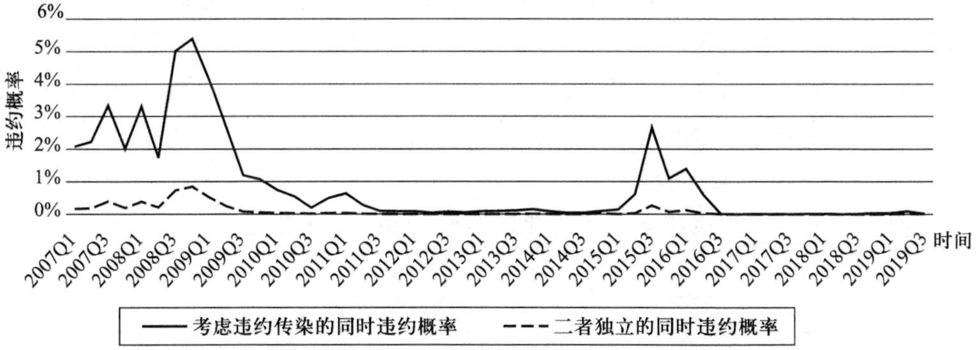


**图 4.15　“上汽集团＋国机汽车”的两种同时违约概率**

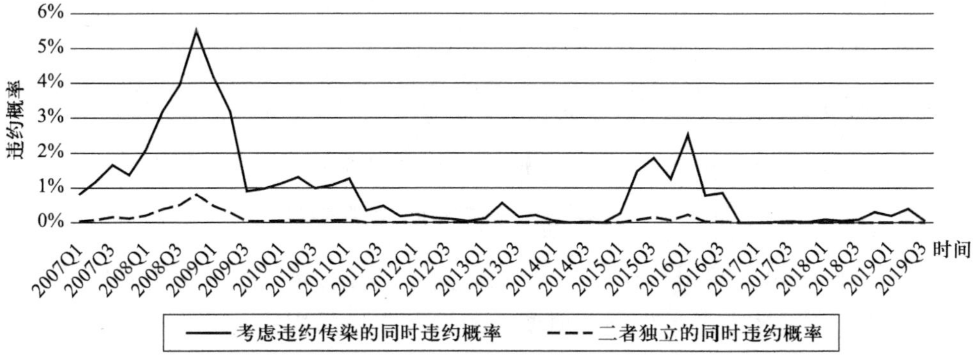


**图 4.16　“中鼎股份＋国机汽车”的两种同时违约概率**

(1) 关于单个企业违约概率

关于两个零部件供应商的单个企业违约概率，如图 4.17 所示。

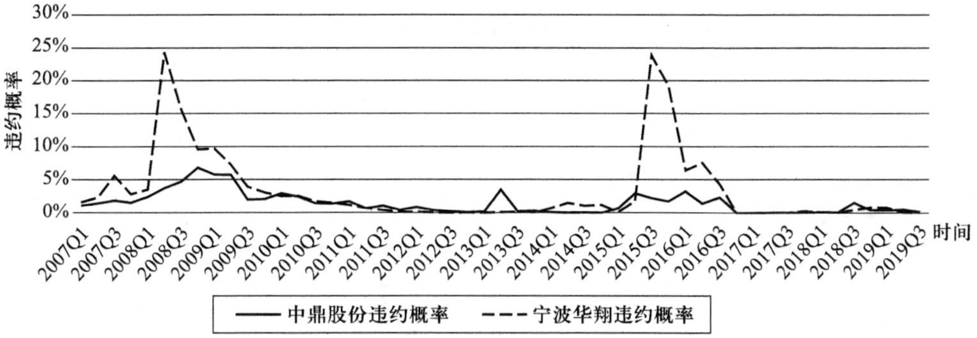


**图 4.17　中鼎股份和宁波华翔的单个企业违约概率**

从图 4.17 可以看出，中鼎股份和宁波华翔同为零部件供应商，但违约概率有较大差距。中鼎股份的主要产品是密封件、特种橡胶制品等，宁波华翔则主要供给非金属类汽车内外饰件及部分金属零部件，说明位于供应链同一级的企业，会因为主营业务不同，而存在不同的违约风险。

(2) 关于条件违约概率

关于两个零部件供应商的条件违约概率，如图 4.18 所示。

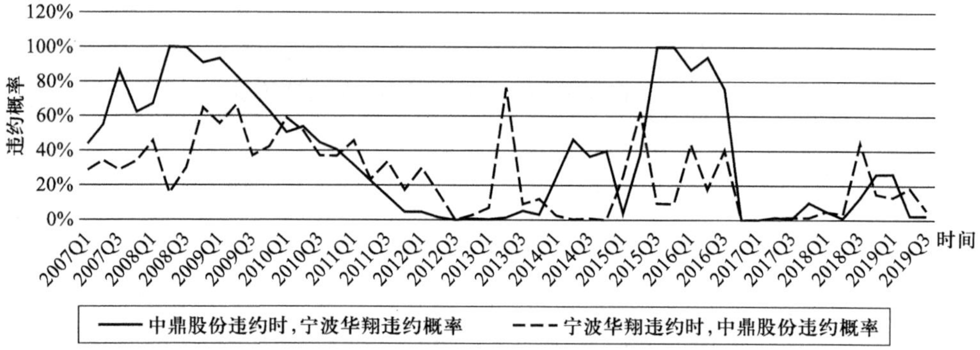


**图 4.18 中鼎股份和宁波华翔的条件违约概率**

从图 4.18 可以看出，与前述三个融资企业组合的条件违约概率不同的是，中鼎股份和宁波华翔的条件违约概率之间没有明显的规律，即二者之间的传染力度不存在明显的大小关系。

(3) 关于违约概率之间的相关关系

关于两个零部件供应商违约概率之间的相关关系，组合在 5 种二元 Copula 函数下的 Kendall 秩相关系数和 Spearman 秩相关系数，计算结果如表 4.6 所示。

**表 4.6 中鼎股份和宁波华翔组合的秩相关系数估计**

| 企业组合 | 正态 Copula | | | | t-Copula | | | |
|---|---|---|---|---|---|---|---|---|
| | $\tau$ | | $\rho$ | | $\tau$ | | $\rho$ | |
| 中鼎股份+宁波华翔 | 1 | 0.556 9 | 1 | 0.752 1 | 1 | 0.647 1 | 1 | 0.825 9 |
| | 0.556 9 | 1 | 0.752 1 | 1 | 0.647 1 | 1 | 0.825 9 | 1 |

| 企业组合 | Clayton Copula | | Frank Copula | | Gumbel Copula | |
|---|---|---|---|---|---|---|
| | $\tau$ | $\rho$ | $\tau$ | $\rho$ | $\tau$ | $\rho$ |
| 中鼎股份+宁波华翔 | 0.658 1 | 0.839 6 | 0.659 9 | 0.855 3 | 0.572 9 | 0.761 1 |

结合表 4.6，我们可以发现，中鼎股份和宁波华翔违约概率之间的秩相关系数仅次于中鼎股份和上汽集团之间的秩相关系数。说明在供应链中扮演同一角色的企业之间，违约概率存在较高的相关关系，共同违约的概率也较大。

## 4.5　融资企业组合信用风险值的计算与分析

### 4.5.1　信用风险值的定义及公式

融资企业的信用风险值，是指违约事件造成的潜在极端损失，即单个融资企业或融资企业组合，在未来一段时间内和一定置信水平下，预计产生的最大信用风险损失值。关于信用风险值，可用公式(4.12)表示为。

$$p=(CL\leqslant -VaR)=\alpha \tag{4.12}$$

其中，$CL$ 表示未来一段时间的信用损失，$\alpha$ 表示置信水平，VaR 表示置信水平 $\alpha$ 下的预计最大信用风险值(风险价值)。一般来说，式中置信水平 $\alpha$ 的大小主要由决策管理者的风险容忍程度决定，如果管理者的风险容忍程度较高，则可以将置信水平大选得一些，本文选取 90%、95%和 99%。

假设目前共有 $n$ 条信用损失值样本，将样本值从小到大排列，就可以计算某置信水平对应的最大信用风险值的序数 $m$，根据顺序数 $m$ 即可确定最大的信用风险值，即 VaR。

$$p=(CL\leqslant -VaR)=\alpha=\frac{m}{n} \tag{4.13}$$

得到，

$$m=n\times\alpha \tag{4.14}$$

在 VaR 的基础上，继续发展了一种投资风险计量方法 CVaR(条件风险价值)。条件风险价值是指在供应链金融中融资企业组合的信用风险预期损失超过某个给定 VaR 值的条件下，该融资企业组合的平均损失值。

单个融资企业信用风险预期损失可表示为公式(4.15)。

$$CL=CE\cdot LGD\cdot p \tag{4.15}$$

其中，$CL$ 表示信用风险预期损失值；$CE$ 表示融资企业发生违约时的风险暴露，即各自的违约点；$LGD$ 表示融资企业发生违约时的损失程度，其主要与融资企业的信用以及特定的交易有关；$p$ 表示单个融资企业的违约概率。

那么，中鼎股份、上汽集团和国机汽车的信用风险预期损失可分别表示为：

$$CL_1=CE_1\cdot LGD\cdot p_1$$

$$CL_2 = CE_2 \times LGD \times p_2$$

$$CL_3 = CE_3 \times LGD \times p_3$$

融资企业组合的信用风险预期损失可表示为公式(4.16)。

$$CL_{12} = (CE_1 + CE_2) \times LGD \times p_{12} \tag{4.16}$$

其中,$CL_{12}$表示组合的信用风险预期损失值;$CE_1$ 和 $CE_2$ 表示融资企业组合内企业各自的违约点;$p_{12}$表示融资企业组合的联合违约概率。

那么,三个融资企业组合的信用风险预期损失可分别表示为:

$$CL_{12} = (CE_1 + CE_2) \times LGD \times p_{12}$$

$$CL_{23} = (CE_2 + CE_3) \times LGD \times p_{23}$$

$$CL_{13} = (CE_1 + CE_3) \times LGD \times p_{13}$$

### 4.5.2 违约损失率的确定

参考以往众多学者对违约损失率的研究,违约损失率一般呈现不对称分布,且有较大的波动幅度。大部分学术观点认为,违约损失率并不是服从简单的具有对称性的正态分布,而是更接近 $\beta$ 分布。提出 KMV 模型的具有信用风险度量经验积累的 KMV 公司也认为违约损失率分布可以通过 $\beta$ 分布来描述[76]。根据《巴塞尔协议Ⅱ》的有关规定,授信活动根据有无担保分为无担保授信和以不动产或应收账款等为担保的授信两种,规定前者的适用违约损失率为 45%,后者的适用违约损失率为 35%[77]。

对于违约损失率,我国缺少违约历史数据,这也使违约损失率研究成为一个热门学术话题。本文参考以往学术研究及《巴塞尔协议Ⅱ》的有关规定,假设有担保授信和无担保授信对应的违约损失率均服从 $\beta$ 分布,但是 $\beta$ 分布的参数会有不同,两者分别服从均值为 0.35 和 0.45,标准差分别为 0.21 和 0.24 的 $\beta$ 分布。在确定了违约损失率的分布以及分布的参数之后,通过 Matlab 可以生成对应参数的随机数来表示违约损失率。结合信用风险预期损失的计算公式,可计算单个融资企业及融资企业组合在有担保和无担保情况下的信用风险预期损失值,因数据较多这里不做详细展示。

### 4.5.2 信用风险值的计算与分析

本文共有 51 个样本,按照 90%、95%和 99%的置信水平,求得最大信用风险值的序数 $m$ 分别为 46、48 和 50。将信用风险值样本从小到大排列,可得到某置信水平下最大信用风险值 VaR 和条件风险价值 CVaR。三个融资企业组合内单个融资企业及融资企业组合的 VaR 和 CVaR 计算结果如表 4.7—表 4.9 所示。

表 4.7 “中鼎股份＋上汽集团”的 VaR 和 CVaR 计算结果

| | | | 有担保信用风险预期损失(万元) | | | 无担保信用风险预期损失(万元) | | |
|---|---|---|---|---|---|---|---|---|
| | 序数 | 置信水平 | 中鼎股份 | 上汽集团 | 组合 | 中鼎股份 | 上汽集团 | 组合 |
| VaR | 46 | 90% | 2 127.35 | 167 268.97 | 239 863.18 | 3 586.79 | 261 824.38 | 431 171.41 |
| | 48 | 95% | 3 310.90 | 304 623.96 | 343 050.16 | 7 085.48 | 346 964.50 | 604 297.09 |
| | 50 | 99% | 5 584.49 | 469 675.28 | 646 044.91 | 9 242.54 | 544 136.81 | 832 545.46 |
| CVaR | 46 | 90% | 3 731.53 | 296 277.87 | 408 779.68 | 6 450.06 | 383 491.12 | 650 997.47 |
| | 48 | 95% | 4 592.78 | 364 664.11 | 495 399.36 | 8 356.72 | 437 457.56 | 752 428.53 |
| | 50 | 99% | 5 584.49 | 469 675.28 | 646 044.91 | 9 242.54 | 544 136.81 | 832 545.46 |

表 4.8 “上汽集团＋国机汽车”的 VaR 和 CVaR 计算结果

| | | | 有担保信用风险预期损失(万元) | | | 无担保信用风险预期损失(万元) | | |
|---|---|---|---|---|---|---|---|---|
| | 序数 | 置信水平 | 上汽集团 | 国机汽车 | 组合 | 上汽集团 | 国机汽车 | 组合 |
| VaR | 46 | 90% | 167 268.97 | 27 848.00 | 601 875.63 | 261 824.38 | 41 097.66 | 725 957.63 |
| | 48 | 95% | 304 623.96 | 39 526.09 | 746 674.38 | 346 964.50 | 95 924.20 | 895 615.33 |
| | 50 | 99% | 469 675.28 | 539 829.36 | 4 666 381.19 | 544 136.81 | 103 959.20 | 1 963 182.64 |
| CVaR | 46 | 90% | 296 277.87 | 145 301.24 | 1 634 529.88 | 383 491.12 | 80 586.88 | 1 158 500.44 |
| | 48 | 95% | 364 664.11 | 223 140.61 | 2 290 732.28 | 437 457.56 | 99 331.41 | 1 412 452.89 |
| | 50 | 99% | 469 675.28 | 539 829.36 | 4 666 381.19 | 544 136.81 | 103 959.20 | 1 963 182.64 |

表 4.9 “中鼎股份＋国机汽车”的 VaR 和 CVaR 计算结果

| | | | 有担保信用风险预期损失(万元) | | | 无担保信用风险预期损失(万元) | | |
|---|---|---|---|---|---|---|---|---|
| | 序数 | 置信水平 | 中鼎股份 | 国机汽车 | 组合 | 中鼎股份 | 国机汽车 | 组合 |
| VaR | 46 | 90% | 2 127.35 | 27 848.00 | 32 438.30 | 3 586.79 | 41 097.66 | 70 081.88 |
| | 48 | 95% | 3 310.90 | 39 526.09 | 46 784.07 | 7 085.48 | 95 924.20 | 120 170.41 |
| | 50 | 99% | 5 584.49 | 539 829.36 | 580 816.58 | 9 242.54 | 103 959.20 | 140 407.50 |

**续 表**

| | | | 有担保信用风险预期损失(万元) | | | 无担保信用风险预期损失(万元) | | |
|---|---|---|---|---|---|---|---|---|
| | 序数 | 置信水平 | 中鼎股份 | 国机汽车 | 组合 | 中鼎股份 | 国机汽车 | 组合 |
| CVaR | 46 | 90% | 3 731.53 | 145 301.24 | 165 167.43 | 6 450.06 | 80 586.88 | 112 336.70 |
| | 48 | 95% | 4 592.78 | 223 140.61 | 249 670.30 | 8 356.72 | 99 331.41 | 129 464.75 |
| | 50 | 99% | 5 584.49 | 539 829.36 | 580 816.58 | 9 242.54 | 103 959.20 | 140 407.50 |

从表 4.7—表 4.9 的计算结果可以看出，供应链金融中融资企业组合的最大信用风险值 VaR 和条件风险价值 CVaR 大于组合内任一单个融资企业的最大信用风险值 VaR 和条件风险价值 CVaR，且组合的最大信用风险值和条件风险价值并不是各单一融资企业最大信用风险值和条件风险价值的简单加和，而是远远大于两个单一融资企业的加和，反映出供应链金融风险的放大和传染效应。

# 第 5 章　结论与展望

## 5.1　研究结论

基于 16 家汽车供应链企业从 2007 年 4 月 1 日至 2019 年 9 月 30 日的股票收盘价、总股本数、流动负债、长期负债等数据，通过修正 KMV 模型及 Copula 函数进行实例分析，主要有以下结论。

(1) 对于汽车供应链上的零部件供应商、核心制造企业和经销商，通过选取 16 家代表性企业，运用修正 KMV 模型计算得到的平均违约距离满足：核心制造企业＞零部件供应商＞经销商，即核心制造企业的违约风险最低，其次是零部件供应商，经销商的违约风险最高。

(2) 融资企业组合的联合违约概率不是组合内单个企业违约概率的简单加和，联合违约概率的变化趋势和大小均取决于组合内单个违约概率较大的企业。在供应链中，企业之间存在违约传染现象，如果将融资企业组合内的企业隔离开，再进一步考虑违约风险，违约风险很可能被低估。

(3) 考虑违约传染时，融资企业组合的同时违约概率会受宏观大环境的影响，呈现出一致的变化规律。同时违约概率在各种违约概率里最小，且同时违约概率的变化趋势和大小均取决于组合内单个违约概率较小的企业。融资企业组合的形式因为信用正向影响和对冲的性质，可以看作一种合理的风险管理手段。

(4) 融资企业组合内融资企业之间的条件违约概率远远大于单个融资企业的违约概率，说明企业之间存在违约依赖。且供应链中，核心企业对上游零部件供应商和下游经销商的传染力度，要大于上游零部件供应商和下游经销商对核心企业的传染力度；上游零部件供应商对下游经销商的传染力度，要大于下游经销商对上游零部件供应商的传染力度；处于供应链同一级的企业之间则不具有明显的传染力度大小关系。

(5) 供应链金融中融资企业组合的最大信用风险值和条件风险价值并不是组合内各融资企业最大信用损失值和条件风险价值简单加和，而是远远大于两个融资企业的加和，反映出供应链金融风险的放大和传染效应。

## 5.2 研究局限与展望

本文研究存在一些不足和局限，例如在研究融资企业组合的信用风险部分，仅考虑了包含两个融资企业的组合，以及常见的二元 Copula 函数。在未来的研究中，可以尝试研究三个及三个以上企业组成的融资组合，考虑更多复杂的 Copula 函数，从而选取更加合适的 Copula 函数来刻画企业之间的相依结构，更精确地计算单个企业及融资企业组合的信用风险值，从而给商业银行等机构提供更有价值的指导。

# 参 考 文 献


[1] 宋为.供应链金融的国内外发展比较分析[J].现代企业文化,2012(8):141.

[2] BRUECKNER J K. Mortgage default with asymmetric information[J]. Journal of Real Estate Finance and Economics,2000(20):251-274.

[3] ALTMAN E I. Financial ratios, discriminant analysis and the prediction of corporate bankruptcy[J]. Journal of Finance, 1968,23(4):589-609.

[4] ALTMAN E I, HALDEMAN R G, NARAYANAN P. ZETATM analysis: a new model to identify bankruptcy risk of corporations[J]. Journal of Banking & Finance, 1977, 1(1): 29-54.

[5] HAND D J, HENLEY W E. Statistical classification methods in consumer credit scoring: a review[J]. Journal of the Royal Statistical Society, 1997, 160(3):523-541.

[6] FANTAZZINI D, FIGINI S. Random survival forests models for SME credit risk measurement [J]. Methodology & Computing in Applied Probability, 2009, 11(1): 29-45.

[7] 马冬雪,赵一飞.第三方物流企业的供应链金融风险测度[J].物流科技,2011(2):54-56.

[8] 孙琳.基于Logit模型的中小企业信用风险评估[D].济南:山东财经大学,2013.

[9] COLICCHIA C, STROZZI F. Supply chain risk management: a new methodology for a systematic literature review[J]. Supply Chain Management, 2012, 17(4):403-418.

[10] 孙浩.基于DEA-Cluster交叉模型的中小企业信用风险评价[J].常州工学院学报,2017,30(6):65-70.

[11] 孙浩.基于交叉DEA-Tobit模型的中小企业信用风险评价[J].伊犁师范学院学报(自然科学版),2018,12(2):22-26.

[12] 张红,邹立.供应链金融背景下的企业信用风险评价研究[J].现代商业,2019(22):163-165.

[13] 贾洛.我国房地产上市公司信用风险评估研究[D].北京:北京交通大学,2019.

[14] KURBAT M, KORABLEV I. Methodology for testing the level of the EDFTM Credit Measure[R]. Moody's KMV Company, 2002.

[15] PETER C, JEFFREY R B. Modeling Default Risk [R]. White Paper, Moody's KMV, Revised December 18, 2008.

[16] 谢赤,王彭,杨姣姣,等. 基于DCC-MSV-KMV模型的第三产业行业信用风险传染效应度量[J]. 湖南大学学报(自然科学版) 2013,40(10):111-116.

[17] 杨秀云,蒋园园,段珍珍.KMV模型在我国商业银行信用风险管理中的适用性分析及实证检验[J].财经理论与实践,2016,37(1):34-40.

[18] 许林,李馨夏.基于修正KMV模型的我国科技型中小企业信贷风险测算研究[J].浙江

金融,2018(8):37－45.

[19] 姚鹏.基于KMV模型的中国上市房地产公司信用风险评估研究[J].中国资产评估,2019(6):11－19.

[20] KUPIEC P H. Techniques for verifying the accuracy of risk measurement models [J]. Social Science Electronic Publishing, 1995, 3(2):73－84.

[21] BEDER T S. VAR: seductive but dangerous[J]. Financial Analysts Journal, 1995, 51(5):12－24.

[22] 郑文通.金融风险管理的VAR方法及其应用[J].国际金融研究,1997(9):58－62.

[23] 刘宇飞.VaR模型及其在金融监管中的应用[J].经济科学,1999(1):39－51.

[24] 严太华,韩超.基于极值统计和高维动态C藤Copula的股市行业集成风险计算[J].数理统计与管理,2016,35(6):1098－1108.

[25] 赵玮.基于VaR模型中国保险资金投资风险的度量[J].市场研究,2019(10):36－38.

[26] 刘志洋.基于VaR模型的商业银行体系系统性风险研究[J].当代金融研究,2019(3):55－66.

[27] 张智梅,章仁俊. KMV模型的改进及对上市公司信用风险的度量[J].统计与决策,2006(18):157－160.

[28] 孙小琰,沈悦,罗璐琦.基于KMV模型的我国上市公司价值评估实证研究[J].管理工程学报,2008(1):102－108.

[29] 葛雷.基于门限回归的KMV信用风险度量模型违约点修正研究[D].南京:南京理工大学, 2010.

[30] 潘洁,周宗放.全流通下KMV模型中违约点修正及实证研究[J].中国企业运筹学,2009(7):197－204.

[31] 鲁炜,赵恒珩,刘冀云. KMV模型关系函数推测及其在中国股市的验证[J].运筹与管理,2003(3):43－48.

[32] 张玲,杨贞柿,陈收. KMV模型在上市公司信用风险评价中的应用研究[J].系统工程,2004(11):84－89.

[33] 禹久泓,罗正英,曹宇,等.KMV模型违约点修正的实证研究[J].财会月刊,2016(30):61－68.

[34] 赵浩,鲁亚军,胡赛.基于改进型KMV模型的中国上市公司信用风险度量研究[J].征信,2018,36(7):6－12.

[35] EMBRECHTS P A, MCNEIL A, Straumann D. Correlation: pitfalls and alternatives [J]. Risk, 1999, 12(5):11－22.

[36] JONDEAU E, ROCKINGER M. The Copula-GARCH model of conditional dependencies: An international stock market application[J]. Journal of International Money & Finance, 2006, 25(5):827－853.

[37] PALARO H P, HOTTA L K. Using conditional copula to estimate value at risk[J]. Journal of Data Science, 2006, 4(1):93－115.

[38] HUANG J J, LEE K J, LIANG H, et al. Estimating value at risk of portfolio by conditional copula-GARCH method[J]. Insurance Mathematics & Economics, 2009, 45(3):315－324.

[39] HARRIS R D F, MAZIBAS M. Dynamic hedge fund portfolio construction: A semi-parametric approach[J]. Journal of Banking & Finance, 2013, 37(1):139 - 149.

[40] BOUBAKER H, SGHAIER N. Portfolio optimization in the presence of dependent financial returns with long memory: A Copula based approach[J]. Journal of Banking & Finance, 2013,37(2):361 - 377.

[41] 何娟,王建,蒋祥林,等.基于 Copula-CVaR-EVT 方法的供应链金融质物组合优化[J].系统工程理论与实践,2015,35(1):1 - 16.

[42] 许启发,李辉艳,蒋翠侠.基于 Copula -分位数回归的供应链金融多期贷款组合优化[J].中国管理科学,2017,25(6):50 - 60.

[43] KARMAKAR M, PAUL S. Intraday portfolio risk management using VaR and CVaR: A CGARCH-EVT-Copula approach[J]. International Journal of Forecasting, 2019, 35(2): 699 - 709.

[44] 郑一峰. 基于藤 Copula-GARCH-VaR 模型的股市风险度量[D].杭州:浙江工商大学,2018.

[45] 杨坤,于文华,马静.基于 vine copula 的股市风格资产组合风险预警研究[J].武汉金融,2019(11):51 - 59.

[46] 康龙.基于时变 T-Copula 模型的期货合约相依关系研究[J].经济与管理,2019,33(6):72 - 79.

[47] 尹占华,张文彬.基于二项式扩展技术的 CDO 损失分布测算研究[J].统计与决策,2008(15):29 - 31.

[48] BREUER T, JANDAČKA M, MENCÍA J, et al. A systematic approach to multi-period stress testing of portfolio credit risk [J]. Journal of Banking & Finance, 2010, 36(2):332 - 340.

[49] 卢莎莎.基于违约相依的信用风险传染效应研究[D].上海:上海师范大学,2015.

[50] 杨朝强.混合跳-扩散模型下一类基金公司的金融债券定价与违约概率研究[J].系统工程,2018,36(2):16 - 28.

[51] 张洁.企业集团上市公司信用风险关联效应的研究[D].上海:上海师范大学,2019.

[52] 姜礼尚.期权定价的数学模型和方法[M].北京:高等教育出版社,2004.

[53] 叶蜀君.信用风险度量与管理[M].北京:首都经贸大学出版社,2008.

[54] 梁世栋,郭炎,李勇,等.信用风险模型比较分析[J].中国管理科学,2002,10(1):17 - 22.

[55] 周沅帆.基于 KMV 模型对我国上市保险公司的信用风险度量[J].保险研究,2009(3):77 - 81.

[56] KEALHOFER S, DVORAK B, Modeling the Default Risk of Unlisted Firms[R]. KMV LLC, 2001.

[57] 彭伟.基于 KMV 模型的上市中小企业信贷风险研究[J].南方金融,2012(3):23 - 30.

[58] 董颖颖,薛锋,关伟.KMV 模型在我国证券市场的适用性分析及其改进[J].生产力研究,2004,(8):116 - 117.

[59] 陈东海,谢赤.信用风险管理中违约概率的估算方法[J].统计与决策,2005(7):8 - 19.

[60] 曹道胜,包明升.商业银行信用风险模型的比较及其借鉴[J].金融研究,2006

(10):90 - 97.

[61] 谢邦昌,朱世武,李璇,等.我国上市公司信用风险度量模型的选择[J].经济学动态,2008(5):55 - 58.

[62] 耿庆峰.基于比较视角的我国股票市场波动 ARCH 效应研究[J].福州大学学报(哲学社会科学版),2013(2):45 - 51.

[63] 王秀国,谢幽篁.基于 CVaR 和 GARCH(1,1)的扩展 KMV 模型[J].系统工程,2012,30(12):26 - 32.

[64] 张建同,张敏,郭卓琦.基于修正 KMV 模型的汽车供应链金融风险分析[J].工业工程与管理,2019,24(1):128 - 135+143.

[65] CHERUBINI U, LUCIANO E. Value-at-risk Trade-off and capital allocation with copulas [J]. Economic Notes, 2001, 30(2):235 - 256.

[66] SCHÖNBUCHER, PHILIPP J. Taken to the Limit: Simple and Not-So-Simple Loan Loss Distributions[R].[S. l.]:Swiss Federal Institute of Technology Zurich, 2003.

[67] TIBILETTI L. The riskier the assets, the riskier the portfolios: pitfalls and misinterpretations [R]. Copula Workshop Kaiserslautern, Germany, 2002.

[68] GLASSERMAN P, HEIDELBERGER P, SHAHABUDDIN P. Portfolio Value-at-Risk with Heavy-Tailed Risk factors[C]// Mathematical Finance, 2002, 12(3):239 - 269.

[69] 高铁梅.计量经济分析方法与建模[M].北京:清华大学出版社,2006.

[70] 王正林,刘明.精通 MATLAB 7[M].北京:电子工业出版社, 2006.

[71] 杨永生,周子元.资产价值增长率在企业信用风险评估中的作用[J].经济问题探索,2010(7):93 - 98.

[72] HARTMANN P, STRAETMANS S, DE VRIES C G. Asset market linkages in crisis periods[J]. The Review of Economics and Statistics, 2004, 86(1):313 - 326.

[73] 任仙玲,张世英.基于非参数核密度估计的 Copula 函数选择原理[J].系统工程学报,2010,25(1):36 - 42.

[74] 张明恒.多金融资产风险价值的 Copula 计量方法研究[J].数量经济技术经济研究,2004(4):67 - 70.

[75] CHESNAY F, JONDEAU E. Does Correlation Between Stock Returns Really Increase During Turbulent Periods[J]. Economic Notes, 2001, 30(1):53 - 80.

[76] 柳超.基于相依违约的企业集团信用风险度量研究[D].长沙:中南大学,2008.

[77] 林健.内部评级法中 LGD 的估计及在我国银行业的实践[J].市场论坛,2006(2):95 - 97.

[78] 巴塞尔委员会. 巴塞尔协议 Ⅱ [EB/OL].[2003 - 05 - 15]. http://www.cbrc.gov.cn/chinese/home/docView/261.html.

# 附　　录

## 附录 A　16 家企业 GARCH(1,1)及波动率计算结果

| 公司名称 | $c$ | $\alpha$ | $\beta$ | $Vt$ | $\sigma$ |
|---|---|---|---|---|---|
| 上汽集团 | 0. 829 873 | 0. 035 614 | 0. 714 468 | 3. 320 581 | 28. 288 868 |
| 一汽轿车 | 0. 271 027 | 0. 066 096 | 0. 887 698 | 5. 865 624 | 37. 598 075 |
| 东风汽车 | 0. 208 813 | 0. 069 919 | 0. 899 946 | 6. 929 252 | 40. 865 018 |
| 长安汽车 | 0. 393 678 | 0. 044 875 | 0. 898 622 | 6. 967 382 | 40. 977 300 |
| 广汽集团 | 0. 170 548 | 0. 064 543 | 0. 892 023 | 3. 926 601 | 30. 762 167 |
| 宁波华翔 | 0. 953 442 | 0. 059 026 | 0. 788 420 | 6. 249 866 | 38. 810 020 |
| 中鼎股份 | 0. 260 758 | 0. 013 974 | 0. 928 931 | 4. 567 090 | 33. 176 327 |
| 模塑科技 | 0. 919 721 | 0. 116 021 | 0. 749 307 | 6. 829 341 | 40. 569 338 |
| 曙光股份 | 1. 039 552 | 0. 287 357 | 0. 623 306 | 11. 636 299 | 52. 956 094 |
| 东安动力 | 3. 704 161 | 0. 222 388 | 0. 401 789 | 9. 856 132 | 48. 737 334 |
| 玲珑轮胎 | 0. 313 491 | 0. 006 565 | 0. 913 710 | 3. 932 154 | 30. 783 911 |
| 华域汽车 | 0. 555 212 | 0. 064 948 | 0. 839 870 | 5. 833 162 | 37. 493 893 |
| 福耀玻璃 | 0. 469 381 | 0. 146 626 | 0. 683 773 | 2. 767 560 | 25. 825 995 |
| 广汇汽车 | 0. 181 600 | 0. 045 567 | 0. 913 361 | 4. 421 504 | 32. 643 260 |
| 庞大集团 | 2. 383 529 | 0. 218 921 | 0. 525 966 | 9. 343 032 | 47. 451 773 |
| 国机汽车 | 0. 165 190 | 0. 056 185 | 0. 906 006 | 4. 369 066 | 32. 449 111 |

# 附录 B 中鼎股份、上汽集团和国机汽车的违约距离和违约概率

| 时间 | 中鼎股份 | | 上汽集团 | | 国机汽车 | |
|---|---|---|---|---|---|---|
| | 违约距离 | 违约概率 | 违约距离 | 违约概率 | 违约距离 | 违约概率 |
| 2007Q1 | 2.306 6 | 0.010 5 | 1.672 6 | 0.047 2 | 1.817 1 | 0.034 6 |
| 2007Q2 | 2.185 6 | 0.014 4 | 1.804 0 | 0.035 6 | 1.628 0 | 0.051 8 |
| 2007Q3 | 2.083 2 | 0.018 6 | 1.695 5 | 0.045 0 | 1.361 8 | 0.086 6 |
| 2007Q4 | 2.159 2 | 0.015 4 | 1.953 7 | 0.025 4 | 1.433 4 | 0.075 9 |
| 2008Q1 | 1.975 2 | 0.024 1 | 1.697 8 | 0.044 8 | 1.369 1 | 0.085 5 |
| 2008Q2 | 1.784 5 | 0.037 2 | 2.061 5 | 0.019 6 | 1.263 0 | 0.103 3 |
| 2008Q3 | 1.674 9 | 0.047 0 | 1.486 5 | 0.068 6 | 1.245 7 | 0.106 4 |
| 2008Q4 | 1.490 8 | 0.068 0 | 1.468 5 | 0.071 0 | 1.182 9 | 0.118 4 |
| 2009Q1 | 1.575 1 | 0.057 6 | 1.536 2 | 0.062 2 | 1.389 7 | 0.082 3 |
| 2009Q2 | 1.578 2 | 0.057 3 | 1.665 1 | 0.047 9 | 1.640 0 | 0.050 5 |
| 2009Q3 | 2.058 0 | 0.019 8 | 1.715 1 | 0.043 2 | 2.117 3 | 0.017 1 |
| 2009Q4 | 2.042 2 | 0.020 6 | 1.894 9 | 0.029 1 | 2.082 4 | 0.018 7 |
| 2010Q1 | 1.888 3 | 0.029 5 | 2.134 5 | 0.016 4 | 2.106 3 | 0.017 6 |
| 2010Q2 | 1.967 7 | 0.024 6 | 2.404 9 | 0.008 1 | 1.944 4 | 0.025 9 |
| 2010Q3 | 2.182 9 | 0.014 5 | 2.828 8 | 0.002 3 | 1.871 3 | 0.030 6 |
| 2010Q4 | 2.198 5 | 0.014 0 | 2.506 9 | 0.006 1 | 1.718 7 | 0.042 8 |
| 2011Q1 | 2.108 2 | 0.017 5 | 2.396 6 | 0.008 3 | 1.753 4 | 0.039 8 |
| 2011Q2 | 2.451 3 | 0.007 1 | 2.498 9 | 0.006 2 | 2.347 7 | 0.009 4 |
| 2011Q3 | 2.308 7 | 0.010 5 | 2.998 3 | 0.001 4 | 2.293 9 | 0.010 9 |
| 2011Q4 | 2.603 3 | 0.004 6 | 2.892 6 | 0.001 9 | 2.607 9 | 0.004 6 |
| 2012Q1 | 2.378 1 | 0.008 7 | 2.866 5 | 0.002 1 | 2.640 1 | 0.004 1 |
| 2012Q2 | 2.654 2 | 0.004 0 | 3.098 7 | 0.001 0 | 2.700 9 | 0.003 5 |
| 2012Q3 | 2.904 7 | 0.001 8 | 3.005 7 | 0.001 3 | 2.535 9 | 0.005 6 |
| 2012Q4 | 3.208 9 | 0.000 7 | 3.119 3 | 0.000 9 | 2.613 0 | 0.004 5 |
| 2013Q1 | 2.924 4 | 0.001 7 | 3.000 4 | 0.001 3 | 2.323 3 | 0.010 1 |

续　表

| 时间 | 中鼎股份 | | 上汽集团 | | 国机汽车 | |
|---|---|---|---|---|---|---|
| | 违约距离 | 违约概率 | 违约距离 | 违约概率 | 违约距离 | 违约概率 |
| 2013Q2 | 1.815 9 | 0.034 7 | 2.935 1 | 0.001 7 | 2.464 5 | 0.006 9 |
| 2013Q3 | 2.833 9 | 0.002 3 | 2.953 2 | 0.001 6 | 2.265 0 | 0.011 8 |
| 2013Q4 | 2.741 7 | 0.003 1 | 2.835 6 | 0.002 3 | 2.244 6 | 0.012 4 |
| 2014Q1 | 3.198 2 | 0.000 7 | 3.066 7 | 0.001 1 | 2.108 7 | 0.017 5 |
| 2014Q2 | 3.766 7 | 0.000 1 | 3.335 4 | 0.000 4 | 1.908 9 | 0.028 1 |
| 2014Q3 | 3.517 4 | 0.000 2 | 3.286 9 | 0.000 5 | 2.037 5 | 0.020 8 |
| 2014Q4 | 4.866 1 | 0.000 0 | 3.105 2 | 0.001 0 | 0.838 4 | 0.200 9 |
| 2015Q1 | 2.455 3 | 0.007 0 | 2.740 3 | 0.003 1 | 2.512 8 | 0.006 0 |
| 2015Q2 | 1.888 3 | 0.029 5 | 2.351 6 | 0.009 3 | 1.936 3 | 0.026 4 |
| 2015Q3 | 2.006 3 | 0.022 4 | 1.774 5 | 0.038 0 | 1.486 5 | 0.068 6 |
| 2015Q4 | 2.111 3 | 0.017 4 | 2.140 6 | 0.016 2 | 1.757 3 | 0.039 4 |
| 2016Q1 | 1.847 9 | 0.032 3 | 2.118 8 | 0.017 1 | 1.479 9 | 0.069 5 |
| 2016Q2 | 2.198 8 | 0.013 9 | 2.300 4 | 0.010 7 | 2.063 2 | 0.019 5 |
| 2016Q3 | 1.995 9 | 0.023 0 | 3.796 3 | 0.000 1 | 2.195 6 | 0.014 1 |
| 2016Q4 | 4.608 1 | 0.000 0 | 3.941 7 | 0.000 0 | 3.986 3 | 0.000 0 |
| 2017Q1 | 4.008 4 | 0.000 0 | 4.002 8 | 0.000 0 | 2.063 5 | 0.019 5 |
| 2017Q2 | 3.440 4 | 0.000 3 | 3.882 8 | 0.000 1 | 2.702 3 | 0.003 4 |
| 2017Q3 | 3.380 3 | 0.000 4 | 4.139 3 | 0.000 0 | 1.993 2 | 0.023 1 |
| 2017Q4 | 3.390 9 | 0.000 3 | 3.893 8 | 0.000 0 | 2.709 3 | 0.003 4 |
| 2018Q1 | 3.045 1 | 0.001 2 | 3.696 6 | 0.000 1 | 2.330 3 | 0.009 9 |
| 2018Q2 | 3.168 6 | 0.000 8 | 4.385 8 | 0.000 0 | 2.581 1 | 0.004 9 |
| 2018Q3 | 2.174 0 | 0.015 0 | 3.571 6 | 0.000 2 | 3.052 3 | 0.001 1 |
| 2018Q4 | 2.606 8 | 0.004 5 | 3.367 3 | 0.000 4 | 2.182 0 | 0.014 6 |
| 2019Q1 | 2.663 0 | 0.003 9 | 3.314 6 | 0.000 5 | 2.474 6 | 0.006 7 |
| 2019Q2 | 2.578 9 | 0.004 9 | 3.084 0 | 0.001 0 | 1.911 4 | 0.028 1 |
| 2019Q3 | 2.993 1 | 0.001 4 | 3.456 7 | 0.000 3 | 2.987 1 | 0.001 4 |

# 附录C　中鼎股份＋上汽集团的各种违约概率

| 时间 | 中鼎股份违约概率 | 上汽集团违约概率 | 考虑违约传染的同时违约概率 | 联合违约概率 | 中鼎股份违约时，上汽集团违约概率 | 上汽集团违约时，中鼎股份违约概率 | 假设二者独立的同时违约概率 |
|---|---|---|---|---|---|---|---|
| 2007Q1 | 0.010 5 | 0.047 2 | 0.010 4 | 0.047 3 | 0.994 4 | 0.221 2 | 0.000 5 |
| 2007Q2 | 0.014 4 | 0.035 6 | 0.013 9 | 0.036 1 | 0.968 5 | 0.391 7 | 0.000 5 |
| 2007Q3 | 0.018 6 | 0.045 0 | 0.018 3 | 0.045 3 | 0.986 1 | 0.407 6 | 0.000 8 |
| 2007Q4 | 0.015 4 | 0.025 4 | 0.013 7 | 0.027 1 | 0.886 9 | 0.537 7 | 0.000 4 |
| 2008Q1 | 0.024 1 | 0.044 8 | 0.023 6 | 0.045 3 | 0.977 3 | 0.525 7 | 0.001 1 |
| 2008Q2 | 0.037 2 | 0.019 6 | 0.018 8 | 0.038 0 | 0.506 3 | 0.961 0 | 0.000 7 |
| 2008Q3 | 0.047 0 | 0.068 6 | 0.046 5 | 0.069 1 | 0.989 1 | 0.677 7 | 0.003 2 |
| 2008Q4 | 0.068 0 | 0.071 0 | 0.063 8 | 0.075 2 | 0.938 7 | 0.899 0 | 0.004 8 |
| 2009Q1 | 0.057 6 | 0.062 2 | 0.054 0 | 0.065 8 | 0.938 3 | 0.868 9 | 0.003 6 |
| 2009Q2 | 0.057 3 | 0.047 9 | 0.045 8 | 0.059 4 | 0.798 7 | 0.955 4 | 0.002 7 |
| 2009Q3 | 0.019 8 | 0.043 2 | 0.019 4 | 0.043 6 | 0.980 8 | 0.449 5 | 0.000 9 |
| 2009Q4 | 0.020 6 | 0.029 1 | 0.018 4 | 0.031 3 | 0.893 0 | 0.632 1 | 0.000 6 |
| 2010Q1 | 0.029 5 | 0.016 4 | 0.015 2 | 0.030 7 | 0.513 8 | 0.924 2 | 0.000 5 |
| 2010Q2 | 0.024 6 | 0.008 1 | 0.007 5 | 0.025 2 | 0.304 1 | 0.923 7 | 0.000 2 |
| 2010Q3 | 0.014 5 | 0.002 3 | 0.001 9 | 0.014 9 | 0.129 6 | 0.816 8 | 0.000 0 |
| 2010Q4 | 0.014 0 | 0.006 1 | 0.004 7 | 0.015 4 | 0.332 5 | 0.763 2 | 0.000 1 |
| 2011Q1 | 0.017 5 | 0.008 3 | 0.006 8 | 0.019 0 | 0.389 7 | 0.821 6 | 0.000 1 |
| 2011Q2 | 0.007 1 | 0.006 2 | 0.003 1 | 0.010 2 | 0.430 8 | 0.493 3 | 0.000 0 |
| 2011Q3 | 0.010 5 | 0.001 4 | 0.001 0 | 0.010 9 | 0.095 2 | 0.714 3 | 0.000 0 |
| 2011Q4 | 0.004 6 | 0.001 9 | 0.000 8 | 0.005 7 | 0.169 1 | 0.409 3 | 0.000 0 |
| 2012Q1 | 0.008 7 | 0.002 1 | 0.001 3 | 0.009 5 | 0.153 0 | 0.633 9 | 0.000 0 |
| 2012Q2 | 0.004 0 | 0.001 0 | 0.000 4 | 0.004 6 | 0.092 3 | 0.380 0 | 0.000 0 |
| 2012Q3 | 0.001 8 | 0.001 3 | 0.000 2 | 0.002 9 | 0.136 7 | 0.189 3 | 0.000 0 |
| 2012Q4 | 0.000 7 | 0.000 9 | 0.000 1 | 0.001 5 | 0.103 5 | 0.076 1 | 0.000 0 |

续　表

| 时间 | 中鼎股份违约概率 | 上汽集团违约概率 | 考虑违约传染的同时违约概率 | 联合违约概率 | 中鼎股份违约时，上汽集团违约概率 | 上汽集团违约时，中鼎股份违约概率 | 假设二者独立的同时违约概率 |
|---|---|---|---|---|---|---|---|
| 2013Q1 | 0.001 7 | 0.001 3 | 0.000 2 | 0.002 8 | 0.137 5 | 0.179 7 | 0.000 0 |
| 2013Q2 | 0.034 7 | 0.001 7 | 0.001 7 | 0.034 7 | 0.048 3 | 0.985 6 | 0.000 1 |
| 2013Q3 | 0.002 3 | 0.001 6 | 0.000 4 | 0.003 5 | 0.161 6 | 0.232 3 | 0.000 0 |
| 2013Q4 | 0.003 1 | 0.002 3 | 0.000 7 | 0.004 7 | 0.216 4 | 0.291 7 | 0.000 0 |
| 2014Q1 | 0.000 7 | 0.001 1 | 0.000 1 | 0.001 7 | 0.124 1 | 0.078 0 | 0.000 0 |
| 2014Q2 | 0.000 1 | 0.000 4 | 0.000 0 | 0.000 5 | 0.051 7 | 0.010 1 | 0.000 0 |
| 2014Q3 | 0.000 2 | 0.000 5 | 0.000 0 | 0.000 7 | 0.060 7 | 0.026 1 | 0.000 0 |
| 2014Q4 | 0.000 0 | 0.001 0 | 0.000 0 | 0.001 0 | 0.112 4 | 0.000 1 | 0.000 0 |
| 2015Q1 | 0.007 0 | 0.003 1 | 0.001 7 | 0.008 4 | 0.237 5 | 0.536 3 | 0.000 0 |
| 2015Q2 | 0.029 5 | 0.009 3 | 0.008 9 | 0.029 9 | 0.300 9 | 0.954 3 | 0.000 3 |
| 2015Q3 | 0.022 4 | 0.038 0 | 0.021 4 | 0.039 0 | 0.955 6 | 0.563 3 | 0.000 9 |
| 2015Q4 | 0.017 4 | 0.016 2 | 0.011 7 | 0.021 9 | 0.675 2 | 0.725 2 | 0.000 3 |
| 2016Q1 | 0.032 3 | 0.017 1 | 0.016 1 | 0.033 3 | 0.499 0 | 0.942 5 | 0.000 6 |
| 2016Q2 | 0.013 9 | 0.010 7 | 0.007 5 | 0.017 1 | 0.539 3 | 0.700 5 | 0.000 1 |
| 2016Q3 | 0.023 0 | 0.000 1 | 0.000 1 | 0.023 0 | 0.003 0 | 0.943 8 | 0.000 0 |
| 2016Q4 | 0.000 0 | 0.000 0 | 0.000 0 | 0.000 0 | 0.005 1 | 0.000 3 | 0.000 0 |
| 2017Q1 | 0.000 0 | 0.000 0 | 0.000 0 | 0.000 1 | 0.003 9 | 0.003 8 | 0.000 0 |
| 2017Q2 | 0.000 3 | 0.000 1 | 0.000 0 | 0.000 3 | 0.006 3 | 0.035 6 | 0.000 0 |
| 2017Q3 | 0.000 4 | 0.000 0 | 0.000 0 | 0.000 4 | 0.002 1 | 0.044 3 | 0.000 0 |
| 2017Q4 | 0.000 3 | 0.000 0 | 0.000 0 | 0.000 4 | 0.006 0 | 0.042 6 | 0.000 0 |
| 2018Q1 | 0.001 2 | 0.000 1 | 0.000 0 | 0.001 3 | 0.012 6 | 0.138 9 | 0.000 0 |
| 2018Q2 | 0.000 8 | 0.000 0 | 0.000 0 | 0.000 8 | 0.000 7 | 0.095 4 | 0.000 0 |
| 2018Q3 | 0.015 0 | 0.000 2 | 0.000 2 | 0.015 0 | 0.010 0 | 0.846 1 | 0.000 0 |
| 2018Q4 | 0.004 5 | 0.000 4 | 0.000 2 | 0.004 7 | 0.035 9 | 0.425 4 | 0.000 0 |
| 2019Q1 | 0.003 9 | 0.000 5 | 0.000 2 | 0.004 2 | 0.044 7 | 0.380 0 | 0.000 0 |
| 2019Q2 | 0.004 9 | 0.001 0 | 0.000 4 | 0.005 5 | 0.090 5 | 0.443 5 | 0.000 0 |
| 2019Q3 | 0.001 4 | 0.000 3 | 0.000 0 | 0.001 6 | 0.031 0 | 0.158 7 | 0.000 0 |

# 附录 D 上汽集团+国机汽车的各种违约概率

| 时间 | 上汽集团违约概率 | 国机汽车违约概率 | 考虑违约传染的同时违约概率 | 联合违约概率 | 上汽集团违约时，国机汽车违约概率 | 国机汽车违约时，上汽集团违约概率 | 假设二者独立的同时违约概率 |
|---|---|---|---|---|---|---|---|
| 2007Q1 | 0.047 2 | 0.034 6 | 0.020 8 | 0.061 0 | 0.440 0 | 0.600 3 | 0.001 6 |
| 2007Q2 | 0.035 6 | 0.051 8 | 0.022 2 | 0.065 2 | 0.623 9 | 0.428 8 | 0.001 8 |
| 2007Q3 | 0.045 0 | 0.086 6 | 0.033 3 | 0.098 3 | 0.741 1 | 0.385 1 | 0.003 9 |
| 2007Q4 | 0.025 4 | 0.075 9 | 0.020 0 | 0.081 3 | 0.787 2 | 0.263 5 | 0.001 9 |
| 2008Q1 | 0.044 8 | 0.085 5 | 0.033 1 | 0.097 2 | 0.738 0 | 0.386 7 | 0.003 8 |
| 2008Q2 | 0.019 6 | 0.103 3 | 0.017 2 | 0.105 7 | 0.879 2 | 0.166 8 | 0.002 0 |
| 2008Q3 | 0.068 6 | 0.106 4 | 0.050 2 | 0.124 8 | 0.731 1 | 0.471 4 | 0.007 3 |
| 2008Q4 | 0.071 0 | 0.118 4 | 0.053 9 | 0.135 5 | 0.759 6 | 0.455 5 | 0.008 4 |
| 2009Q1 | 0.062 2 | 0.082 3 | 0.041 3 | 0.103 2 | 0.664 2 | 0.502 0 | 0.005 1 |
| 2009Q2 | 0.047 9 | 0.050 5 | 0.026 6 | 0.071 8 | 0.555 9 | 0.527 2 | 0.002 4 |
| 2009Q3 | 0.043 2 | 0.017 1 | 0.011 9 | 0.048 4 | 0.274 5 | 0.693 4 | 0.000 7 |
| 2009Q4 | 0.029 1 | 0.018 7 | 0.010 6 | 0.037 2 | 0.365 1 | 0.568 2 | 0.000 5 |
| 2010Q1 | 0.016 4 | 0.017 6 | 0.007 4 | 0.026 6 | 0.451 6 | 0.420 8 | 0.000 3 |
| 2010Q2 | 0.008 1 | 0.025 9 | 0.005 4 | 0.028 6 | 0.664 7 | 0.207 9 | 0.000 2 |
| 2010Q3 | 0.002 3 | 0.030 6 | 0.001 9 | 0.031 0 | 0.822 9 | 0.061 9 | 0.000 1 |
| 2010Q4 | 0.006 1 | 0.042 8 | 0.004 9 | 0.044 0 | 0.808 3 | 0.115 2 | 0.000 3 |
| 2011Q1 | 0.008 3 | 0.039 8 | 0.006 3 | 0.041 8 | 0.763 7 | 0.159 3 | 0.000 3 |
| 2011Q2 | 0.006 2 | 0.009 4 | 0.002 8 | 0.012 8 | 0.449 7 | 0.296 6 | 0.000 1 |
| 2011Q3 | 0.001 4 | 0.010 9 | 0.000 9 | 0.011 4 | 0.671 2 | 0.086 2 | 0.000 0 |
| 2011Q4 | 0.001 9 | 0.004 6 | 0.000 9 | 0.005 6 | 0.450 0 | 0.185 9 | 0.000 0 |
| 2012Q1 | 0.002 1 | 0.004 1 | 0.000 9 | 0.005 3 | 0.413 1 | 0.211 6 | 0.000 0 |
| 2012Q2 | 0.001 0 | 0.003 5 | 0.000 5 | 0.004 0 | 0.473 9 | 0.131 6 | 0.000 0 |
| 2012Q3 | 0.001 3 | 0.005 6 | 0.000 7 | 0.006 2 | 0.538 5 | 0.125 0 | 0.000 0 |
| 2012Q4 | 0.000 9 | 0.004 5 | 0.000 5 | 0.004 9 | 0.533 7 | 0.107 5 | 0.000 0 |

续　表

| 时间 | 上汽集团违约概率 | 国机汽车违约概率 | 考虑违约传染的同时违约概率 | 联合违约概率 | 上汽集团违约时，国机汽车违约概率 | 国机汽车违约时，上汽集团违约概率 | 假设二者独立的同时违约概率 |
|---|---|---|---|---|---|---|---|
| 2013Q1 | 0.001 3 | 0.010 1 | 0.000 9 | 0.010 5 | 0.663 0 | 0.085 3 | 0.000 0 |
| 2013Q2 | 0.001 7 | 0.006 9 | 0.000 9 | 0.007 7 | 0.552 0 | 0.136 0 | 0.000 0 |
| 2013Q3 | 0.001 6 | 0.011 8 | 0.001 1 | 0.012 3 | 0.674 1 | 0.091 4 | 0.000 0 |
| 2013Q4 | 0.002 3 | 0.012 4 | 0.001 5 | 0.013 2 | 0.645 9 | 0.119 8 | 0.000 0 |
| 2014Q1 | 0.001 1 | 0.017 5 | 0.000 9 | 0.017 7 | 0.781 3 | 0.049 1 | 0.000 0 |
| 2014Q2 | 0.000 4 | 0.028 1 | 0.000 4 | 0.028 1 | 0.894 4 | 0.013 6 | 0.000 0 |
| 2014Q3 | 0.000 5 | 0.020 8 | 0.000 4 | 0.020 9 | 0.852 8 | 0.020 8 | 0.000 0 |
| 2014Q4 | 0.001 0 | 0.200 9 | 0.000 9 | 0.200 9 | 0.992 3 | 0.004 7 | 0.000 2 |
| 2015Q1 | 0.003 1 | 0.006 0 | 0.001 4 | 0.007 7 | 0.444 2 | 0.229 5 | 0.000 0 |
| 2015Q2 | 0.009 3 | 0.026 4 | 0.006 1 | 0.029 6 | 0.650 8 | 0.229 2 | 0.000 2 |
| 2015Q3 | 0.038 0 | 0.068 6 | 0.026 6 | 0.080 0 | 0.699 2 | 0.387 3 | 0.002 6 |
| 2015Q4 | 0.016 2 | 0.039 4 | 0.011 0 | 0.044 6 | 0.676 5 | 0.278 1 | 0.000 6 |
| 2016Q1 | 0.017 1 | 0.069 5 | 0.013 9 | 0.072 7 | 0.811 6 | 0.199 7 | 0.001 2 |
| 2016Q2 | 0.010 7 | 0.019 5 | 0.005 9 | 0.024 3 | 0.550 2 | 0.301 9 | 0.000 2 |
| 2016Q3 | 0.000 1 | 0.014 1 | 0.000 1 | 0.014 1 | 0.883 6 | 0.004 6 | 0.000 0 |
| 2016Q4 | 0.000 0 | 0.000 0 | 0.000 0 | 0.000 1 | 0.113 8 | 0.137 2 | 0.000 0 |
| 2017Q1 | 0.000 0 | 0.019 5 | 0.000 0 | 0.019 5 | 0.929 3 | 0.001 5 | 0.000 0 |
| 2017Q2 | 0.000 1 | 0.003 4 | 0.000 0 | 0.003 4 | 0.725 9 | 0.011 0 | 0.000 0 |
| 2017Q3 | 0.000 0 | 0.023 1 | 0.000 0 | 0.023 1 | 0.947 7 | 0.000 7 | 0.000 0 |
| 2017Q4 | 0.000 0 | 0.003 4 | 0.000 0 | 0.003 4 | 0.728 7 | 0.010 6 | 0.000 0 |
| 2018Q1 | 0.000 1 | 0.009 9 | 0.000 1 | 0.009 9 | 0.830 7 | 0.009 2 | 0.000 0 |
| 2018Q2 | 0.000 0 | 0.004 9 | 0.000 0 | 0.004 9 | 0.862 2 | 0.001 0 | 0.000 0 |
| 2018Q3 | 0.000 2 | 0.001 1 | 0.000 1 | 0.001 2 | 0.434 4 | 0.070 0 | 0.000 0 |
| 2018Q4 | 0.000 4 | 0.014 6 | 0.000 3 | 0.014 7 | 0.820 1 | 0.021 3 | 0.000 0 |
| 2019Q1 | 0.000 5 | 0.006 7 | 0.000 3 | 0.006 8 | 0.679 9 | 0.046 6 | 0.000 0 |
| 2019Q2 | 0.001 0 | 0.028 1 | 0.000 9 | 0.028 2 | 0.858 9 | 0.030 6 | 0.000 0 |
| 2019Q3 | 0.000 3 | 0.001 4 | 0.000 1 | 0.001 6 | 0.434 6 | 0.084 9 | 0.000 0 |

# 附录 E 中鼎股份+国机汽车的各种违约概率

| 时间 | 中鼎股份违约概率 | 国机汽车违约概率 | 考虑违约传染的同时违约概率 | 联合违约概率 | 中鼎股份违约时，国机汽车违约概率 | 国机汽车违约时，中鼎股份违约概率 | 假设二者独立的同时违约概率 |
|---|---|---|---|---|---|---|---|
| 2007Q1 | 0.010 5 | 0.034 6 | 0.008 0 | 0.037 1 | 0.762 1 | 0.231 3 | 0.000 4 |
| 2007Q2 | 0.014 4 | 0.051 8 | 0.011 8 | 0.054 4 | 0.816 0 | 0.226 8 | 0.000 7 |
| 2007Q3 | 0.018 6 | 0.086 6 | 0.016 6 | 0.088 6 | 0.891 8 | 0.191 5 | 0.001 6 |
| 2007Q4 | 0.015 4 | 0.075 9 | 0.013 6 | 0.077 7 | 0.884 3 | 0.179 4 | 0.001 2 |
| 2008Q1 | 0.024 1 | 0.085 5 | 0.020 9 | 0.088 7 | 0.866 6 | 0.244 3 | 0.002 1 |
| 2008Q2 | 0.037 2 | 0.103 3 | 0.032 0 | 0.108 5 | 0.860 3 | 0.309 8 | 0.003 8 |
| 2008Q3 | 0.047 0 | 0.106 4 | 0.039 4 | 0.114 0 | 0.837 7 | 0.370 0 | 0.005 0 |
| 2008Q4 | 0.068 0 | 0.118 4 | 0.055 1 | 0.131 3 | 0.809 6 | 0.465 0 | 0.008 1 |
| 2009Q1 | 0.057 6 | 0.082 3 | 0.041 8 | 0.098 1 | 0.725 6 | 0.507 8 | 0.004 7 |
| 2009Q2 | 0.057 3 | 0.050 5 | 0.031 9 | 0.075 9 | 0.556 2 | 0.631 1 | 0.002 9 |
| 2009Q3 | 0.019 8 | 0.017 1 | 0.009 0 | 0.027 9 | 0.454 8 | 0.526 6 | 0.000 3 |
| 2009Q4 | 0.020 6 | 0.018 7 | 0.009 7 | 0.029 6 | 0.472 3 | 0.520 3 | 0.000 4 |
| 2010Q1 | 0.029 5 | 0.017 6 | 0.011 2 | 0.035 9 | 0.380 9 | 0.638 4 | 0.000 5 |
| 2010Q2 | 0.024 6 | 0.025 9 | 0.013 1 | 0.037 4 | 0.532 4 | 0.505 7 | 0.000 6 |
| 2010Q3 | 0.014 5 | 0.030 6 | 0.009 9 | 0.035 2 | 0.682 7 | 0.323 5 | 0.000 4 |
| 2010Q4 | 0.014 0 | 0.042 8 | 0.010 9 | 0.045 9 | 0.775 3 | 0.253 6 | 0.000 6 |
| 2011Q1 | 0.017 5 | 0.039 8 | 0.012 7 | 0.044 6 | 0.724 2 | 0.318 4 | 0.000 7 |
| 2011Q2 | 0.007 1 | 0.009 4 | 0.003 4 | 0.013 1 | 0.484 7 | 0.366 1 | 0.000 1 |
| 2011Q3 | 0.010 5 | 0.010 9 | 0.004 8 | 0.016 6 | 0.453 8 | 0.437 1 | 0.000 1 |
| 2011Q4 | 0.004 6 | 0.004 6 | 0.001 8 | 0.007 4 | 0.383 2 | 0.383 2 | 0.000 0 |
| 2012Q1 | 0.008 7 | 0.004 1 | 0.002 3 | 0.010 5 | 0.261 7 | 0.555 3 | 0.000 0 |
| 2012Q2 | 0.004 0 | 0.003 5 | 0.001 4 | 0.006 1 | 0.345 0 | 0.394 3 | 0.000 0 |
| 2012Q3 | 0.001 8 | 0.005 6 | 0.001 0 | 0.006 4 | 0.570 2 | 0.183 3 | 0.000 0 |
| 2012Q4 | 0.000 7 | 0.004 5 | 0.000 4 | 0.004 7 | 0.645 7 | 0.095 6 | 0.000 0 |

续　表

| 时间 | 中鼎股份违约概率 | 国机汽车违约概率 | 考虑违约传染的同时违约概率 | 联合违约概率 | 中鼎股份违约时，国机汽车违约概率 | 国机汽车违约时，中鼎股份违约概率 | 假设二者独立的同时违约概率 |
|---|---|---|---|---|---|---|---|
| 2013Q1 | 0.001 7 | 0.010 1 | 0.001 2 | 0.010 6 | 0.707 4 | 0.119 1 | 0.000 0 |
| 2013Q2 | 0.034 7 | 0.006 9 | 0.005 6 | 0.036 0 | 0.161 3 | 0.811 0 | 0.000 2 |
| 2013Q3 | 0.002 3 | 0.011 8 | 0.001 6 | 0.012 5 | 0.705 9 | 0.137 6 | 0.000 0 |
| 2013Q4 | 0.003 1 | 0.012 4 | 0.002 1 | 0.013 4 | 0.680 5 | 0.170 1 | 0.000 0 |
| 2014Q1 | 0.000 7 | 0.017 5 | 0.000 6 | 0.017 6 | 0.869 7 | 0.034 4 | 0.000 0 |
| 2014Q2 | 0.000 1 | 0.028 1 | 0.000 1 | 0.028 1 | 0.963 7 | 0.002 8 | 0.000 0 |
| 2014Q3 | 0.000 2 | 0.020 8 | 0.000 2 | 0.020 8 | 0.929 2 | 0.009 7 | 0.000 0 |
| 2014Q4 | 0.000 0 | 0.200 9 | 0.000 0 | 0.200 9 | 0.999 7 | 0.000 0 | 0.000 0 |
| 2015Q1 | 0.007 0 | 0.006 0 | 0.002 6 | 0.010 4 | 0.376 3 | 0.439 0 | 0.000 0 |
| 2015Q2 | 0.029 5 | 0.026 4 | 0.014 7 | 0.041 2 | 0.499 1 | 0.557 7 | 0.000 8 |
| 2015Q3 | 0.022 4 | 0.068 6 | 0.018 5 | 0.072 5 | 0.827 2 | 0.270 1 | 0.001 5 |
| 2015Q4 | 0.017 4 | 0.039 4 | 0.012 6 | 0.044 2 | 0.722 4 | 0.319 0 | 0.000 7 |
| 2016Q1 | 0.032 3 | 0.069 5 | 0.025 2 | 0.076 6 | 0.779 9 | 0.362 5 | 0.002 2 |
| 2016Q2 | 0.013 9 | 0.019 5 | 0.007 8 | 0.025 6 | 0.562 3 | 0.400 8 | 0.000 3 |
| 2016Q3 | 0.023 0 | 0.014 1 | 0.008 6 | 0.028 5 | 0.372 1 | 0.607 0 | 0.000 3 |
| 2016Q4 | 0.000 0 | 0.000 0 | 0.000 0 | 0.000 0 | 0.370 6 | 0.022 4 | 0.000 0 |
| 2017Q1 | 0.000 0 | 0.019 5 | 0.000 0 | 0.019 5 | 0.960 4 | 0.001 5 | 0.000 0 |
| 2017Q2 | 0.000 3 | 0.003 4 | 0.000 2 | 0.003 5 | 0.677 0 | 0.057 8 | 0.000 0 |
| 2017Q3 | 0.000 4 | 0.023 1 | 0.000 3 | 0.023 1 | 0.923 4 | 0.014 5 | 0.000 0 |
| 2017Q4 | 0.000 3 | 0.003 4 | 0.000 2 | 0.003 5 | 0.659 2 | 0.067 5 | 0.000 0 |
| 2018Q1 | 0.001 2 | 0.009 9 | 0.000 9 | 0.010 2 | 0.739 7 | 0.089 7 | 0.000 0 |
| 2018Q2 | 0.000 8 | 0.004 9 | 0.000 5 | 0.005 2 | 0.642 6 | 0.104 9 | 0.000 0 |
| 2018Q3 | 0.015 0 | 0.001 1 | 0.000 9 | 0.015 2 | 0.060 1 | 0.819 5 | 0.000 0 |
| 2018Q4 | 0.004 5 | 0.014 6 | 0.003 0 | 0.016 1 | 0.669 1 | 0.206 2 | 0.000 1 |
| 2019Q1 | 0.003 9 | 0.006 7 | 0.001 9 | 0.008 7 | 0.498 6 | 0.290 2 | 0.000 0 |
| 2019Q2 | 0.004 9 | 0.028 1 | 0.003 9 | 0.029 1 | 0.803 4 | 0.140 1 | 0.000 1 |
| 2019Q3 | 0.001 4 | 0.001 4 | 0.000 4 | 0.002 4 | 0.310 0 | 0.310 0 | 0.000 0 |

# 附录 F　随机生成的有担保/无担保授信违约损失率

| 时间 | 有担保授信违约损失率 | 无担保授信违约损失率 |
|---|---|---|
| 2007Q1 | 0.007 7 | 0.910 4 |
| 2007Q2 | 0.002 6 | 0.756 3 |
| 2007Q3 | 0.811 4 | 0.138 7 |
| 2007Q4 | 0.999 5 | 0.849 6 |
| 2008Q1 | 0.620 5 | 1.000 0 |
| 2008Q2 | 0.190 3 | 0.998 5 |
| 2008Q3 | 0.479 6 | 0.001 4 |
| 2008Q4 | 0.082 6 | 0.951 4 |
| 2009Q1 | 0.996 0 | 0.911 3 |
| 2009Q2 | 0.773 0 | 0.288 8 |
| 2009Q3 | 0.990 5 | 0.000 1 |
| 2009Q4 | 0.067 3 | 0.999 3 |
| 2010Q1 | 1.000 0 | 0.997 4 |
| 2010Q2 | 0.009 5 | 1.000 0 |
| 2010Q3 | 0.200 7 | 0.263 6 |
| 2010Q4 | 0.783 0 | 0.689 5 |
| 2011Q1 | 0.996 0 | 0.411 7 |
| 2011Q2 | 0.021 7 | 0.022 3 |
| 2011Q3 | 0.277 8 | 0.500 6 |
| 2011Q4 | 0.997 6 | 0.571 9 |
| 2012Q1 | 0.000 2 | 0.999 5 |
| 2012Q2 | 0.584 4 | 0.215 2 |
| 2012Q3 | 0.035 1 | 0.231 8 |

**续　表**

| 时间 | 有担保授信违约损失率 | 无担保授信违约损失率 |
|---|---|---|
| 2012Q4 | 0.929 5 | 0.189 9 |
| 2013Q1 | 0.838 6 | 0.936 8 |
| 2013Q2 | 0.110 5 | 0.577 3 |
| 2013Q3 | 0.395 1 | 0.792 5 |
| 2013Q4 | 0.091 1 | 0.985 1 |
| 2014Q1 | 0.355 7 | 0.418 7 |
| 2014Q2 | 0.354 7 | 1.000 0 |
| 2014Q3 | 0.892 5 | 0.999 7 |
| 2014Q4 | 0.990 9 | 0.997 8 |
| 2015Q1 | 0.995 2 | 0.970 5 |
| 2015Q2 | 0.000 5 | 1.000 0 |
| 2015Q3 | 0.997 1 | 0.847 0 |
| 2015Q4 | 0.956 6 | 0.706 0 |
| 2016Q1 | 0.468 0 | 0.394 2 |
| 2016Q2 | 0.999 9 | 0.994 7 |
| 2016Q3 | 0.008 4 | 0.209 9 |
| 2016Q4 | 0.993 0 | 0.760 8 |
| 2017Q1 | 0.193 5 | 0.422 7 |
| 2017Q2 | 0.999 9 | 0.999 9 |
| 2017Q3 | 0.000 0 | 0.524 0 |
| 2017Q4 | 0.659 6 | 0.960 8 |
| 2018Q1 | 0.059 0 | 0.831 9 |
| 2018Q2 | 0.999 6 | 0.951 8 |
| 2018Q3 | 0.001 9 | 0.103 9 |

续 表

| 时间 | 有担保授信违约损失率 | 无担保授信违约损失率 |
|---|---|---|
| 2018Q4 | 0.999 1 | 0.604 4 |
| 2019Q1 | 0.018 6 | 0.951 1 |
| 2019Q2 | 0.998 0 | 0.482 6 |
| 2019Q3 | 1.000 0 | 0.000 4 |